U0504456

国家社会科学基金重大项目《敦煌中外关系史料的整理与研究》（编号：19ZDA198）、敦煌研究院院级课题重点项目"敦煌晚期石窟的分期与断代"（编号：2020-SK-ZD-1）、郑州大学体育学院博士科研启动专项项目

出土文献所见汉传佛教在西夏的传播及影响

樊丽沙 著

The Spread and Influence of
Chinese Buddhism in Xixia from
Excavated Literatures

中国社会科学出版社

图书在版编目（CIP）数据

出土文献所见汉传佛教在西夏的传播及影响／樊丽沙著 . —北京：
中国社会科学出版社，2020.8
ISBN 978 – 7 – 5203 – 6766 – 0

Ⅰ.①出⋯　Ⅱ.①樊⋯　Ⅲ.①汉传佛教—佛教史—研究—中国—
西夏　Ⅳ.①B946

中国版本图书馆 CIP 数据核字（2020）第 115017 号

出 版 人	赵剑英	
责任编辑	宋燕鹏	
责任校对	夏慧萍	
责任印制	李寡寡	

出　　　版	中国社会科学出版社	
社　　　址	北京鼓楼西大街甲 158 号	
邮　　　编	100720	
网　　　址	http：//www. csspw. cn	
发 行 部	010 – 84083685	
门 市 部	010 – 84029450	
经　　　销	新华书店及其他书店	

印　　　刷	北京明恒达印务有限公司	
装　　　订	廊坊市广阳区广增装订厂	
版　　　次	2020 年 8 月第 1 版	
印　　　次	2020 年 8 月第 1 次印刷	

开　　　本	710 × 1000　1/16	
印　　　张	15.25	
插　　　页	2	
字　　　数	191 千字	
定　　　价	89.00 元	

凡购买中国社会科学出版社图书，如有质量问题请与本社营销中心联系调换
电话：010 – 84083683
版权所有　侵权必究

目　录

绪　　论

一　选题意义

西夏是我国古代西北少数民族党项羌人所建立的政权。[①] 1038年 10 月 11 日，李德明之子李元昊称帝，国号"大夏"，都兴庆府，建立了地方封建割据政权。因其地处祖国西北，故史称西夏。自景宗元昊建国起，西夏历经毅宗谅祚、惠宗秉常、崇宗乾顺、仁宗仁孝、桓宗纯祐、襄宗安全、神宗遵顼、献宗德旺、末帝李睍，十朝共 190 年时间。国力最强盛时，其统治区域东据黄河，西至玉门，南临萧关，北抵大漠，境域二万余里。辖地包括今宁夏的大部，陕西、内蒙古、甘肃、青海等各省区的一部分，境内生活着党项、汉、吐蕃、回鹘、契丹、女真、鞑靼等多个民族，党项人在政治和文化上都居于主导地位。西夏末期，由于皇室日趋腐朽，受金朝与新兴的蒙古强敌威胁，亡国之势已成。自 1205 年至 1224 年，蒙古曾五次发动对夏战争。1227 年，在强大的蒙古军队多次打击下，西夏终于灭亡。

---

① 对建立西夏的党项族族属问题，即党项族是羌族的一支还是鲜卑族的一支，历来学术界争议颇多。但陕西榆林市新发现的《唐静边州都督拓跋守寂墓志铭》证实了西夏王族拓跋部的族属应当是羌族，参见杜建录：《中国藏西夏文献碑刻题记卷综述》，载杜建录主编《西夏学》第 1 辑，宁夏人民出版社 2006 年版，第 119 页；周伟洲：《早期党项拓跋氏世系考辨》，《西夏研究》2010 年第 1 期（创刊号）。

西夏虽立国时间不到两个世纪，但却创造了极具本民族特色的灿烂文化，作为党项民族文字的西夏文即是西夏文化的代表。西夏文化不仅继承和发展了党项族文化，而且亦融入了多民族文化传统，是中华民族历史文化不可或缺的一部分。西夏以"佛教"立国，佛教在西夏文化发展中扮演着极其重要的角色，但由于历史原因，传世史料对西夏文化鲜有记载或语焉不详，对我们认识西夏佛教造成了一定困难。随着 20 世纪初敦煌藏经洞和内蒙古黑水城（今属内蒙古自治区额济纳旗）文献相继面世，宁夏、甘肃、内蒙古等地亦先后发现诸多西夏时期的石窟和佛塔，出土了大批西夏佛教文献、文物，为填补西夏佛教历史空白提供了弥足珍贵的资料。目前大多数西夏文献已经刊布出版，如《黑水城出土文书（汉文文书卷）》（1991 年）、《俄藏黑水城文献》26 册（1996—2017 年）、《英藏黑水城文献》全 5 册（2005—2010 年）、《中国国家图书馆藏西夏文献》全 4 册（2005—2006 年）、《国家图书馆藏西夏文献中汉文文献释录》共 1 册（2005 年）、《中国藏西夏文献》全 20 册（2005—2007 年）、《法藏敦煌西夏文文献》共 1 册（2007 年）、《中国藏黑水城汉文文献》全 10 册（2008 年）、《日本藏西夏文文献》全 2 册（2011 年）等。这些陆续出版的第一手西夏文献资料引起了国内外众多学者的热烈关注，短短几十年间，学界涌现出大量研究西夏佛教的学术成果。综观之，西夏佛教的发展受中原汉传佛教和吐蕃藏传佛教影响颇深，但目前学界在分类整理和译释黑水城文献基础上，对西夏藏传佛教的关注较多，从汉传佛教的角度看西夏佛教的特点及其受中原佛教的影响诸方面，则成果较少。

本书从西夏佛教兴衰的历史发展过程着眼，利用刊布的各种西夏有关文献，进一步探索汉传佛教与西夏佛教之间的源流关系。研究西夏佛教中的汉文化因素，以佛教作为切入点来探讨西夏与中原政权之间的文化交流，对历史研究来说有着重要的学术理论价值，不仅有助于我们全面认识湮没已久的西夏佛教历史，为研究西夏时期的石窟、壁画、出土文物等提供借鉴材料，更是研究大藏经在丝绸之路传播、佛教的中国化和本土化、中国佛教僧官制度等方面的佐证资料，同时对研究晚唐至元朝时期的民族关系和民族政策有一定参考价值，更为我们在当今社会正确处理宗教问题尤其是边疆各少数民族地区之间的宗教文化交流提供了现实参考和借鉴意义。

二 研究综述

早期国外学者在西夏文佛经的介绍、译释与研究方面做了很多有益工作。由于黑水城文献以俄罗斯收藏居多，而且文献保存状况相对要好，不像英藏文献多为残页，故学界早期对西夏文献的释读与研究主要是以俄藏文献为对象，研究工作也主要是由俄罗斯学者进行，他们所取得的成果也最为丰硕。较早从事黑水城文献整理和研究的有伊凤阁（А. И. Иванов）、龙果夫（А. А. Драгунов）、聂历山（Н. А. Невский）等人，第二次世界大战结束以后，涌现出了戈尔巴乔娃（З. И. Горбачева）、克恰诺夫（Е. Н. Кычанов）、克平（К. Б. Кеппинг）、孟列夫（Л. Н. Меньшков）、索夫罗诺夫（М. В. Софронов）和捷连提耶夫—卡坦斯基（А. П. Тереньев－Катанский）等一大批致力于西夏学研究的学者。伊凤阁根据黑水城出土文献和其他学者的研究成果，考订了许多西夏文佛经文献，于1961年出版了西夏文《观弥勒菩萨上生兜率天经》的部分片段并附有汉译文；1963年，戈尔巴乔娃和克恰诺夫在继龙果夫、聂历山之后，完成了现藏于俄罗斯科学院东方研究所圣彼得堡分所的全部黑水城西夏文献的考订编目工作，出版了《西夏文写本和刊本目录》一书。在全部收藏的8000多个编号 400 多种藏品中，佛经占了 370 种，首次提供了一个十分丰富的佛经文献目录。1999 年，克恰诺夫还于日本京都大学出版了《俄罗斯科学院东方研究所藏西夏文佛教文献目录》（*Каталог тангутских буддийских памятников Института востоковедения Российской Академии Наук*），除了那些字迹潦草、溃漫不清的社会经济文书外，该书几乎将所有西夏文文献囊括其中。此外，克恰诺夫还从藏族文化、法律等角度出发论述了西夏佛教，撰写了一系列文章，20 世纪 60 年代亦曾发表《西夏国佛教史略》一文，利用汉文史料和西夏文资料对党项人宗教信仰、佛教在西夏境内的传播、佛教对文化的影响等问题做了阐述。①

　　近几十年来，随着俄藏西夏文献的刊布，俄罗斯学者对黑水城文献及西夏佛教研究不断深入，涌现出了大量优秀的学术成果，学者中以索罗宁（K. J. Solonin）教授著述最丰，对西夏汉传佛教关注最多。如其对西夏佛教中"洪州宗师学说思想"做的论述；对俄藏西夏文佛教文献《镜》进行了分析，指出该文献所代表的佛教统中圭峰宗密华严禅的因素；以黑水城出土的《解行照心图》为切入点，揭示了辽与西夏之禅宗关系；对西夏"官方"和"民间"两个佛教传统做了探讨，认为"官方"佛教最早传入西夏，思想基础是汉传佛教，"民间"佛教流入时代较晚，藏传佛教最初只在民间流传，试图假设西夏佛教"体系"以及"汉传"在内之地位；根据西夏文献《金刚般若经颂科次纂要义解略记》序篇记载，论证西夏佛教曾经存在"汉藏佛教圆融"趋势，西夏佛学界的佛教史概

---

① ［俄］孟列夫：《黑城出土汉文遗书叙录》，王克孝译，宁夏人民出版社 1994 年版；E. H. Кычанов, *Каталог Тангутских буддиских Памятник* , Киото：Университет Киото, 1999；Mikhail Piotrovesky, *Lost Empire of the Silk Road – Buddhist Art from Khara Khoto（X—XIIIth Century）*, Electa：Thyssen – Bornemiza Foundation, 1993.

念中不存在"汉藏"对立或分歧。①

　　日本的西夏学研究在国际上仅次于俄罗斯，对西夏汉传佛教的关注也不少。1976 年，西田龙雄出版了三卷本《西夏文华严经》，将日本所藏十一卷西夏文《大方广佛华严经》对照翻译并注释研究，亦介绍了不少西夏文佛教经典。②小林照道发表的《西夏佛教に关する诸研究》，较早地对西夏佛教相关问题做了分析研究。松泽博（野村博）著《西夏·仁宗の译经について——甘肃天梯山石窟出土西夏经を中心として——》一文，对甘肃天梯山石窟出土西夏佛经做了整理，指出其为西夏仁宗时期翻译的佛经。荒川慎太郎著《日本藏〈圣胜慧到彼岸功德宝集颂〉考释》，对日藏西夏文献《圣胜慧到彼岸功德宝集颂》做了考释。向本健所著《西夏における黑水城と敦煌の佛教文化について——弥勒信仰をてがかりに》一文介绍了黑水城和敦煌等地出土的《观弥勒菩萨上生兜率天经》

---

　　① 　K. J. Solonin, *Guifeng Zongmi and the Tangut Chan Buddhism*，《中华佛学学报》第 11 期，1998 年；K. J. Solonin, "The Masters of Hongzhou in the Tangut State", Manuscripta Orientalia 4, No. 3, 1998, pp. 10 – 15；K. J. Solonin, "The Tang Heritage of the Tangut Buddhism", Manuscripta Orientalia 6, No. 3, 2000, pp. 39 – 48；K. J. Solonin, "Hongzhou Buddhism in Xixia and the Heritage of Zongmi（780 – 841）: A Tangut Source", Asia Major 16, No. 2, 2003, pp. 57 – 103；K. J. Solonin, "The Essence of the Doctrine of the Masters of the Hongzhou Lineage" as the Source for the Research of Tangut Buddhism, 载《汉藏语研究：龚煌城先生七秩寿庆论文集》，台湾"中央"研究院语言学研究所 2004 年版，第 549—562 页；K. J. Solonin, *Khitan Connection of Tangut Buddhism*，载沈卫荣、中尾正义、史金波主编《黑水城人文与环境研究——黑水城人文与环境国际学术讨论会文集》，中国人民大学出版社 2007 年版，第 371—395 页；K. J. Solonin：《南阳慧忠（？—775）及其禅思想——〈南阳慧忠语录〉西夏文本与汉文本比较研究》，载聂鸿音、孙伯君编《中国多文字时代的历史文献研究》，社会科学文献出版社 2010 年版，第 17—40 页；［俄］索罗宁：《辽与西夏之禅宗关系：以黑水城〈解行照心图〉为例》，载黄夏年主编《辽金元佛教研究》（上），大象出版社 2012 年版，第 72—85 页；［俄］索罗宁：《西夏佛教之"系统性"初探》，《世界宗教研究》2013 年第 4 期；［俄］索罗宁：《〈金刚般若经颂科次纂要义解略记〉序及西夏汉藏佛教的一面》，《中国藏学》2016 年第 2 期。

　　② 　［日］西田龙雄：《西夏文华严经》第 1—3 辑，京都大学文学部 1975—1977 年版。

背景和内容，并分析了西夏时期的弥勒信仰。①

　　国内学界对西夏佛教文献的关注亦始于 20 世纪初期，开其先河者为罗振玉、罗福苌、罗福成父子和王国维、王静如、周叔迦等人，涌现出一批研究成果。1932 年出版的《国立北平图书馆馆刊》第 4 卷第 3 号《西夏文专号》中即收录有不少有关西夏佛教的论述，其中周叔迦《馆藏西夏文经典目录》，最早译释和记述了北京国家图书馆收藏的百部西夏文佛经。1932 年之后，王静如出版了《西夏研究》三辑，② 主要对西夏文佛经进行翻译考释。新中国成立以后，国内更多学者亦加入西夏学研究领域，学术成果丰硕，对西夏汉传佛教文献关注得也越来越多。史金波《西夏佛教史略》是填补学界西夏佛教史研究空白最早的著作，史先生在前人研究基础上，充分利用西夏文、汉文、藏文有关记载以及考古成果，对西夏佛教历史进行了系统研究，书中亦附有西夏文译经序、跋、发愿文、碑铭、题记的汉译文，汉文佛经发愿文、题记，西夏佛教流传大事年表，西夏文佛经目录等，对中原流行的几大宗派如禅宗、净土宗、天台宗等在西夏的流布情况也做了简要介绍。③ 白滨、史金波两位先生合作先后发表了《莫高窟、榆林窟西夏资料概述》《西夏文〈六祖坛经〉残页译释》《敦煌莫高窟北区出土西夏文文献初探》《西夏时期的敦煌佛教》《莫高窟、榆林窟西夏文题记研究》

　　① 〔日〕小林照道：《西夏佛教に关する诸研究》，《支那仏教史学》第 2 卷第 3 号，1938年；〔日〕松泽博（野村博）：《西夏・仁宗の译经について——甘肃天梯山石窟出土西夏经を中心として——》，《东洋史苑》第 26—27 号合刊，1986 年，第 1—31 页；〔日〕荒川慎太郎：《日本藏〈圣胜慧到彼岸功德宝集颂〉考释》，载李范文主编《西夏研究》第 3 辑《西夏学第二届国际学术研讨会论文集》，中国社会科学出版社 2006 年版，第 413—428 页；〔日〕向本健：《西夏における黑水城と敦煌の佛教文化について——弥勒信仰をてがかりに》，载沈卫荣、〔日〕中尾正义、史金波主编《黑水城人文与环境研究——黑水城人文与环境国际学术讨论会文集》，中国人民大学出版社 2007 年版，第 354—370 页。
　　② 王静如：《西夏研究》（1—3 辑），上海书店影印本 1996 年版。
　　③ 史金波：《西夏佛教史略》，宁夏人民出版社 1988 年版。

等论文，对莫高窟、榆林窟发现的西夏文题记进行释读与考证，其中对西夏汉传佛教文献有所论述。① 聂鸿音、孙伯君从版本学与语言学角度出发，对诸多汉传佛教西夏佛典的不同译本和佛教术语做了不少研究。② 崔红芬对西夏华严信仰关注颇多，考证了有关华严经典文献，③ 近几年来不少年轻学者如李灿、于业勋、孙飞鹏、罗曼、许鹏、袁志伟、高山杉等对西夏汉文本或西夏文本华严佛典文

① 白滨、史金波：《莫高窟、榆林窟西夏资料概述》，《敦煌学辑刊》1980 年第 1 辑；史金波：《西夏文〈六祖坛经〉残页译释》，《世界宗教研究》1993 年第 3 期；史金波：《敦煌莫高窟北区出土西夏文文献初探》，《敦煌研究》2000 年第 3 期；白滨：《西夏时期的敦煌佛教》，载国家图书馆善本特藏部敦煌吐鲁番学资料研究中心《敦煌与丝路文化学术讲座》，北京图书馆出版社 2003 年版，第 395—437 页；白滨：《元代西夏一行慧觉法师辑汉文〈华严忏仪〉补释》，杜建录主编《西夏学》第 1 辑，宁夏人民出版社 2006 年版，第 76—80 页；史金波、白滨：《莫高窟、榆林窟西夏文题记研究》，杜建录主编《西夏学》第 2 辑，宁夏人民出版社 2007 年版，第 80—91 页；史金波：《泥金写西夏文〈妙法莲华经〉的流失和考察》，《文献》2017 年第 3 期。

② 聂鸿音：《西夏佛教术语的来源》，《固原师专学报》2002 年第 2 期；聂鸿音：《明刻本西夏文〈高王观世音经〉补议》，《宁夏社会科学》2003 年第 2 期；聂鸿音：《西夏的佛教术语》，《宁夏社会科学》2005 年第 6 期；聂鸿音：《西夏文〈阿弥陀经发愿文〉考释》，《宁夏社会科学》2009 年第 5 期；聂鸿音：《西夏文〈注华严法界观门通玄记〉初探》，《民俗典籍文字研究》第 8 辑，商务印书馆 2011 年版，第 118—123 页；聂鸿音：《华严"三偈"考》，载杜建录主编《西夏学》第 8 辑，上海古籍出版社 2011 年版，第 1—8 页；聂鸿音：《西夏文献中的净土求生法》，载《吴天墀教授百年诞辰纪念文集》(1913—2013)，四川人民出版社 2013 年版，第 160—169 页；聂鸿音：《西夏佛经序跋译注》，上海古籍出版社 2016 年版；孙伯君：《西夏佛经翻译的用字特点与译经时代的判定》，《中华文史论丛》2007 年第 2 期；孙伯君：《〈佛说阿弥陀经〉的西夏译本》，《西夏研究》2011 年第 2 期；孙伯君：《西夏文〈妙法莲华心经〉考释》，载杜建录主编《西夏学》第 8 辑，上海古籍出版社 2011 年版，第 62—65 页；孙伯君：《鲜演大师〈华严经玄谈抉择记〉的西夏文译本》，《西夏研究》2013 年第 1 期；孙伯君：《澄观"华严大疏钞"本》，《宁夏社会科学》2014 年第 4 期；孙伯君：《裴休〈发菩提心文〉的西夏译本考释》，《宁夏社会科学》2017 年第 4 期；孙伯君：《故宫藏西夏文〈高王观世音经〉考释》，载沈卫荣主编《西域历史语言研究集刊》第 10 辑，科学出版社 2018 年版，第 165—182 页。

③ 崔红芬：《僧人"慧觉"考略——兼谈西夏的华严信仰》，《世界宗教研究》2010 年第 4 期；崔红芬：《西夏汉文本华严经典考略》，《宁夏社会科学》2016 年第 3 期。

献做了大量整理校勘工作，对华严信仰或华严忏仪做了进一步考释。[①] 关注西夏净土信仰的成果也很多，如最早张元林、孙昌盛对西夏净土信仰或往生信仰文献的研究，[②] 孙伯君、韩潇锐、于光建、阎成红对西夏文净土宗文献的考释。[③] 出土的各类西夏文献中也有不少天台宗信仰佛经，对这类文献整理研究也很多，如崔红芬、何金兰分别对英藏和甘肃藏西夏文本《妙法莲华心经》的考释等。[④] 西夏民间信仰中的观音信仰、弥勒信仰、五台山崇拜等也是西夏佛教不可或缺的组成部分，这方面陈炳应、刘玉权、王艳云、公维章、杨富学等几位学者著有论述，[⑤] 近年来随着出土文献的不断刊

① 李灿：《元代西夏人的华严忏法——以〈华严经海印道场忏仪〉为中心》，硕士学位论文，北京大学，2010 年；于业勋：《英藏西夏文〈华严普贤行愿品〉残页考》，载杜建录主编《西夏学》第 8 辑，上海古籍出版社 2011 年版，第 160—162 页；孙飞鹏：《〈华严经〉卷十一夏汉文本对勘研究》，载杜建录主编《西夏学》第 10 辑，上海古籍出版社 2014 年版，第 75—80 页；孙飞鹏、林玉萍：《英藏西夏文〈华严经〉（八十卷本）残片整理及校勘研究》，载杜建录主编《西夏学》第 12 辑，上海古籍出版社 2016 年版，第 60—88 页；孙飞鹏：《英藏黑水城西夏文〈华严经普贤行愿品〉残件整理与校勘》，载杜建录主编《西夏学》第 15 辑，上海古籍出版社 2017 年版，第 302—318 页；罗曼：《法兰西学院汉学研究所藏西夏文"大方广佛华严经第四十一卷"的论文介绍"十种事"的例子》，载杜建录主编《西夏学》第 10 辑，上海古籍出版社 2014 年版，第 121—132 页；许鹏：《中藏 S21·002 号西夏文〈华严忏仪〉残卷考释》，《五台山研究》2015 年第 1 期；许鹏：《西夏文〈大方广佛华严经名略〉》，《宁夏社会科学》2015 年第 6 期；袁志伟：《西夏华严禅思想与党项民族的文化个性——〈行照心图〉及〈洪州宗师教仪〉解读》，《青海民族研究》2017 年第 1 期；高山杉：《有关〈华严法界观通玄记〉的几个新发现》，《中山大学学报》2018 年第 2 期。
② 张元林：《从阿弥陀来迎图看西夏的往生信仰》，《敦煌研究》1996 年第 3 期；孙昌盛：《略论西夏的净土信仰》，《宁夏大学学报》1999 年第 2 期。
③ 孙伯君、韩潇锐：《黑水城出土西夏文〈西方净土十疑论〉略注本考释》，《宁夏社会科学》2012 年第 2 期；于光建：《武威藏 6749 号西夏文佛经〈净土求生礼佛盛赞偈〉考释》，载杜建录主编《西夏学》第 11 辑，上海古籍出版社 2015 年版，第 75—82 页；阎成红：《俄藏 Инв. No. 6761 西夏文题记的归属——兼及西夏文〈极乐净土求生念定〉的复原》，《西夏研究》2016 年第 2 期。
④ 崔红芬：《英藏黑水城西夏文本〈妙法莲华心经〉研究》，《普陀学刊》第 2 辑，上海古籍出版社 2015 年版，第 283—321 页；何金兰：《甘肃省博物馆藏西夏文〈妙法莲华心经〉考释》，载杜建录主编《西夏学》第 12 辑，上海古籍出版社 2016 年版，第 119—128 页。
⑤ 陈炳应：《图解本西夏文〈观音经〉译释》，《敦煌研究》1985 年第 3 期；刘玉权：《本所藏图解本西夏文〈观音经〉版画初探》，《敦煌研究》1985 年第 3 期；王艳云：《河西石窟西夏壁画中的弥勒经变》，《宁夏大学学报》2003 年第 4 期；公维章：《西夏时期敦煌的五台山文殊信仰》，《泰山学院学报》2009 年第 2 期；杨富学：《西夏五台山信仰斟议》，《西夏研究》（创刊号）2010 年第 1 期。

布，越来越多的此类文献得到整理和考释。① 汉文版大藏经的刊印
和西夏番文大藏经的翻译问题也是研究西夏汉传佛教所不能回避
的，这方面李际宁和杨富学两位学者已有专论。② 还有很多年轻学
者对西夏文本佛教典籍进行了译注或考释，为学术界进一步研究西
夏汉传佛教提供了有益资料。③ 当然还有其他学者从西夏石窟的开
凿及艺术特点、民族政策以及各民族间佛教文化的交流等角度对西
夏汉传佛教进行探讨，以上丰硕的学术成果为本选题的撰写提供了
珍贵的指导和参考资料。

① 何金兰：《甘肃省博藏西夏文〈观弥勒菩萨上生兜率天经〉释译》，载杜建录主编《西夏学》第10辑，上海古籍出版社2014年版，第106—114页；张九玲：《〈佛顶心观世音菩萨大陀罗尼经〉的西夏译本》，《宁夏师范学院学报》2015年第1期；张九玲：《西夏本〈佛顶心观世音菩萨大陀罗尼经〉述略》，《宁夏社会科学》2015年第3期；赵阳：《西夏佛教灵验记探微——以黑水城出土〈高王观世音经〉为例》，《敦煌学辑刊》2016年第3期。

② 李际宁：《关于"西夏刊汉文版大藏经"》，《文献》2000年第1期；杨富学：《回鹘僧与〈西夏文大藏经〉的翻译》，载季羡林编《敦煌吐鲁番研究》第7卷，中华书局2004年版，第338—344页。

③ 马格侠、张文超：《西夏地区流传的宗密著作考述》，载郑炳林、樊锦诗、杨富学主编《丝绸之路民族古文字与文化学术讨论会论文集》（上），三秦出版社2007年版，第480—488页；李辉、冯国栋：《俄藏黑水城文献〈慈觉禅师劝化集〉考》，《敦煌研究》2004年第2期；张九玲：《俄藏西夏文〈大方等大集经〉译注》，《宁夏师范学院学报》2014年第2期；孙飞鹏：《西夏文〈方广大庄严经〉残片考释》，载杜建录主编《西夏学》第11辑，上海古籍出版社2015年版，第68—71页；赵天英、张心东：《新见甘肃临洮县博物馆藏西夏文〈大方等大集经贤护分〉残卷考释》，《西夏研究》2015年第1期；李政阳：《俄藏黑水城文献TK75〈文殊菩萨〉考释——兼论文殊信仰在西夏的流传》，《五台山研究》2016年第3期；袁志伟：《西夏大手印法与禅宗关系考——以〈大乘要道密集〉为中心》，《陕西师范大学学报》2016年第6期。

第一章

汉传佛教与西夏佛教之初兴

　　早在内徙以前，党项与吐蕃上层就曾有过从甚密的佛教来往。据藏文史籍《贤者喜宴》记载，唐朝时候，吐蕃首领松赞干布即曾娶弥药王之女茹雍妃法莫尊为妃，并为她在西藏建造了拉萨卡查寺。松赞干布还令人在弥药的热甫岗建造了雍左热甫寺神殿。桑耶寺落成后，吐蕃曾迎请东方弥药高僧来降伏神魔。这一记载如果属实，那就说明，在中原汉传佛教还没有进入党项社会之前，吐蕃佛教即已在党项人心目中埋下了种子。而汉传佛教的传入，当在党项族内迁西北以后。

　　党项政权所辖的河西、陇右地区，早就居住着汉族和其他各族人民，这里是中国佛教信仰产生较早的地区。自凉、魏经隋、唐，佛教在这一地区已经流传了近六七百年，在当时已成为佛教中心，佛刹寺庙星罗棋布，佛事活动十分兴盛，而且居住在党项周围的汉族、回鹘、吐蕃、契丹等早已信奉佛教。这种浓厚的宗教氛围对党项人尽快接受、信仰佛教具有潜移默化的作用。

　　佛教在党项民族中的传播与发展有其适宜的土壤。7世纪中期以后，党项族人民经历了长途迁徙，唐末"安史之乱"的动荡以及藩镇割据的战乱，加上上层统治者的压迫剥削，人民生活十分困苦，渴望安定生活，向往美好生活却找不到解脱现实痛苦的出路。

佛教的因果报应理论以及信佛行善可以解脱轮回、往生极乐世界的说教，为在现实生活中饱受煎熬的劳动人民提供了精神上的慰藉。西夏建国前后，统治者率先接受并提倡佛教，于是作为麻痹人民维护统治阶级利益的精神支柱——佛教便迅速地传播和发展了起来。

第一节　西夏佛教发展概述

早在德明以前，佛教已经开始了在党项社会的广泛传播，史记德明幼晓佛书，是大力倡导佛教的开山之人。文献中有关西夏佛事活动的最早记载是宋景德四年（1007），当时党项族首领、夏州节度使、西平王德明的母亲罔氏死"及葬，请修供五台山十寺，乃遣阁门祗候袁瑀为致祭使，护送所供物至山"①。这次对中原佛教圣地的朝觐活动，表明佛教已成为党项王室的重要信仰。德明时期政治局势稳定，为西夏向宋朝求取佛经提供了有利的社会条件。宋仁宗天圣八年（1030）十二月，"定难节度使赵德明遣使来献马七十匹，乞赐佛经一藏"②。这次求赐佛经活动不仅开了西夏向宋求经之先河，而且使西夏佛教第一次有了系统的理论典籍，从而在中原佛教的影响下迅速向前发展。

西夏开国之君元昊在佛教发展方面更有建树，是西夏佛教事业发展的奠基者。元昊通晓"浮屠学"，又精通蕃汉文字，而且善于"创制物始"③。他对西夏佛教发展做出了巨大贡献，其继位后，一面倡导创制西夏文字，一面效其父德明之法，于宋景祐元年（1034）十二月，向宋朝献马五十匹，再次求赐佛经一藏，为正式译经做准备。夏大庆元年（1036），天竺僧人善称等一行九人到宋

---

① 《宋史》卷485《夏国传上》，中华书局1977年标点本，第13990页。
② （宋）李焘：《续资治通鉴长编》卷109，天圣八年（1030）十二月丁未条。
③ 《宋史》卷485《夏国传上》，第13993页。

朝京城汴梁进贡梵经、佛骨及铜牙菩萨像，回归时，途经西夏，元昊深知印度佛经的价值，就把他们留在驿舍，索要贝叶梵经，没有得到，就把他们软禁起来，由此可见元昊求经之心切。宋宝元元年（1038）元昊又向宋朝提出希望派使臣到五台山供佛，"表遣使诣五台山供佛宝，欲窥河东道路"①，其父赵德明曾派人到五台山修供十寺，元昊为了表明自己提倡佛教的诚心，请求派人到五台山供佛宝，且利用礼佛的机会，派人东渡黄河，窥探宋朝道路。

元昊不仅仅在其立国称帝前与宋朝保持着佛教的往来，西夏建国后，元昊又大力提倡佛教，积极地促进夏、宋之间的佛教交流。夏宋议和，不仅促进了两国的政治、经济、文化交流，同时也促进了两国佛事活动的来往。夏宋之间的佛教交流，我们还可以通过他们利用佛事活动进行侦察、反间的记载中得到佐证。宋重熙十一年（1042 年），北宋清涧城种世衡派僧人王光信（即王嵩），潜入夏国行反间计，用蜡丸书信送给李元昊的心腹大将野利旺荣，使元昊对旺荣产生疑心，最后终于杀掉了他。又北宋知渭州王韶、总管葛怀敏也派僧人法淳持书信前往西夏活动。两国僧人及佛事活动来往，从客观上促进了佛教的交流和传播，也正说明了西夏的佛事活动日益兴起，僧人在西夏有着特殊的社会地位。西夏天授礼法延祚八年（1045），即宋夏"庆历议和"第二年，元昊不仅遣使到宋朝谢册封，而且还派西夏僧人吉外吉、法正谢赐佛经，元昊求赐佛经已是十年前即 1035 年的事，此时致谢固然带有政治色彩，但也表明了西夏统治者对两国佛教交流的重视及渴望发展佛教的急切心情。

元昊鼓励发展佛教还包括对佛经的翻译及兴建佛塔寺庙等方面。元昊所倡导用本民族文字西夏文翻译佛经的创举，为党项民族直接接受佛教教义和理论知识，对佛教能够在党项人中快速而广泛

---

① 《宋史》卷 485《夏国传上》，第 13995 页。

地传播具有巨大的推动作用。

早在立国之初，元昊即开始广泛搜集佛舍利，兴建佛塔寺庙。有关西夏最早建塔的记载见于明《嘉靖宁夏新志》卷二中记录的《大夏国葬舍利碑铭》。铭文尾题年款"大庆三年八月十日建"，是为西夏正式建国（1038）前两月所立，碑铭记录了为葬舍利而兴建佛塔的盛况。天授礼法延祚十年（1047），元昊又下令建立了规模宏大的高台寺，"于兴庆府东一十五里役民夫建高台寺及诸浮图，俱高数十丈，贮中国所赐大藏经，广延回鹘僧居之，演绎经文，易为蕃字"[1]，又据《嘉靖宁夏新志》记载元昊还曾在西路广武营造大佛寺。[2]宏伟的高台寺和大佛寺充分显示了西夏佛寺的规模及佛事活动的铺张，也说明了西夏佛教的进一步发展情况。此外，元昊还规定每年的四孟朔，即四季第一个月的初一为圣节，下令官民礼佛，这实际上是用行政手段强制全民皈依佛教。

元昊之后的毅宗谅祚年幼即位，其生母没藏氏执政。此皇太后没藏氏曾在兴庆府戒坛寺出家为尼，号为"没藏大师"，不仅十分好佛，而且相当重视佛教在西夏的发展，继续推行元昊实行的礼佛政策。惠宗秉常时期，母后梁氏执政，西夏译经事业依然如火如荼地按序进行。这一时期西夏还对河西走廊的两个佛教圣地莫高窟、榆林窟的许多洞窟进行了修葺、妆銮。此外西夏与辽之间依然有频繁的佛事往来，"辽国数年间，岁常三四以拜礼佛塔为名，假道兴窥阚经路"[3]。虽然是假托礼佛之名，进行其他军事活动，但从另一方面也反映出了西夏佛教兴盛发展的情况。

及至乾顺、梁氏时期，西夏虽然与外界冲突较多，但佛教却在

---

① （清）吴广成：《西夏书事校证》卷18，龚世俊等校证，甘肃文化出版社1995年版，第212页。

② （明）胡汝砺编：《嘉靖宁夏新志》卷3，管律重修，陈明猷校勘，宁夏人民出版社1982年版，第238页。

③ （清）吴广成：《西夏书事校证》卷25，第288页。

图1—1　凉州重修护国寺感通塔碑

断断续续的战争中又有了新发展。元昊称帝之初开始组织的西夏文大藏经的翻译工作至乾顺天祐民安元年（1090）已经基本完成，由于西夏统治者宽松的佛教政策，西夏佛教由过去笼统的尊崇佛祖转变为有目的、有选择地接受某一宗派的教义，从而形成西夏佛教派别。西夏人拥有自己本民族文字的大藏经和西夏佛教宗派的形成，标志着西夏佛教已走出了奠基阶段，进入成熟阶段。①乾顺一朝佛教发展还表现在重修凉州感通塔和兴建规模宏大的卧佛寺。凉州护国寺内有一七级佛塔，屡现"灵应"，为了旌表佛塔的"灵应"，天祐民安四年（1093），西夏梁太后和乾顺动用大量的人力、物力和财力重修护国寺感通塔，第二年竣工，并立一碑以记功德，这就是著名的西夏《凉州重修护国寺感通塔碑》（见图1—1）。碑文记述了当时西夏佛教流传发展的情况：

> 今二圣临御，述继先烈，文昭武肃，内外大治。天地禋祀，必庄必敬，宗庙祭享，以时以思。至于释教，尤所崇奉。

> 况武威当四冲地，车辙马迹，辐辏交会，日有千数。故憧憧之人，无不瞻礼随喜，无不信也。②

此外明宣宗撰《敕赐宝觉寺碑记》载，西夏乾顺时期，有国师沙门嵬咩思能，感梵音而前往寻佛，来到甘州西南隅，掘地四尺有余，发现一个用金罂催瓦包覆的涅槃佛像，于是倡导在此地建造一座刹寺，名叫卧佛寺，③此即今甘肃张掖大佛寺之"前"身。这也是乾顺亲政后为发展佛教所做的第一件大事。另外，敦煌莫高窟、瓜州榆林窟中存在有四方乾顺时期的西夏文题记，即莫高窟第444窟永安二年、榆林窟第25窟雍宁甲午初年（1114）、莫高窟第285窟雍宁乙未二年（1115）、榆林窟第17窟正德戊申年（1128），都反映了乾顺时期河西走廊上烧香礼佛、修寺建刹的佛事盛况。

---

① K. J. Solonin, *Tangut Buddhism as a Local Tradition*，载李范文主编《西夏研究》第3辑《西夏学第二届国际学术研讨会论文集》，中国社会科学出版社2006年版，第100—108页。

② 王其英主编：《武威金石录》，兰州大学出版社2001年版，第69页。

③ （清）钟庚起：《甘州府志》卷13《艺文》，张志纯等校点，甘肃文化出版社1995年版，第518—519页。

　　仁宗仁孝时期，社会经济繁荣，政治相对稳定，佛教管理有序，建立了一套比较完善的佛教管理机构和制度，西夏佛教达到高度发展阶段，出现了空前繁荣的局面。仁孝时期佛事活动主要集中在西夏文佛经的校勘和发展藏传佛教等方面。黑水城出土的不少汉文和西夏文佛经都有仁孝"御译""御校"或"御制"题款。西夏除了翻译汉文佛经之外，还将不少藏文佛典译成西夏文本，如《圣大千颂般若波罗蜜多经》《圣大明暗王随求得经》《佛说圣大乘三归依经》《圣大乘胜意菩萨经》《圣胜慧到彼岸八千颂经》《佛母大孔雀明王经》《无量寿宗要经》等近二十部都是译自藏文佛经。亦有不少佛经被译成汉文，如《佛说圣大乘三归依经》《圣大乘胜意菩萨经》等皆属此类。仁孝乾祐四年（1173）甘州已成为西夏翻译藏文佛经中心，乾祐七年（1176）仁孝在甘州立黑水建桥敕碑，一面用汉文书写，一面用藏文书写。① 此碑说明当时在甘州地区不仅藏族居民较多，而且还证实了贤觉菩萨就是弘扬藏传佛教的帝师。② 乾祐二十年（1189）印施的汉文《观弥勒菩萨上生兜率天经》御制发愿文中记载，大法会上"念佛诵咒，读西番、番、汉藏经"③，把西番（藏文）佛经列于夏、汉佛经之首，说明了仁孝晚期藏传佛教有了更大的势力。

　　此外，西夏在佛教传译、寺庙建设、僧人培养等方面亦都深深地打上了藏传佛教的印记，大大提高了藏传佛教的地位，自仁宗时期开始，藏传佛教在西夏的发展进入了一个新阶段。藏传佛教在西夏的传播和发展迅速，使西夏佛教的内涵产生了巨大变

　　① 王尧：《西夏黑水桥碑考补》，《中央民族学院学报》1978 年第 1 期；［日］佐藤贵保、赤木崇敏、坂尻彰宏、吴正科：《藏汉合璧西夏〈黑水桥碑〉再考》，《内陆アジア言语の研究》XXII，2007 年。

　　② 牛达生：《西夏遗迹》，文物出版社 2007 年版，第 36 页。

　　③ 参见俄罗斯科学院东方研究所圣彼得堡分所、中国社会科学院民族研究所、上海古籍出版社编：《俄藏黑水城文献》第 2 册，上海古籍出版社 1996 年版，第 48 页。

化，对西夏文化及政治都有着重要影响，为后世藏传佛教的东传亦起了重要的作用。莫高窟、榆林窟也留下了仁孝时期诸多佛事活动的遗迹，如榆林窟第 25 窟人庆乙丑年（1145）题记、莫高窟第 85 窟人庆五年（1148）题记、莫高窟第 365 窟乾祐三年（1172）题记、榆林窟第 19 窟乾祐二十四年（1193）题记等。总之仁孝时期无论从校勘、刻印、散施佛经的种类和数量，佛事活动、作大法会的规模，还是对藏传佛教的发展上都堪称鼎盛，是西夏佛教的繁荣发展时期。

自仁宗以后，西夏晚期 34 年中，先后五易皇帝，其中两个皇帝相继被废，内乱频仍；外部则受蒙古大军多次围攻，并与金发生火并，外患不绝。政局动荡不安，经济残败不堪。这一时期，大规模建寺、译经校经等活动已不多见，从整体上说，西夏佛教和它的国家一样，开始走向衰落。

西夏光定四年（1214），神宗遵顼以皇帝的名义缮写泥金字西夏文《金光明最胜王经》，祈求佛的保佑以挽救西夏亡国的命运。从此经末附的御制发愿文里我们可以知道，西夏晚期的佛事活动依然很多，对佛教经典仍然很重视，专门开设译场译经。而此次重译《金光明最胜王经》还"与汉本仔细比较"，说明了西夏晚期中原佛教对西夏佛教的影响依然很大。文中遵顼自称"如临深渊，如履薄冰"，流露出对江山社稷大厦将倾的忧虑和担心。①

莫高窟亦留有西夏晚期佛教教徒的行迹，如莫高窟第 229 窟和第 225 窟分别有天庆四年（1197）和天庆九年（1202）的汉文题记。莫高窟第 443 窟的汉文题记则记录了西夏佛教教徒于西夏灭亡前八年即光定己卯九年（1219）所做的佛事活动，礼佛活动从五月初一到六月初一，长达一月之久。尽管如此，西夏佛教依然由繁荣

---

① 史金波、白滨：《西安市文管处藏西夏文物》，《文物》1982 年第 4 期。

走向了衰败，无论从其规模还是传播范围等方面而言都大大不如从前。随着西夏国灭亡，西夏佛教也随之走向没落。

第二节　西夏接受汉传佛教的历史背景

西夏佛教在其发展历程中，受中原汉传佛教和吐蕃藏传佛教影响颇深。西夏先后从中原宋王朝求取佛经达六次之多，^①前后持续时间四十三年，且主要集中在建寺、译经高潮时期的西夏前期，可见汉传佛教对西夏佛教的起步发展有着重要的奠基之功。西夏早期汉传佛教在其境内广为传译绝不是偶然的选择，有其深刻的历史和社会背景。

一　西夏与周边宗教环境

9 世纪中叶之前，西域、河西诸地佛教发展兴盛，僧徒众多，香火旺盛，译经丰富，佛教艺术发达，这里大小乘佛教并行，而以前者为主，汉传佛教和藏传佛教并举，唐宋之前以汉传佛教为主，蒙元以后，藏传佛教开始占据主导地位。佛教在西域地区传播、发展及繁荣时期，正是西域佛教传入内地并生根、开花和结果之时。当时西域与中原之间佛教文化往来紧密，不少西域高僧到中原地区弘法，同时也有许多僧侣、居士去西域求法取经，从于阗的朱士行到唐朝的玄奘、义净等，他们从印度、西域取得大量梵文经典后携归内地进行翻译以宣扬弘化。因此，中原佛教无论在思想上、组织上，或者文化、艺术方面等都或多或少地受过西域佛教或由西域传

---

① 罗福苌先生认为史载西夏向宋赎取大藏经共四次，详见罗福苌《西夏赎经记》，载国立北平图书馆编《国立北平图书馆馆刊》第 4 卷第 3 号《西夏文专号》，1932 年，第 2573 页。目前学界内普遍认为加上宋仁宗天圣八年（1030）、宋至和二年（1055）的两次求经，西夏先后向宋朝六次赎取佛经。

入的印度原始佛教的影响，中国汉地佛教中某些宗派就是把印度佛教、西域佛教加以改造，使之适应中土社会需要而产生的。值得注意的是，汉地佛教及其文化艺术在成长壮大之后反过来又通过丝绸之路回传至新疆、中亚乃至印度地区，这种双向交流可以从佛教理论的弘化、佛教文学作品的创作、石窟的开凿及壁画的造型等方面得到印证。这种"倒流"的汉传佛教对晚唐五代时期的西域宗教尤其是回鹘、吐蕃等少数民族政权的佛教影响较大，也为西夏立国前后选择、接受和发展汉传佛教提供了客观方面的外部条件。

（一）回鹘与汉传佛教

公元 840 年左右，雄强一时的漠北回鹘汗国被叶尼塞河流域的黠戛斯所灭，其部众一支远迁中亚，建立喀喇汗王朝；一支迁入西域，以高昌（今吐鲁番）和北庭（今吉木萨尔）为中心建立了高昌回鹘王国（848 或 866—1283 年）；一支则入河西，依附于吐蕃，后建立甘州回鹘政权。西夏于 1028 年攻占甘州，[①]回鹘部民有的为西夏所掠，有的南徙入青海，还有一些西徙入沙州，促成了沙州回鹘国的建立。[②]甘州回鹘与沙州回鹘政权分别于 1028 年和 1070 年被西夏攻占相继走向衰亡，余部再次迁徙，其中一部分流入高昌回鹘，对西夏发展佛教影响颇深的即是西域和河西回鹘。

河西地区自汉唐久盛不衰的佛教文明对回鹘佛教产生了既深且巨的影响，除回鹘王室仍信奉摩尼教外，其广大民众差不多都很快接受了佛教。据出土回鹘文文献可知，粟特佛教、吐火罗佛教、汉地佛教和藏传佛教对回鹘佛教的形成和发展影响颇深，其中又以汉地佛教最大，汉文大藏经中至少经、论部分几乎都被翻译成回鹘

---

① 朱悦梅、杨富学：《甘州回鹘史》，中国社会科学出版社 2013 年版，第 209 页。

② Yang Fu－hsueh, "On the Sha－chou Uighur Kingdom", *Central Asiatic Journal* 38－1, 1994, pp. 80－107；杨富学、牛汝极：《沙州回鹘及其文献》，甘肃文化出版社 1995 年版，第 9—39 页。

文。①早在有唐一代，随着丝绸之路的畅通及唐朝对西域地区统治的加强，内地许多汉僧，也取道西域地区，到印度求法游学。唐朝也有大量士卒、官员及其家属、屯田军士等长期驻守西域，远离家乡，他们也需要用佛教来慰藉自己的心灵。唐朝统治者顺应民心，采取了一定措施，派汉僧入西域，在安西四镇广建汉寺。②因此，西域地区也出现了许多汉僧，对早期汉传佛教在西域的传播无疑具有非常大的影响力，如后来纳入高昌回鹘统治的龟兹有大云寺和龙兴寺两所汉寺，均行大乘法，大云寺主秀行、授事义超、上座明悭，都是来自于京城长安七宝台寺、庄严寺等寺的高僧。龙兴寺主法海也是汉僧，虽长于龟兹，却"学识人风，不殊华夏"③。

高昌回鹘王国时期，佛教抄经事业极盛，大乘佛教经典十分流行，有译自汉文的回鹘文经典《华严经》《金光明最胜王经》《观无量寿经》《阿弥陀经》《妙法莲华经》及译自古代焉耆语的《弥勒会见记》等经典。中原汉地的疑伪经在回鹘国内亦特别流行，如《父母恩重经》《地藏菩萨本愿经》《佛说天地八阳神咒经》《佛说十王经》《慈悲道场忏法》等经典均被译成回鹘文。这类经典的回鹘文译本、刻本多达几十件甚至上百件，这些经典除了将中原传统的儒家孝道思想掺入回鹘佛教思想外，还再现了早已流传于中原与河西地区的各种民间信仰如弥勒信仰、④观音信仰、⑤地藏与十王信仰及"七七斋""预修生七斋"等习俗。此外，自汉唐以来形成的中原佛教宗派中影响较大的禅宗、净土宗、天台宗等派别的典籍文

---

　　① 杨富学：《回鹘之佛教》，新疆人民出版社1998年版，第72—150页。
　　② 荣新江：《慧超所记唐代西域的汉化佛寺》，载冉云华先生八秩华诞寿庆论文集编辑委员会编《冉云华先生八秩华诞寿庆论文集》，台北法光出版社2003年版，第399—407页。
　　③ （唐）慧超：《往五天竺国传》，《大正新修大藏经》卷51，第950c—954b页。
　　④ 杨富学：《回鹘弥勒信仰考》《中华佛学学报》2000年第13期（上）。
　　⑤ 杨富学：《回鹘观音信仰考》，载释圣严等《观世音菩萨与现代社会——第五届中华国际佛学会议中文论文集》，台北法鼓文化2007年版，第253—276页。

图1—2　回鹘供养人像　莫高窟第409窟

献在回鹘地区也都广为传颂。从这些经典的流行可以看出，回鹘佛教强烈继承和发展了中原汉传佛教的大乘思想。

汉传佛教在回鹘地区的流布不仅仅表现在敦煌、吐鲁番等地发现的众多回鹘文佛教典籍上，吐鲁番、北庭、敦煌乃至龟兹诸地所见到的回鹘壁画，就表现手法和风格特色来看，大多承袭了五代和北宋的艺术风格，有的甚至直接遗留有汉文题记或汉族工匠的手迹。[①]回鹘佛教特点的形成和发展受中土佛教影响颇深，目前学界已基本证明了"回鹘佛教其实可被视作汉传佛教在西域的一种翻版，

① 贾应逸：《高昌回鹘壁画艺术特色》，《新疆艺术》1989年第1期；中国社会科学院考古研究所编著：《北庭高昌回鹘佛寺壁画》，辽宁美术出版社1990年版，第10—11页；马世长：《库木吐喇的汉风洞窟》，载新疆维吾尔自治区文物管理委员会等编《中国石窟·库木吐喇石窟》，文物出版社1992年版，第203—224页；王嵘：《论库木吐喇石窟汉风壁画》，《新疆大学学报》1998年第4期。

为汉传佛教强烈影响我国周边民族的一个典型范例"①。

（二）吐蕃与汉传佛教

河西走廊一带自古就有许多吐蕃民众在此繁衍生息，吐蕃与党项人交错杂居，由于地域和族群关系，吐蕃与党项在历史和文化方面都有不少共同之处，宋人称"大约党项吐蕃，风俗相类"②。吐蕃人笃信佛教，在党项人眼中"弥药勇健行，契丹步行缓，羌多敬佛僧，汉皆爱俗文"③。早在 7 世纪中期内迁之前，党项与吐蕃就曾有过佛教活动往来，公元 755 年安史之乱后，吐蕃趁唐西北边防空虚，攻占河陇地区，自唐德宗贞元二年（786）至宣宗大中二年（848），吐蕃占领了敦煌半世纪之多，④其文化，尤其是佛教信仰对党项民族影响较大，对其后归义军及回鹘政权统治下的敦煌乃至河西陇右地区的佛教发展都有巨大的推动作用。

吐蕃统治敦煌时期，正值吐蕃王朝的佛教前弘期，与汉地佛教亦有密切的交流活动。其实早在建中二年（781），"吐蕃遣使求沙门之善讲者，至是遣僧良琇、文素二人行，二岁一更之"⑤，至建中三年（782），"放先没蕃将士僧尼等八百人归还，报归蕃俘也"⑥。吐蕃占领敦煌之后，并不是一味地发展藏传佛教，中原汉地佛教此时与吐蕃接触亦颇多，这从敦煌发现的汉文吐蕃史料即能窥见一斑。

昙旷的《大乘二十二问》和王锡的《顿悟大乘正理决》是敦煌汉文吐蕃佛教文献中最引人注目的典籍。前者罗列有关大小乘教

　　① 高士荣、杨富学：《汉传佛教对回鹘的影响》，《民族研究》2000 年第 5 期。

　　② 《宋史》卷 264《宋琪传》，第 9129 页。

　　③ 聂鸿音、史金波：《西夏文本〈碎金〉研究》，《宁夏大学学报》1995 年第 2 期。

　　④ 关于吐蕃占领沙州的时间，学界内长期存有争议，今从 786 年之说，参见陈国灿《唐朝吐蕃陷落沙州城的时间问题》，《敦煌学辑刊》1985 年第 1 期。

　　⑤ 《册府元龟卷》（校订本）卷 980《外臣部》，凤凰出版社 2006 年版，第 11346 页。

　　⑥ 《旧唐书》卷 196 下《吐蕃传》，中华书局 1975 年版，第 5246 页。

理、教义、教史方面的问题共二十二个，系汉僧昙旷为回答吐蕃赞普关于佛法的垂询而撰，是研究昙旷思想及吐蕃统治时期河西佛教状况的珍贵材料。后者则是介绍汉地禅僧在藏族中的活动、禅宗教法在西藏的传播情况，尤其对 8 世纪汉僧（以摩诃衍为首）和印度僧侣（以莲花戒为首）"顿"、"渐"之争做了缜密的分析和探讨，引起国际学术界极大的兴趣，学者关注颇多。值得一提的是，传法失败回到敦煌之后的摩诃衍继续弘扬禅法，但其禅修无论在修习形式还是内容上都比中原佛教更贴近民间，客观上促进了敦煌及西域禅宗的社会化、民间化和世俗化发展，[1]对身处动乱时期的吐蕃、党项及其他西域少数民族谋求心理慰藉接受汉传佛教，无疑是有积极影响的。

归义军占领敦煌时期，张议潮建立归义军政权推翻吐蕃在敦煌的统治，但河西及敦煌地区仍遗留有不少吐蕃人口。[2]这些吐蕃居民在归义军统治之下，居住在农业区的多数已汉化从事农业生产，很多人还完全使用了汉姓，汉化程度较之居住牧业区的吐蕃人来说要高很多。[3]五代宋初凉州地区还出现了几个吐蕃政权，由此可知当时河西藏族人口还是很多的，且"西羌之俗，自知佛教，每计其部人之多寡，推择其可奉佛者使为之"[4]，这些信仰佛教的藏族民众对其后党项人发展佛教的影响力是显而易见的。

（三）契丹与汉传佛教

早在公元 6 世纪，契丹作为北方游牧一族就已出现在中国古代史籍之中，从其兴起的公元 4 世纪至 13 世纪西辽灭亡，契丹有着

---

[1]　杨富学、王书庆：《关于摩诃衍禅法的几个问题》，载杜文玉主编《唐史论丛》第 10 辑，三秦出版社 2008 年版，第 243 页。

[2]　郑炳林：《晚唐五代河西地区的居民结构研究》，《兰州大学学报》2006 年第 2 期。

[3]　郑炳林：《晚唐五代敦煌地区的吐蕃居民初探》，《中国藏学》2005 年第 2 期。

[4]　张维辑：《陇右金石录》卷 3 《广仁禅院碑》，甘肃省文献征集委员会校印 1943 年版，第 16038 页。

九百多年的历史。公元 907 年，辽太祖耶律阿保机统一契丹各部称汗，建立辽国，国号"契丹"，与周边汉、党项及回鹘等民族政权联系紧密，对中国历史产生了深远影响，辽朝灭亡后，西辽王朝在中亚有近一个世纪的文明进程，对中国文化的对外传播做出了重大贡献。与西夏有密切往来并对其佛教发展影响较深的即是西夏北临之辽国。佛教在辽建国之前即有所流布与发展，唐天复二年（902），"九月，城龙化州于潢（黄）河之南，始建开教寺"①。辽太祖、太宗时期，广建寺庙，普度僧尼，圣宗、兴宗和道宗更是虔诚的佛教信徒，在统治者的提倡与支持下，汉传佛教在辽境内亦有较大的发展。

辽朝是一个崇佛的国度，其境内除了主体民族契丹族之外，亦生活着大量汉人，五代后晋石敬瑭将燕云十六州之地割让给辽朝以后，辽直接统治汉族聚居区，汉传佛教因而在辽境内有了较大的发展。早在辽太祖时期，辽国内就有不少汉寺和汉族僧尼：

> 天祐末，阿保机乃自称皇帝，署中国官号……距幽州三千里，名其邑曰西楼邑……城南别作一城，以实汉人，名曰汉城，城中有佛寺三，僧尼千人。②

随着佛教的兴盛发展，中土观音信仰在辽境内备受尊崇，天显十年（936）冬，太宗"幸弘福寺为皇后饭僧，见观音画像，乃大圣皇帝、应天皇后及人皇王所施……"③"幸幽州大悲阁，迁白衣观音像……于拜山仪过树之后，增'诣菩萨堂仪'一节……"④刘

---

① 《辽史》卷 1 《太祖纪上》，中华书局 1974 年版，第 2 页。
② 《旧五代史》卷 137 《契丹传》，中华书局 1976 年版，第 1830 页。
③ 《辽史》卷 3 《太宗纪上》，第 37 页。
④ 《辽史》卷 49 《礼志 1》，第 835 页。

成于统和十年（992）撰《重修独乐寺观音阁碑》载"故尚父秦王请谈真大师入独乐寺，修观音阁……重塑十一面观世音菩萨像"①，可知上至帝王下至百姓，信仰观音者颇多。天台宗在辽国亦广为流布，王鸣凤应历十年（960）撰《大都崇圣院碑记》载：

> ……时有范阳僧人惠城，俗姓张，母孙氏，岁礼惠华寺玉藏主为师，授以天台止观……管理大殿三间，中塑释迦牟尼佛，左大智文殊师利菩萨，右大行普贤菩萨……②

禅宗于辽境内亦是影响较大的中原宗派之一，李仲宣统和五年（987）撰《佑唐寺创建讲堂碑》：

> 夫幽燕之分，列郡有四，蓟门为上……此境旧有五寺，佑唐者，乃备其一……晨钟暮磬，上闻兜率；禅宗律学，宛是祇园……礼当寺寺主在楚禅师授法焉……③

此外开泰二年（1013）《赐圆空国师诏》云"……今睹大禅师识超券内，心出环中，洒甘露于敬田，融葆光于实际，总持至理，开悟众迷，朕何不师之乎！"④帝王亦师之，足见禅宗在辽国的佛教影响力。此外，华严宗也是辽朝最为流行的佛教宗派，先后出现多位佛学大师，如思孝和鲜演，前者著有《大花严经钞玄谈逐难科》《大花严经修慈分疏》等，⑤皆是辽朝华严学最早的著作，后者则在

---

① 陈述辑校：《全辽文》卷5，中华书局1982年版，第101页。
② 《全辽文》卷4，第79页。
③ 《全辽文》卷5，第96页。
④ 《全辽文》卷1，第15页。
⑤ ［日］竺沙雅章：《宋元佛教文化史研究》第5章《辽朝华严宗之考察》，东京汲古书院2000年版。

华严宗教义方面造诣极高，著有《华严经玄谈抉择》六卷，乃是对唐代华严学大师澄观《华严经疏钞玄谈》一书的注解。除了上述几种中土佛教以外，辽朝境内还有律宗、净土宗等宗派，都是辽朝佛教的重要组成部分。

值得一提的是，除了传统史籍中对几个中土佛教派别的记载外，几处遗存的宗教建筑亦说明了汉传佛教在契丹境内曾有过的繁盛历史。辽国佛教的繁荣发展对其邻国西夏接受和发展汉传佛教产生了较深影响。西夏立国时，经过一百多年的扶持与发展，汉传佛教在辽境内已规模初具，且与西夏佛教文化交流甚密，①西夏受其熏陶影响而重视汉传佛教的传播与发展亦在情理之中。

纵观西夏立国前后西域地区各民族政权的宗教信仰情况，汉传佛教都曾得到不同程度的传播与发展，这对善于借鉴和吸收周边民族优秀文化成果的西夏来说，无疑对其在发展佛教之初选择、接受和扶持汉传佛教在境内的流布有着巨大的促进作用，亦为西夏统治者积极主动地向中原的宋朝求取佛经打下了客观基础。

二　大藏经问题

佛教典籍是佛法的结集与代表，是发展佛教必备的理论基础。西夏发展佛教，首要面临的问题就是求取大藏经，为佛教传播及后来的译经工作做准备。纵观西夏立国前后西域地区的宗教情况，中原宋朝与各少数民族政权似乎都有为西夏提供大藏经的可能。

（一）少数民族文字大藏经

"有夏"一代，周边少数民族政权中与西夏联系紧密的当数回鹘、吐蕃及辽国，西夏立国前后，佛教在上述国家境内都有较大发

---

① 陈爱峰、杨富学：《西夏与辽金间的佛教关系》，载杜建录主编《西夏学》第 1 辑，宁夏人民出版社 2006 年版，第 31—32 页。

展，但当时是否存在有回鹘文大藏经、藏文大藏经及契丹文大藏
经，还是一个值得思考的问题。

佛教是 9 世纪至 15 世纪回鹘民众的主流信仰，9 世纪中叶回鹘
西迁新疆、河西后，受当地佛教影响大批回鹘人皈依了佛教，并用
回鹘文翻译了大量佛教经典。从敦煌、吐鲁番及哈密等地发现的大
批回鹘文文献来看，除了律部文献较少之外，回鹘人几乎将非大乘
文献、大乘经典、论藏文献、汉文疑伪经、密宗文献等佛教典籍都
译成了回鹘文。①既然如此，西域有没有完整的回鹘文大藏经呢？虽
然从目前保存下来的回鹘语佛教文献来看，几乎大藏经中各部都有
回鹘文译本，但迄今为止确实尚未发现完整的回鹘文大藏经。著名
回鹘语文专家耿世民据称"很久以来就传说西藏的萨伽某寺存有全
套的回鹘文大藏经，可惜现在仍未能证实这一消息确实与否"②，回
鹘语文学者牛汝极在探讨敦煌吐鲁番回鹘文文献时，对回鹘文大藏
经亦持谨慎态度。③有趣的是，虽然回鹘文大藏经为未可知，但高昌
回鹘国内却有汉文大藏经的记载。10 世纪晚期北宋使者王延德出
使西域，看到高昌回鹘境内：

> 佛寺五十余区，皆唐朝所赐额，寺中有《大藏经》、
> 《唐韵》、《玉篇》、《经音》等，居民春月多群聚遨乐于
> 其间。④

王延德抵高昌的时间是 982 年，《开宝藏》于宋太宗太平兴国
八年（983）才完成，说明《开宝藏》尚未最终竣工即已经在高昌

---

① 杨富学：《回鹘之佛教》，第 72—148 页。
② 耿世民：《谈维吾尔佛典》，载李铮、蒋忠新主编《季羡林教授八十华诞纪念论文集》，
江西人民出版社 1991 年版，第 553 页。
③ 牛汝极：《敦煌吐鲁番回鹘佛教文献与回鹘语大藏经》，《西域研究》2002 年第 2 期。
④ 《宋史》卷 490《高昌传》，第 14112 页。

地区有所流传，而此汉文大藏经也非完整的《开宝藏》。

河西地区藏传佛教经过吐蕃时期和归义军时期的发展，日渐兴盛，藏文佛经、陀罗尼和仪轨广为流行。赤松德赞父子时，佛经翻译已初具规模，不少藏文佛经目录开始编写，如《旁塘目录》《钦浦目录》及《丹喀尔玛目录》等。遭受朗达玛灭佛进入后弘期后，又有大规模译经出现，但多为抄本，真正完整刻本藏文大藏经出现比较晚。14 世纪初，在那塘寺由迥丹热智根据萨迦寺八思巴所藏经本编辑成藏经，称为那塘大藏。14 世纪后半叶，蔡巴噶举的蔡巴·贡噶多吉编订了《甘珠尔》，日喀则夏鲁寺的布顿·仁钦朱编订了《丹珠尔》，由此组成了藏文大藏经，此后陆续有多种刻本大藏经问世。[①]由于其形成时间已至蒙元时间，西夏应当没有向吐蕃求取大藏经的可能性。

辽国境内自上而下佞佛之风兴盛，对佛教各种宗派都大力提倡，自然会有大批佛教典籍问世。辽朝佛教发展最重要的一项成果即是刊刻《契丹藏》，西夏文《过去庄严劫千佛名经》发愿文中提到"后奉护城皇帝敕，与南北经重校"[②]。这里"护城皇帝"即"西夏仁宗皇帝仁孝"[③]，"南经"当指北宋《开宝藏》，"北经"当指辽刻《契丹藏》。[④]辽朝同宋朝一样，在燕京弘法寺设有印经院，专门从事校勘和雕印佛经的工作。辽兴宗（1031—1054）时期已经开始刊刻，[⑤]辽咸雍四年燕京天王寺志延所撰《旸台山清水院创造藏

---

① 崔红芬认为《藏文大藏经》刻本的出现要早于此，"大概在 12 世纪初期"。见崔红芬：《西夏河西佛教研究》，民族出版社 2010 年版，第 331 页，由于未列举证据，此处存疑。

② 史金波：《西夏文〈过去庄严劫千佛名经〉发愿文译证》，《世界宗教研究》1981 年第 1 期。

③ 李范文：《西夏皇帝称号考》，载李范文《西夏研究论集》，宁夏人民出版社 1983 年版，第 85 页。

④ 陈爱峰、杨富学：《西夏与辽金间的佛教关系》，第 32 页。

⑤ ［日］妻木直良：《契丹に於ける大藏經雕造の事實を論ず》，《东洋学报》第 2 卷，1912 年，第 330 页。

经记》载，是时即 1068 年已刻完五百七十九帙，千字文编次"天"字到"灭"字。以前并未发现有印本流传，直到 1974 年修理山西应县佛宫寺木塔时，才在塔中发现五十轴残卷，图卷轴本版式为每版二十四行，每行十五到十八字不等。《契丹藏》继承了唐代以来典型的藏经，其版式与《开宝藏》不同，目前关于《契丹藏》与《开宝藏》是否有继承关系，学界有不同的看法，但有一点是明了的，即《契丹藏》是一部受中原佛教影响颇深、西夏完成西夏文大藏经翻译后曾向辽求取并以之作为校勘底本的汉文大藏经。

（二）完整汉文大藏经

汉文大藏经是汉文佛教典籍的总汇，最初被称为"众经""一切经"，后称作"经藏""藏经"或"大藏"。大藏经虽是佛教典籍，却涉及哲学、历史、民族、中外关系、语言、文学、艺术、天文、历算、医药、建筑等诸多领域，是中外文化交流的结晶。我国汉文大藏经所收经籍数量最多，其经籍所涉时代跨度最大，地区涵盖面最广，所包容的佛教派别也最多。汉文大藏经经历了写本和刻印本两大阶段，北宋时，各版本刻本大藏经相继问世，刻本大藏经以其无可辩驳的优势取代了写本大藏经而成为最主要的流通本。与吐蕃、回鹘等少数民族政权相比，宋朝刻经业发达，刻板印刷刊行了众多佛经，具称宋板大藏经，其共计五种，除蜀板为官板外，其余四种皆为民间私板，兹分述如下：

1.《开宝大藏经》：简称《开宝藏》，又由于这部经藏是在四川雕造的，故也被称作《蜀本大藏经》，[①]是我国第一部刻本佛教大藏经。开宝四年（971），宋太祖派遣张从信至板木特产地益州（今四川成都），开板雕造大藏经，历时 12 年，于 983 年完成雕版

---

① 童玮：《北宋〈开宝大藏经〉雕印考释》，载中国社会科学院南亚与东南亚研究所编《印度宗教与中国佛教》，中国社会科学出版社 1988 年版，第 158—173 页。

十三万块，后于汴梁（开封）印经院印刷。全藏依据《开元释教录》入藏录所载经目为基础而开雕，卷轴式，共四百八十帙，千字文编次天字至英字，五千零四十八卷，每版二十三行，每行十四字，版首刻经题、版数、帙号等，卷末有雕造年月干支题记，共计一千四百三十六部，六千六百二十余卷。首刻全藏印本曾于北宋雍熙元年（984）由日本沙门奝然传入日本。此后，还经过三次比较重要的校勘修订和不断增入宋代新译及《贞元释教录》入藏的典籍，形成三个不同版本：

①咸平修订本：北宋端拱二年（989）至咸平年间（998—1003）的校订本；

②天禧修订本：北宋天禧初年（1017—1021）校订本，曾于乾兴元年（1022）传入契丹和高丽；

③熙宁修订本。北宋熙宁四年（1071）的校订本，于元丰六年（1083）传入高丽，对后世中国、朝鲜、日本、越南等国大藏经的刊行影响颇大。

熙宁以后，陆续有新译本增入，到北宋末年已积累到六百五十三帙，六千六百二十八余卷，增入一百七十三帙，一千五百八十余卷。《开宝藏》以书法端丽严谨，雕刻精良著称。现存的数卷为开宝年间雕造，并用宋代官用文书的黄麻纸精工刷印，是宋版精品之一。

2.《崇宁藏》：即福州东禅寺等觉院板，又称福州本、闽本、越本，敕名崇宁万寿藏。系东禅寺等觉院住持冲真等于神宗元丰三年（1080）发愿募刻，完成于崇宁二年（1103），全藏一千四百三十部，五千七百余卷，分作五百六十四函，千字文函号自"天"至"勿"。此藏是中国首次采用折装式的汉文大藏经，每版三十六行，折为六个半页，每半页六行，每行十七字，这种版式为后代多数大藏经所承袭。南宋绍兴十八年（1148），由皇叔士衍重修补雕大藏经版，乾道、淳熙年间（1165—1189），又续雕《大慧语录》等十六函，全藏形成一千四百四十部，六千一百零八卷，五百八十函。此藏现存者，中国仅福建泉州开元寺和山西太原崇善寺有少数卷帙。

3.《毗卢藏》：即福州开元寺本大藏经，又称福州藏。系北宋徽宗政和二年（1112），福州人士蔡俊臣等组织刻经会，支持开元寺僧本明、本悟、行崇等募刻开雕的大藏经。至南宋绍兴二十一年（1151）刻成。时有继本明之后主持刻经的有元忠、法超等。隆兴二年（1164）、淳熙三年（1176）又曾两次续雕。全藏总计一千四百五十一部，六千一百三十二卷，分作五百九十五函，千字文函号自"天"至"颇"，折装本，每版三十六行，折为六个半页，每半页六行，每行十七字，该藏与《崇宁藏》相比，版面较小，收录量亦有少量增减。此藏中国已基本亡佚，日本存有部分印本，多为补配而成。

4.《思溪藏》：即湖州思溪圆觉院板，又称思溪板、浙本。系北宋末年由湖州（浙江吴兴）王永从等发愿开刻，净梵、怀深诸僧发心劝募，于湖州思溪圆觉院所刊刻，完成于南宋绍兴二年（1132），初作五百五十函，后作五百四十八函，收录一千四百三十五部，五千四百八十卷。千字文编次自"天"自"合"，折装本，每版三十行，折为五个半页，每半页六行，每行十七字。后又有补刻本，即"安吉州思溪资福禅寺板"，前五百四十八函悉据此藏原版印刷，仅后五十一函为补雕，清末杨守敬从日本购回此藏，藏于松坡图书馆，今藏中国国家图书馆。

5.《碛砂藏》：即平江府碛砂延圣院板，又作延圣寺板，是寺院自刊大藏经。南宋绍定四年（1231）至元至治二年（1322），由宏道、法尼二尼发愿，僧人法忠、清圭等先后主持，在平江（今江苏苏州）碛砂延圣禅院雕印。全藏共收经一千五百三十二部，六千三百六十二卷，分作五百九十一函，千字文编次自"天"至"烦"，为折装本，每版三十行，折为五个半页，每半页六行，每行十七字。1931 年于陕西西安开元、卧龙二寺发现此藏，尚存十分之八。其后，在山西太原崇善寺亦发现此藏经本。1935 年"上海影印碛砂版大藏经会"改为方册本影印发行，共六十函，五百九十三册，缺佚部分用《资福藏》《普宁藏》等补入，仍缺十一卷。

西夏李德明时期开始重视发展佛教，自其宋仁宗天圣八年（1030）向宋朝第一次求取大藏经始，西夏六次赎经活动时间都是集中在 11 世纪 30 年代至 70 年代的西夏前期。分析当时中原与西域地区各政权佛教发展情形可知，西夏屡次向宋朝求赐大藏经绝不是偶然的，是时刻印完毕的大藏经只有官刻《开宝藏》一种，因此，西夏选择和接受中原汉文大藏经来发展本国佛教，有其一定的历史必然性。

三　西夏统治者对汉文化的仰慕与接受

汉传佛教之所以能够被党项民族接受并在西夏境内广为流布，与西夏统治者及百姓对中原汉文化的仰慕与接受是分不开的。西夏除了主体民族党项之外，亦生活着大量汉族百姓，经过长期接触和融合，汉语言和汉文化对党项及其他少数民族的影响日渐加深，在西夏社会生活中的作用也日渐增强。

（一）西夏对汉文化的接纳

西夏立国前后，虽与中原的宋朝纷争不断，但面对汉族在经济、文化和人口等方面的优势，西夏统治者对汉族的作用也有充分认识。早在归顺唐朝之时，党项族先祖已经开始学习中原唐朝汉族先进的封建文化了，至李继迁时，令党项族"习华风，尚礼好学"，

"借此为进取之资，成霸王之业"①。李德明内附宋朝后，其礼乐就"遵依宋制"，及至西夏开国皇帝元昊执政时，更是采取重视发展本民族文化与学习高度发达的唐宋文化相并行的政策。夏大庆二年（1037）十一月，元昊"设蕃汉二字院"，"汉习正、草蕃兼篆隶"，"掌中国往来表、奏、中书"②，设置官职之制时，"迁贼包藏凶逆，招纳叛亡，建立州城，创制军额，有归明、归顺之号，且耕且战之基，仍闻潜设中官，全异羌夷之体。曲延儒士，渐行中国之风"③。西夏官制亦受中原王朝影响，采纳中原王朝职官制度，不少汉族进入政府高层，身居要职。如元昊任用番人野利仁荣、汉人杨守素为谋士，又有多位汉人为主要文职官员，其后又接纳中原汉人文士张元、吴昊，都给予重任，可见李元昊对汉族知识分子丰富的文化素养和统治经验是钦慕并积极接收为己用的。

西夏对中原汉文化的接纳还体现在对儒学的推崇上。以孔子思想为代表的儒学提倡礼治，强调伦常关系，是封建社会的思想基础和精神支柱。对西夏早期接受、发展汉传佛教影响颇深的即是仁宗之前各朝统治者对中原儒学的提倡与发展。内迁之后的党项民族，接触了更多的中原汉族文化，逐渐熟悉并接受了汉族先进的政治制度和文化遗产。立国之初，百业待兴，虽然以李元昊为首的西夏统治者主张发展党项民族文化，各方面力求标新立异，但为了更好地发展本国经济文化，李元昊在创制西夏文之时，积极翻译中原儒家典籍，传播汉族先进文化，"元昊自制蕃书，命野利仁荣演绎之，成十二卷，字形体方整类八分，而画颇重复。教国人纪事用蕃书，译《孝经》《尔雅》《四言杂字》为蕃语，写以蕃书"④。元昊之后

---

① （清）吴广成：《西夏书事校证》卷7，第85页。
② （清）吴广成：《西夏书事校证》卷12，第146—147页。
③ （宋）李焘：《续资治通鉴长编》卷50，真宗咸平四年（1001）十二月丁卯条。
④ 《宋史》卷485《夏国传上》，第13995页。

毅宗皇帝则曾向宋朝求取儒家书籍"毅宗……表求太宗御制诗章隶书石本，且进马五十匹，求九经，《唐史》《册府元龟》及宋正至朝贺仪，诏赐九经，还所献马"①。九经，即《易经》《书经》《诗经》《左传》《礼记》《周礼》《孝经》《论语》《孟子》等，西夏正式向宋朝求购儒家经典，足见西夏统治者对中原儒学的推崇。惠、崇、仁三朝，儒学进一步发展，尤其是仁宗，更于人庆三年（1146）尊孔子为文宣帝，足见西夏崇儒之风盛行。

西夏立国初期境内已流传不少儒学著作，如黑水城发现大批汉文和西夏文本《孝经》《尔雅》《四言杂字》《尚书》《论语》《周易》等，从这些著作即能看出西夏国内熟知汉文经典的文人之士众多，对汉文化和汉语言亦是十分了解的，这对汉传佛教典籍在西夏的传播来说，无疑是重要的有利客观条件。

（二）统治者对佛教的提倡与扶持

任何一种宗教的传播，其背后必定有强大的政治、经济实力做后盾，西夏佛教的传播也不例外。西夏建国前后，统治者大力提倡发展佛教，《凉州重修护国寺感通塔碑铭》汉文部分载"佛之去世，岁月浸远，其教散漫，宗尚各异。然奉之者无不尊重赞叹"②，可见由于西夏统治者对各种佛教宗派都予以大力提倡和扶持，西夏佛教才在这种宽松的政治环境下逐渐兴盛起来。

从前述西夏佛教发展史即能看出，西夏历代统治者从李德明、元昊、谅祚、秉常、乾顺、仁孝及至西夏后期的纯祐、安全、遵顼等，诸朝皇帝与皇室成员莫不笃信佛教，热衷于刊印普施各类经文，修庙建寺立碑，每逢重大节日常作大法会祈福。西夏统治者制定的佛教法规政策、兴佛举措和躬身亲为参与的众多佛事活动，后

① 《宋史》卷485《夏国传上》，第14002页。
② 王其英主编：《武威金石录》，兰州大学出版社2001年版，第69页。

文各章节中均有详论，此处不再钱赘述。

综上所述，西夏立国前后选择和接受吸收汉传佛教有其深刻的历史背景与条件，周边各少数民族政权对中原佛教的接纳为西夏选择汉传佛教提供了良好的氛围，宋朝完整精良的汉文大藏经又是西夏发展佛教必备的佛学典籍，加上统治者的大力提倡与支持，汉传佛教在西夏境内有了良好的发展土壤，当然西夏立国前后雄厚的经济力量对佛教的支持亦是不可或缺的。汉传佛教在西夏的初传某种程度上也体现了西夏对中原汉文化的钦慕，如同历史上鲜卑、蒙古、满族等被中原文化同化一样，亦是中原文化对西夏的一种征服。

第二章

汉语佛典在西夏的传译

立国前期，发展佛教心切的西夏统治者不仅先后从中原宋王朝六次赎取汉文大藏经，而且元昊时期即已开始将汉文大藏经翻译成番文本的译经工程。在夏译大藏经的过程中，少数民族高僧尤其是回鹘僧起到了十分重要的主导作用，党项和汉族僧人则是译经活动的中坚力量。在西夏佛教兴盛发展的背景之下，汉文版大藏经在西夏境内是否刊印过、为数众多的汉族僧人社会地位如何等等，也是学界内关注的热点问题。

第一节　西夏之中原求经

西夏统治者从建国前即崇尚佛教，曾先后六次向中原宋王朝求取佛经，此后集中大量的人力、物力和财力翻译经文，为佛教在西夏广泛流传奠定了坚实的基础。

建国前李德明时期西夏就十分注重与宋朝的佛教关系往来，西夏第一次赎经活动即发生在李德明时期。德明时期，其政权势力范围扩大，有了稳定的统治中心，与宋、辽关系日趋和好，这种相对稳定的政治环境，为李德明向中原宋王朝求取大藏经提供了有利条件。如前文所述宋仁宗天圣八年（1030），李德明派遣使臣向宋朝献马七十匹求赐佛经一藏，宋朝答应了李德明的请求。①这次求经开创了向宋朝的赎经之路，对佛教在西夏的传播发展有着深远影响。

第二次求经是在元昊时期。元昊继位称帝前，在军事上不仅与北宋、契丹相抗衡，而且还西击回鹘，南攻吐蕃，这些地区均为佛教倡行之地，所以，立国前元昊亦积极扶持倡导发展佛教。当时中原宋王朝的译经、刻经事业都比较发达，系统刻板印刷了众多佛学经典。建国前夕即宋仁宗景祐元年（1034），李元昊献马五十匹，以向北宋求赠佛经，宋仁宗即于同年十二月赐给西夏大藏经：

> 癸酉，雪，赐近臣宴于中书。赵元昊献马五十匹，以求佛经一藏，诏特赐之。（《实录》于此既书赐经，明年十二月又书献马求经特赐之，当是一事，误重出而，今止见于此。）②

这一次赎经活动与李德明时期仅隔四年，可见元昊于建国前渴望发展佛教的迫切心情。立国前夕元昊与宋王朝政治关系颇为紧张，然宋答应赐经于西夏，不仅表明中原统治者崇敬佛道、广施佛经的善举，而且亦反映了中原与少数民族政权之间的宗教文化交流较为普遍，不一定受政治方面的制约。元昊去世后，没藏氏于天祐垂圣元年（1050）因贮藏中国所赐大藏经而大规模修建承天寺，此承天寺所藏之经当有德明或元昊时期所求的佛经。

西夏第三次求经是承天寺建成当年即宋至和二年（1055），是年"庚子，赐夏国《大藏经》"③。对此，《西夏书事》中亦有记载：

---

① （宋）李焘：《续资治通鉴长编》卷109，仁宗天圣八年（1030）十二月丁未条。
② （宋）李焘：《续资治通鉴长编》卷115，仁宗景祐元年（1034）十二月癸酉条。
③ （宋）李焘：《续资治通鉴长编》卷179，仁宗至和二年（1055）四月庚子条。

　　夏四月，遣使入贡，赐《大藏经》。没藏氏因阿讹等
还，感中国恩，遣使入贡。仁宗赐《大藏经》慰之。①

　　阿讹乃绥州蕃族，投归宋朝，仁宗为避免边界出事，将其归还
西夏。于是西夏派遣使臣致谢，宋朝亦顺水推舟赠其大藏经一部。
　　第四次赎经是在谅祚奲都元年（1058），宋朝答应次年赐佛经
于西夏：

　　　　诏夏国主：省所奏"伏为新建精蓝，载请赎大藏经、
　　　　帙、签牌等，其常例马七十匹充印造工值，俟来年冬贺嘉
　　　　祐四年正旦使次附进，至时乞给赐藏经"事具悉……所载
　　　　请赎大藏经、帙、签牌等，已令印造，候嘉祐四年正旦进
　　　　奉人到阙，至时给付。故兹诏示，想宜知悉。②

　　从此诏书可知，西夏因造寺庙而请赎大藏经，宋约于嘉祐四年
赐给。
　　西夏第五次求经是谅祚帝亲政后的第二年，即奲都五年
（1062），宋嘉祐七年给西夏的诏书称：

　　　　诏夏国主：省所奏"请赎佛经大藏、签牌、经帙等，
　　　　欲乞特降睿旨，印造灵文，以俟至时幸垂给赐，所有旧例
　　　　纸墨工值马七十匹，续具进止以闻。"事具悉……喜观心
　　　　于法境，愿绎经于秘文……其请赎经文，已指挥印经院印

---

① （清）吴广成：《西夏书事校证》卷19，第225页。
② （宋）欧阳修撰：《欧阳文忠全集》卷86《内制集》卷5。

造，候嘉祐十一年正旦进奉人到阙给付。①

西夏最后一次求经活动是在秉常时期。宋熙宁五年（1072）十二月，秉常"遣使进马赎大藏经，诏赐之，而还其马"②。宋神宗以大藏经赐之。史载：

> 诏夏国主：省所奏"乞收赎释典一大藏并签、帙复帕，前后新旧翻译经文，惟颛宸慈，特降旨命，令有司点勘，无至脱漏，卷目所有，印造装成，纸墨工值，并依例进马七十四，聊虫资费，早赐，近年宣给。"事具悉……所请赎经文，已指挥印经所，应有经本并如法印造、给赐，令保安军移牒宥州，差人于界首交割，至可领也，所有马七十四，更不用进来。③

史料记载西夏从中原宋王朝求取佛经共六次，前后时间共持续四十三年，且主要集中在建寺、译经高潮时期的西夏前期。然文献中并无有关西夏求经状的明确记载，其具体的求经过程亦无从知晓，所幸现存敦煌文献中发现有《沙州乞经状》遗本，内含六个不同的版本，即 P. 3851、P. 4607、S. 2140、S. 3607、S. 4640、孟 2939，内容反映了五代时期沙州僧人一次完整的乞经活动。从中可以窥见沙州僧人之乞经目的、中原王朝向周边御赐藏经的情况，同时还有取经时间、具体经文对象及投放地区问题。④以之与西夏之中

---

① （清）张鉴：《西夏纪事本末》卷20，龚世俊、陈广恩、朱巧云校点，甘肃文化出版社1998年版，第129页。

② 《宋史》卷486《夏国传下》，第14009页。

③ （清）张鉴：《西夏纪事本末》卷22，第142页。

④ 方广锠：《敦煌遗书〈沙州乞经状〉研究》，载方广锠《敦煌学佛教学论丛》（下），台北中国佛教文化出版有限公司1998年版，第195—232页。

原乞经相比照，可得不少启发，其情由应大体相当。

西夏德明时期第一次向宋朝求赐大藏经，概因仰慕尊崇中原佛法，此后又五次赎经于宋朝，史料并无明确记载其求经缘起。史金波先生认为西夏之所以多次向宋朝求取大藏经，原因在于宋朝不断有新经出现，①笔者则认为亦可猜测西夏由于发生遗失经文的现象，才不断向宋赎取。如《沙州乞经状》S. 4640 号录文：

> 沙州先于帝王请得藏经，自后遗失旧本，无可寻觅。今却入朝国求乞欠数者。大乘：《法集经》，一部，六卷，有；或八卷，无。一百二十七纸。罢却……小乘：《楼炭经》，一部，六卷。一百三纸……上件所欠经、律、论本者，盖为边方人众，佛法难闻。中国诸贤能满乞愿，唯望十信檀越，一切好心，随喜写之。所欠教言，普使传之。边人转读，亦是受佛教敕，付嘱传授，令法久住世间矣。②

西夏抑或会出现佛经遗失的现象，因此而向宋朝乞求大藏经，而宋朝统治者亦"檀越普济乞心"，屡次赐予。向中原求取佛经是西夏传播佛教、翻译番文大藏经的前提和基础，是西夏佛教发展的重要组成部分。此后随着西夏大规模译经、校经活动的开展，佛教在西夏境内逐渐繁荣发展了起来。

值得一提的是，西夏中原求经以后，与周边其他民族政权如辽、金之间的佛事往来亦日趋频繁。辽朝统治者钦慕西夏佛教，向西夏乞求佛经，辽咸雍三年（1067）冬十一月壬辰，"夏国遣使进

---

① 史金波：《西夏佛教史略》，第 71 页。
② 方广锠：《敦煌遗书〈沙州乞经状〉研究》，载方广锠《敦煌学佛教学论丛》（下），第 200—204 页。

回鹘僧、金佛、《梵觉经》"①，辽寿昌元年（1095）"十一月……夏国进贝多叶佛经"②，此两条史料足证辽国朝野对回鹘佛教及僧侣的推崇。③另前文提到的仁宗时期校对佛经"与南北经重校""北经"即指辽朝1062年刻印的《契丹藏》，这亦说明了西夏与辽朝有着密切的佛教文化交流。辽朝灭亡之后，西夏与金朝成为近邻，其后期与金朝佛事往来亦较多，西夏于天盛六年（1154）派使臣到金朝购买儒学和佛教书籍，《金史》记载："九月辛亥朔，夏使谢恩，且请市儒、释书。"④所购佛书为何种类，史无详载。是时，金朝正在解州天宁寺雕造汉文大藏经《赵城藏》。此经开雕于金熙宗皇统八年（1148），毕工于世宗大定十三年（1173）。西夏去购书时尚未完工，因此，西夏所购佛书当非《赵城藏》。西夏统治者热衷佛事，极为重视佛经的购买，先后从宋朝、辽朝得到《开宝藏》与《契丹藏》，因此对金朝大规模刻印的大藏经也应尽早购买为是，然史料中并无西夏《赵城藏》佛经的记载，据学者推测，其求购《赵城藏》的时间当在大定二十年（1180）之后不久。⑤

第二节　夏译汉文大藏经问题

　　西夏以党项民族为主体，在不懂汉语的党项族群众中宣扬佛教，只有汉语佛经而没有西夏文佛经是行不通的。因此，为了更好地发展佛教，西夏统治者在创制了自己的民族文字以后便大力开展翻译佛经活动。西夏赎取宋朝大藏经，一方面是为了珍藏供养；另

---

　　①　《辽史》卷22《道宗纪》，第267页。

　　②　《辽史》卷26《道宗纪》，第308页。

　　③　杨富学：《回鹘文化影响契丹的点点滴滴》，载朱瑞熙主编《宋史研究论文集》（第10集），兰州大学出版社2004年版，第418页。

　　④　《金史》卷60《交聘表上》，中华书局1975年版，第1408页。

　　⑤　陈爱峰、杨富学：《西夏与辽金间的佛教关系》，第34页。

一方面亦是为翻译佛经做底本。用番文翻译汉文大藏经，是一项规模浩大的工程，必须有雄厚的财力、物力和人力支持，本节拟对夏译大藏经中的几个问题做一个系统梳理。

一　夏译大藏经的时间和数量

西夏从立国前德明时期开始即与中原宋朝有佛教往来，宋朝最后一次向西夏赐汉文大藏经为宋熙宁五年（1072），历时四十多年之久。西夏译经活动的实施与其民族文字"西夏文"的创建有着密切关系，西夏笃信佛教，并没有等从中原得到全部完整的大藏经之后再开展译经活动，而是在其"西夏文"形成且颁布推广之初即已开始着手翻译佛经。

（一）西夏文字的创制

文字是语言文化的载体，是人类社会发展到一定阶段才有的产物，并不是每个民族都有文字，文字的产生，是一个民族或社会文明发展的标志。西夏的主体民族党项族在 11 世纪之前尚没有文字，直至正式立国前夕才创制了自己的民族语言。

西夏地处河套地区，其境内除了本民族党项羌之外，还生活着汉族、藏族、回鹘以及鲜卑等民众，多民族聚居的现实情况造成了彼此沟通需要一种共同语言的必要性，而文化程度相对来说比较高的汉人的语言就成了不同民族互相沟通的媒介，如黑水城出土的西夏词典《番汉合时掌中珠》序言就曾强调：

今时人若番汉语言，可以具备，不学番言，则岂和番人之众；不会汉语，则岂入汉人之数。番有智者，汉人不敬；汉有贤士，番人不崇；若此者，由语言不通故也。①

关于西夏文字创制的时间，由于传统汉文史籍的记载模糊不清且有所抵牾，大致有德明时期和元昊时期两种说法。史金波先生通过详细的考证，提出了元昊时期说的有力证据，西夏文《妙法莲华经序》中有这样的记载：

> 此后，风角城皇帝，以自国语言，兴起蕃礼，创造文字，翻译经典，武功出众，德行殊妙，治理民庶，无可比喻。②

文中"风角皇帝"即指元昊，③再结合《宋史》载元昊称帝后上表中原奏章中有"臣偶以狂斐，制小蕃文字，改大汉衣冠"之语，④元昊时期创制西夏文字之说概能定论。

西夏文字创建于元昊时期，始创之人即是元昊身边的谋士西夏大臣野利仁荣。西夏仁宗仁孝皇帝注重儒学文治，曾追封本民族文字的创制之师：

> 始封制蕃字师野利仁荣为广惠王。⑤

---

① （西夏）骨勒茂才：《番汉合时掌中珠》，黄振华、聂鸿音、史金波整理，宁夏人民出版社 1989 年版，第 5 页。

② 国立北平图书馆编：《国立北平图书馆刊》第 4 卷第 3 号《西夏文专号》，北平京华印书局 1932 年版，第 192 页，原译文有误。

③ 根据宁夏回族自治区银川市西夏帝陵出土的汉、夏文碑文得知，西夏诸帝不但有庙号、谥号、陵号，而且还有尊号和城号，如"明城皇帝""白城皇帝""护城皇帝"等。根据西夏帝陵 108 号墓残碑关于"风角城皇帝"事迹的记载，可证"风角城皇帝"即西夏开国皇帝元昊的城号。参见李范文：《西夏皇帝称号考》，载李范文著《西夏研究论集》，宁夏人民出版社 1983 年版，第 76—78 页；崔红芬、文志勇：《西夏皇帝尊号考略》，《宁夏大学学报》2006 年第 5 期。

④ 《宋史》卷 485《夏国传上》，第 13995 页。

⑤ 《宋史》卷 486《夏国传下》，第 14025 页。

黑水城出土西夏文诗歌《新修太学歌》中，也明确记载西夏文字造字者为"广惠王野利仁荣"，①由此可以确信，西夏文字创立是在元昊时期由元昊提议下令，大臣野利仁荣主持创制的。

值得一提的是，西夏文字属于表意性质的方块字，文字形式与构造多模仿汉文字而制。公元 997 年辽僧行均所编撰的《龙龛手鉴》收录了当时佛经写本中所常用的俗体字，这些俗体字的造字方法也被应用于西夏文字中，在西夏文佛经中即发现有此类俗体字，②由此亦可直接旁证汉语文对西夏佛教文化的发展有着深远的影响。

（二）西夏文大藏经翻译的时间和数量

西夏文字创制之后，发展佛教心切的李元昊在西夏向宋朝求得两次大藏经后，就积极开始展开翻译汉文大藏经的活动，从北京国家图书馆藏《过去庄严劫千佛名经》（B11·052）卷末所附发愿文可知：

> 夏国风帝新起兴礼式德。戊寅年中，国师白法信及后禀德岁臣智光等，先后三十二人为头，令依蕃译。民安元年，五十三岁，国中先后大小三乘半满教及传中不有者，作成三百六十二帙，八百二十部，三千五百七十九卷。③

文中所称"风帝"应为前文所提"风角城"之略称，当指西夏开国皇帝李元昊。"戊寅年"按常理推断应为西夏立国的第一个"戊寅年"，即天授礼法延祚元年（1038），经过 53 年的时间，到

---

① 聂鸿音：《西夏文〈新修太学歌〉考释》，《宁夏社会科学》1990 年第 3 期。

② 龚煌城：《西夏文字中的汉字汉语成分》，载龚煌城《西夏语言文字研究论集》，民族出版社 2005 年版，第 289—303 页；潘重规编：《龙龛手鉴新编》，中华书局 1988 年版。

③ 宁夏大学西夏学研究中心、中国国家图书馆、甘肃省古籍文献整理编译中心编：《中国藏西夏文献》卷 6，甘肃人民出版社、敦煌文艺出版社 2005 年版，第 59 页，译文见史金波《西夏文〈过去庄严劫千佛名经〉发愿文译证》，《世界宗教研究》1981 年第 1 期。

西夏天祐民安元年即 1090 年，基本完成西夏文大藏经的翻译工作。

由这篇发愿文可知西夏前期翻译的汉文大藏经共有八百二十部，三千五百七十九卷，分装在三百六十二帙之中，基本上是十卷一帙。西夏仅用半个世纪的时间，就翻译出了中原地区历经一千多年译出的六千多卷佛典，这在我国译经史上乃至世界翻译史上都是一个惊人之举，而且根据西夏故地发现的汉藏《华严经》《普贤行愿品》等文本来看，西夏文大藏经还形成了一套帙号体系。① 然而西夏并没有就此止步不前，崇宗以后当陆续还有不少汉文典籍被翻译且收录于西夏文大藏经之中。日本善福寺所藏元代平江路碛砂延圣寺刊《大宗地玄文本论》卷三记录了元代刊印西夏文佛经的数字：

> 于江南浙西道杭州路大万寿寺，于江南浙西道杭州路大万寿寺雕刊河西字大藏经三千六百二十余卷、华严诸经忏板，至大德六年完备。管主八钦此胜缘，印造三十余藏及华严大经、梁皇宝忏、华严道场忏仪各百余部，焰口施食仪轨千有余部，施于宁夏、永昌等路寺院，永远流通。②

文中提到西夏翻译的大藏经有"三千六百二十余卷"，《大宗地玄文本论》乃元朝刊印，由此可知，西夏时期并未把从中原得到的开宝藏六千余卷全部译完，而是选译了其中的主要部分，元代雕刊三千六百二十余卷比西夏天祐民安元年译完的三千五百七十九卷多了五十余卷，究其因可能是西夏后期又有所增补，加入不少新译佛经。

---

① 崔红芬：《夏汉文本华严经典考略》，《宁夏社会科学》2016 年第 3 期。
② ［日］西田龙雄：《西夏语之研究》第 2 卷，东京座右宝刊行会 1964 年版，第 297—298 页。

（三）西夏文佛经的校勘

至崇宗乾顺时期西夏文佛经基本初译完毕之后，汉文大藏经的翻译工作并没有完全结束，由于短时间内翻译数量如此庞大的巨作，出现差错在所难免，因而仁宗仁孝皇帝之时，大规模细致的佛典校勘工作逐步展开，经过仁孝时期校勘过的诸类经典也是西夏境内流通最多的。选择什么样的大藏经作为底版校对佛经，也是夏译大藏经所必须考虑的，根据黑水城文献的发愿文记载，我们已知仁孝时期校对佛经是以"南北经"即宋之官刻本《开宝藏》和辽之官刻本《契丹藏》为底版校对的，这一点已在第一章背景中有所陈述，此不复赘。

元昊所倡导用本民族文字西夏文翻译佛经的创举，在当时不仅为进一步推广西夏文字提供了难得的契机，而且为党项民族直接接受佛教教义和理论知识，对汉传佛教能够在党项民众中快速而广泛地传播具有巨大的推动作用，这一创举在西夏佛教史上具有划时代的意义。

二　译经主要人物

西夏佛教发展之初，面对浩瀚的经卷如何展开译经步骤，是以元昊为首的西夏统治者必须面对的问题之一。整部汉文大藏经的翻译，不仅需要西夏提供充足的财力保障，对译经人才的要求也十分关键。传世史料中鲜有记载西夏佛经的翻译活动，但随着大量黑水城西夏文佛经的整理与刊布，这一问题也日渐明了。

（一）皇室成员

黑水城出土的西夏佛经文献中，卷首多有译者题名，西夏秉常、乾顺时期的比较多，说明元昊之后这两朝是西夏译经非常重要的时期。这部分译经题款中，出现很多西夏统治者御制、御译、御校的字样，可以看出在汉文大藏经翻译的整个过程中，西夏皇室也是积极的参与者。

西夏文佛经《过去庄严劫千佛名经》《悲华经》《慈悲道场忏法》《佛说菩萨修行经》《佛说月光菩萨经》《佛说了义般若波罗蜜多经》《大方等无想经》《维摩诘所说经》等，卷首都有西夏文译者题名：

　　　天生全能、禄番祐圣、式法皇太后梁氏　御译

　　　　就德主世、增福正民、大明皇帝嵬名　　御译

　　　奉天显道、耀武宣文、神谋睿智、制义去邪、惇睦懿

　恭　皇帝嵬名 御校

另外一些如《佛说宝雨经》《圣无能胜金刚火陀罗尼经》《毗俱胝菩萨一百八名经》等，卷首的译经题名汉译为：

　　　胜智广禄、治民集礼、德盛皇太后梁氏　御译

　　　神功胜禄、习德治庶、仁净皇帝嵬名　　御译

　　　奉天显道、耀武宣文、神谋睿智、制义去邪、惇睦懿

　恭　皇帝嵬名 御校①

文中两则题款皆有皇太后名号，西夏有两个梁氏皇太后，一是秉常之母梁氏，二是乾顺之母梁氏，按史金波先生考证，"大明皇帝"为秉常，"仁净皇帝"为乾顺，②"皇帝嵬名"则为仁宗仁孝。

还有一类佛经则为仁宗单独校勘题名，无译者，如《现在贤劫千佛名经》《佛母大孔雀明王经》《大方广佛华严经》《大宝积经》《圣大明王随求皆得经》《四分律行事集要显用记》《阿毗达摩顺正

---

①　［日］西天龙雄：《西夏文华严经》第 2 辑，京都大学文学部 1976 年版，第 1—12 页。
②　史金波：《西夏佛教史略》，第 73 页。

理论》等卷首题：

> 奉天显道、耀武宣文、神谋睿智、制义去邪、惇睦懿
> 恭　皇帝嵬名　御校

仁宗仁孝皇帝在位之时，校勘佛经态度相当严谨，有的佛经甚至还二度重校，如明刊汉、藏对照《圣胜慧到彼岸功德宝集偈》卷首：

> 贤觉帝师讲经律论功德司正偏袒都大提点（口裏）卧
> 勒沙门波罗显胜、奉天显道、耀武宣文、神谋睿智、制义
> 去邪、惇睦懿恭皇帝再详勘①

由题词可知，此经在译完后仁孝时期曾校对过，波罗显胜乃西夏帝师，再校勘时又经帝师和仁宗详细过目，足见仁宗皇帝的虔诚礼佛之心。除了仁孝时期较多的校勘题词之外，还有一则仁孝之后西夏皇帝的御校题款，见西夏文《佛说佛母出生三法藏般若波罗蜜多经》卷首：

> 天力大治、孝智净广、宣德纳忠、长平皇帝嵬名　御校②

---

① 罗炤：《藏汉合璧〈圣胜慧到彼岸功德宝集偈〉考略》，《世界宗教研究》1983 年第 4 期。

② 原文藏俄罗斯尚未刊布，罗福成将日本石滨纯太郎所赠之页附汉译文发表，罗氏汉译卷首题款为"天力大孝智净广德宣忠纳皇帝于弥贤翻"，史金波汉译"天力大治、孝智净广、宣德纳忠、长平皇帝嵬名，御校"，崔红芬译"天力治大、孝智净广、德称邪拒、正入永平皇帝嵬名"，崔氏将"永平皇帝"认为是仁宗仁孝皇帝尊号之一，此处存疑，今从史金波先生之说。罗福成：《〈佛说佛母出生三法藏般若波罗蜜多经〉卷第十七释文》，载国立北平图书馆编《国立北平图书馆刊》第 4 卷第 3 号《西夏文专号》，1932 年，第 207 页；崔红芬、文志勇：《西夏皇帝尊号考略》，《宁夏大学学报》2006 年第 5 期；史金波：《西夏佛教史略》，第 83 页。

题款中"长平皇帝"之号还出现在银川西夏皇陵仁孝之墓的西夏文残碑中，鉴于残碑中有"太后罗氏"之语，罗氏乃仁孝之皇后，此"长平皇帝"具体为哪一人虽然还有待于考证，但按照辈分推算，应当为仁孝之后的某位皇帝。

由上述诸多佛经卷首题款可以看出，西夏皇室成员对译经活动是大力支持并积极参与的，但考虑到翻译佛经不仅需要扎实的佛学知识、娴熟的翻译技巧和驾驭西夏文、汉文甚至藏文的语言功底，这些皇室成员很难称得上是真正的译经人员，所谓"御译、御校"更多的应该是体现出其对译经活动的组织和规划作用。国家图书馆藏西夏文《金光明最胜王经》卷首序言记录了秉常时期的译经情况：

> 后始奉白高大夏国盛明皇帝、母梁氏皇太后敕，渡解
> 三藏安全国师沙门白智光，译汉为蕃。①

这篇序言指出皇帝及皇太后并没有直接参与翻译佛经，只是下谕旨而已，真正的译者乃国师白智光之流。该《金光明最胜王经》第一卷卷首还有题款，亦是仁孝下令校经之意：

> 奉白高大夏国仁尊圣德珠城皇帝敕重校

德藏西夏文《妙法莲华经》的序言可以更清楚地说明这个问题：

> ……先朝译众多经典，法译中未含此《莲华经》。今

---

① 《中国藏西夏文献》卷3，第3页，汉译文详见史金波《西夏文〈金光明最胜王经〉序跋考》，《世界宗教研究》1983年第3期。

圣母子，已继王位，敬信三宝，正国行德，令先祖礼与盛，为后帝所习取。……发出大愿，以贤手译，年面未转，一部已毕，国中传行，各处受持。①

由此文献可知，这些参与西夏佛经翻译工程的皇室成员并不是实际的译经人员，而是下诏组织译经活动的指挥者，真正着手翻译经文的，则是被誉为"贤手"的大德高僧。

（二）以回鹘僧为首的译经高僧

西夏汉文大藏经翻译的浩大活动，除了西夏皇室成员的鼎力支持外，最重要的是要有佛学造诣比较高深的大师参与完成。传世史料有西夏关于广收回鹘高僧翻译经文的记载：

> ［天授礼法延祚十年（1047），元昊］于兴庆府东……建高台寺及诸浮图，俱高数十丈，贮"中国"所赐《大藏经》，广延回鹘僧居之，演绎经文，易为蕃字。②
>
> 没藏氏好佛，因"中国"赐《大藏经》，役兵民数万，相兴庆府西偏起大寺，贮经其中，赐额"承天"，延回鹘僧登座演经，没藏氏与谅祚时临听焉。③

不少西夏文佛经的发愿文也向我们提供了诸多译僧的信息，如《过去庄严劫千佛名经》卷末所附发愿文：

> 夏国风帝新起兴礼式德。戊寅年中，国师白法信及后

① 罗福苌：《妙法莲花契经序释文》，载国立北平图书馆编《国立北平图书馆馆刊》第4卷第3号《西夏文专号》，1932年，第2693—2694页。

② （清）吴广成：《西夏书事校证》卷18，第212页。

③ 同上书，第226页。

禀德岁臣智光等，先后三十二人为头，令依蕃译。①

《金光明最胜王经》卷首序言：

　　后始奉白高大夏国盛明皇帝、母梁氏皇太后敕，渡解
三藏安全国师沙门白智光，译汉为蕃。文华明，天上星月
闪闪；义妙澄，海中宝光耀耀。②

　　文中译经高僧白法信和白智光，当是西夏翻译汉文大藏经的领
军人物，奉召组织翻译大藏经。结合传统文献所载，史金波先生推
断这两名高僧应是"汉文文献反复提到的'回鹘僧'"③，杨富学老
师则联系西域回鹘与中原之佛教关系进一步论证了"国师白法信和
后继者白智光都应为来自龟兹的回鹘高僧"④。这些回鹘高僧为西夏
佛教的发展做出了突出贡献，不仅西夏前期致力于译经，在西夏晚
期校勘佛经活动中，也有他们的身影，如校对《密咒圆因往生集》
时的也有"西域之高僧"参加。⑤

　　回鹘高僧在西夏文大藏经的翻译过程中起主导作用并不奇怪，
回鹘早在西夏立国之前即已信奉佛教多年，出现像白智光这样精通
佛学的高僧应当不在少数。翻译西夏文佛经不仅要熟知佛典，而且
最重要的是要熟练驾驭多民族文字。西夏所译佛典不仅有来自中原
宋朝的大藏经，而且还有不少藏传佛教之典籍，如此一来，能胜任

　　① 史金波：《西夏文〈过去庄严劫千佛名经〉发愿文译证》，《世界宗教研究》1981年第
1期。
　　② 史金波：《西夏文〈金光明最胜王经〉序跋考》，《世界宗教研究》1983年第3期。
　　③ 史金波：《西夏佛教史略》，第78页。
　　④ 杨富学：《回鹘僧与〈西夏文大藏经〉的翻译》，载季羡林编《敦煌吐鲁番研究》第7
卷，中华书局2004年版，第338—344页。
　　⑤ 参见汉文《密咒圆因往生集》序，史金波：《西夏佛教史略》，第277页。

西夏文佛经翻译的"贤手"必须得精通多种语言才能轻松自主地完成翻译工作，回鹘人即有这样驾驭多种语言的能力。西域之回鹘善于经商，回鹘人往往利用自身通晓多种语言的优势，在各类贸易往来中充当"翻译"的角色，商业贸易中回鹘人"……尤能别珍宝。蕃汉为市者，非其人为侩，则不能售价"①，西夏法典《天盛改旧新定律令》（以下简称《天盛律令》）中还专门有"回鹘通译"一职，②应是通晓蕃语和回鹘语的专门负责转译的人员。不少精通西域多民族语言的回鹘高僧来到西夏境内，所译经文"文华明，天上星月闪闪；义妙澄，海中宝光耀耀"，职是之故，在大藏经翻译活动中，回鹘高僧颇受重用也是情理之中的事了。

众所周知，回鹘佛教主要受汉传佛教的影响，在今天所能见到的回鹘文佛经中，绝大多数都译自汉文。回鹘佛教其实可被视作汉传佛教在西域的一种翻版，故而从某种意义上说，回鹘在西夏传播的佛教也可以看作是汉传佛教在西夏传播的一种特殊形式。

（三）西夏译经活动的多民族性

西夏文大藏经的翻译，除了起主导作用的回鹘高僧之外，还有党项、汉族、吐蕃及天竺的其他高僧亦参与其中。西夏译经、校经活动中有不少汉族僧人参与，如乾祐十五年刻印的汉文《佛说圣大乘三归依经》和《圣大乘胜意菩萨经》卷首有译经和详定者的题款：

> 兰山智昭国师沙门德慧　奉诏译
> 奉天显道耀武宣文神谋睿智制义去邪惇睦懿恭皇帝
> 详定③

---

① （宋）洪皓：《松漠纪闻》卷上，《辽海丛书》第1册，辽沈书社1985年版，第204页。

② 史金波、聂鸿音、白滨译注：《天盛改旧新定律令》卷5"军持兵器供给门"，法律出版社2000年版，第224页。

③ 俄罗斯科学院东方研究所圣彼得堡分所、中国社会科学院民族研究所、上海古籍出版社编：《俄藏黑水城文献》第3册，上海古籍出版社1996年版，第49、235页。

西夏晚期印施的西夏文泥金字《金光明最胜王经》发愿文所载：

> 因此建译场，延请番汉法定国师译主等，重合旧经，
> 新译疏义，与汉本仔细比较，刻印流行，成万代平安。①

汉族僧人凭借语言文字的优势，在西夏文大藏经翻译和校对的过程中，无疑是起重要作用的中坚力量。早在西夏译经前期，为了更好地翻译佛经，西夏还曾向中原宋朝求赐译经高僧，传世史料《涑水记闻》载：

> （谅祚）及乞国子监所印诸书、释氏经一藏并译经僧
> 及幞头、工人、伶官等……诏给释氏经。②

西夏文泥金字《金光明最胜王经》发愿于神宗遵顼光定四年（1214），此时已是西夏晚期，依然"延请番汉法定国译主等，重合旧经"，而且与"汉本仔细比较"，西夏后期藏传佛教影响很深，从此发愿文可以看出，西夏晚期中原汉传佛教对其影响力依然很大。武威天梯山石窟所出西夏文《圣观自在大悲心总持功德依经录》（G21·040）有题款：

> 沙门长耶阿纳拏传
> 显密法师功德司副受利益沙门周慧海　奉敕译③

---

① 史金波：《西夏佛教史略》，第282页。
② （宋）司马光：《涑水记闻》卷9，邓广铭、张希清点校，中华书局1989年版，第165页。
③ 陈炳应：《天梯山石窟西夏文佛经译释》，《考古与文物》1983年第3期；陈炳应：《西夏文物研究》，宁夏人民出版社1985年版，第56页。

　　文中周慧海乃汉僧,①其精通番、梵、汉三种语言文字,曾根据梵文将《顶尊胜相总持功德依经录》与《圣胜慧到彼岸功德宝集偈》译为西夏文。"长耶阿纳拏",显然就是天竺高僧拶也阿难捺的异写。②这一记载表明,西夏文《圣观自在大悲心总持功德依经录》,是由印度高僧拶也阿难捺和汉僧周慧海合作翻译的。仁宗时期印施的汉文《圣观自在大悲心总持功能依经录》和《胜相顶尊总持功能依经录》(TK164、165)卷前有题款:

　　　　诠教法师番汉三学院兼偏袒提点（口裏）卧勒沙门鲜
卑宝源 奉敕译
　　　　天竺大般弥怛五明显密国师在家功德司正（口裏）乃
将沙门拶也阿难捺 传③

　　这两篇经文则是天竺高僧拶也阿难捺传和鲜卑宝源合作完成的,"鲜卑"乃党项化了的一个西夏姓氏,与"西壁"在西夏文中相同,如榆林窟第 29 窟所绘供养像的西夏高僧真义国师西壁智海,鲜卑宝源和西壁智海都是在西夏境内生活的早已被党项人同化的鲜卑人。鲜卑宝源具有深厚的汉文功底,亦曾翻译《金刚般若波罗蜜多经》和藏汉合璧本《圣胜慧到彼岸功德宝集偈》。前文提到的《圣胜慧到彼岸功德宝集偈》卷首"贤觉帝师讲经律论功德司正偏袒都大提点（口裏）卧勒沙门波罗显胜"则是在西夏拥有极高宗

---

　　①　樊丽沙、杨富学:《西夏境内的汉僧及其地位》,《敦煌学辑刊》2009 年第 3 期。
　　②　此后陈炳应先生于文章中,将"长耶阿纳拏"直接改译成"拶也阿难捺"。参见陈炳应《甘肃省博物馆藏西夏文览珍》,载俄军编《甘肃省博物馆学术论文集》,三秦出版社 2006 年版,第 266 页。
　　③　俄罗斯科学院东方研究所圣彼得堡分所、中国社会科学院民族研究所、上海古籍出版社编:《俄藏黑水城文献》第 4 册,上海古籍出版社 1997 年版,第 30、35、46 页。

教地位的吐蕃高僧。①

　　上述诸多夏译佛经的发愿文及题款是西夏不同时期施经发愿所刻印的，如果说其不足以反映西夏译经人员全貌的话，那么北京国家图书馆所藏《现在贤劫千佛名经》卷首的西夏译经图则最真实地呈现出了当时西夏译经活动的壮观场面。周叔迦先生在介绍《现在贤劫千佛名经》时云："经背表糊杂用西夏文《大智度论》、《菩萨地持经》等文，又有他经佛像一页，画译经之图"②，此图正是著名的西夏译经图，描绘了西夏惠宗时期译经的真实情况。③图中刻画了僧俗人物二十五身，有西夏文题款十二条，计六十三字，记图中主要人物的身份和姓名。主译国师白智光端坐正中，斜披袈裟，正在讲解经文，并以手势相辅，人物像上部有题款"都译勾管作者安全国师白智光"。助译僧俗十六人分列两旁，其中八僧人短袖素衣，披袈裟，比肩而坐，显示出了各自不同的神态与相貌，旁边亦分别有党项族或汉族人名题款：北却慧月、赵法光、嵬名广愿、吴法明、曹广智、田善尊、西玉智园、鲁布智云。其中北却慧月、嵬名广愿、西玉智园、鲁布智云为党项族，嵬名氏还是皇族姓氏。此十六人在主译师白智光的左右从事紧张而和谐的译经工作。前桌案上置经书和文房四宝，图下部人身较大者，左为皇太后梁氏，右为"子明盛皇帝"，身后各有侍者三人，知为西夏惠宗秉常及其母梁氏皇太后。

　　从这幅珍贵的译经图中，我们可以清楚看到西夏文大藏经翻译

---

①　史金波：《西夏的佛教（上）》，载中国佛教协会编《法音》2005年第8期，第39页，也有学者认为"波罗显圣"是来自于印度北部的波罗王朝，乃天竺人，此处按照学界普遍认为的吐蕃僧一说，参见陈爱峰、杨富学《西夏印度佛教关系考》，《宁夏社会科学》2009年第2期。

②　周叔迦：《馆藏西夏文经典目录》，载国立北平图书馆编《国立北平图书馆馆刊》第4卷第3号《西夏文专号》，1932年，第2784页。

③　参见史金波《西夏译经图解》，载白滨编《西夏史论文集》，宁夏人民出版社1984年版，第335—350页。该译经图可参见西夏博物馆编《西夏艺术》，宁夏人民出版社2003年版，第50页。

过程的全民性和多民族特征，不仅皇室成员坐镇支持，而且各民族佛教高僧组织有序，在回鹘僧主译的指挥下，有条不紊地展开译经工作。这不仅说明了西夏不分族别有才之僧皆为所用的渴望发展佛教心理，而且也充分反映了西夏宽松和开明的宗教政策。正是有了这些默默无闻、兢兢业业的译经高僧的辛勤劳动，西夏文大藏经才能在短短五十多年的时间里翻译而成。

图2—1　西夏译经图

三　主要分工和译经场所

（一）主要分工

从北京国家图书馆所藏西夏译经图即能看出，西夏的大藏经翻译工程是有组织、有秩序的，诸位高僧各司其职，除了主译国师白智光之外，尚有不少其他助译人员。然西夏译场之中详细具体的译经分工如何呢？黑水城文献中有两篇佛经题记对译经过程的具体分工做了详细描述，虽然译自梵文本，但比之汉文大藏经的翻译，其译经分工及流程应不会有太多相异之处。

西夏仁宗时期所译、明正统十二年（1447）所刊藏汉合璧《圣胜慧到彼岸功德宝集偈》之西夏文题记载：

> 诠教法师、番汉三学院并偏袒提点、（口裹）美则沙门、鲜卑宝源汉译；
>
> 显密法师、功德司副使、（口裹）卧英沙门；……
>
> 演义法师、路赞讹、（口裹）赏则沙门、遏啊难捺吃哩底梵译；
>
> 天竺大钵弥怛、五明显密国师、讲经律论、功德司正、（口裹）乃将沙门、捺也阿难捺亲执梵本证义；
>
> 贤觉帝师、讲经律论、功德司正、偏袒都大提点、（口裹）卧勒沙门、波罗显胜；
>
> 奉天显道耀武宣文神谋睿智制义去邪惇睦懿恭皇帝再详勘。①

由该题记可知，在译经过程中分工严谨，专门有"汉译""梵译""亲执梵本证义"及详细校勘之人。俄藏西夏文《胜慧到彼岸要论教学现量解庄严论显颂》题记则更加详细地记载了西夏译场的分工情况：

> 西天大巧健钵弥怛（班智达）毗达迦啰波啰勒传译，

---

① 罗炤：《藏汉合璧〈圣胜慧到彼岸功德宝集偈〉考略》，《世界宗教研究》1983 年第4 期。

善生（比丘）玉卓执梵本藏译、重校为勘定。

大钵弥怛（班智达）吉祥果名可名尼勒兀、路赞讹（哇）

毗勒智有师执梵本再勘作正译。

五明显生寺讲经、论、律，辩番藏语善生李慧照，五台山知解三藏国师沙门杨智幢新译番文，出家功德司正禅师沙门彭智海证义，出家功德司正副使沙门没藏法净缀文，出家功德司承旨沙门尹智有执藏本校，御前都头监、中兴府签判、清（秦）原县司检校罔恒义持所疏校，御前疏补、印活字都案头监、出家功德司承旨尹智有，御前疏补所印活字都案头监工院正罔忠敬，

光定丙子六年六月　日①

上文题记记录的译经分工情况比较清晰和全面，可知当时西夏译场的分工有传译、执梵本藏译勘定、执梵本再正译、辩番藏语、新译番文、证义、缀文、执藏本校、御前都头监、御前疏补、印活字都案头监、御前疏补所印活字都案头监等，②不仅分工精细，而且还有严格的校对监督机制，由此看来，西夏整个译经过程有相当严密的组织机构和程序。

宋朝自太平兴国七年（982）由官方正式设立译经院专门从事译经之后，大规模的译经工作开始展开，其译经活动也有周密组织。《宋会要辑稿·道释》记载有当时宋代译经场所的分工情况：

① 此处按照崔红芬译文，崔红芬：《西夏河西佛教研究》，第 192 页，原文见 E. H. Кычанов, *Каталог Тангутских буддиских Памятнивв*, Киото：Университет Киото, 1999, c. 491。

② 史金波先生认为"御前疏补所印活字都案头监工院正"之"工院"乃西夏政府中的一个机构，管理工技制作之事，"工院正"是罔忠敬的职称，故崔红芬把"御前疏补所印活字都案头监工院正"当作译经分工之一的说法有待商榷，参见崔红芬《西夏河西佛教研究》，第 193 页；史金波：《西夏出版研究》，宁夏人民出版社 2004 年版，第 106 页。

第一，译主，当面正坐，前置梵本。

其左：

第二，证义梵僧，与译主评量梵义。

第三，证梵文梵僧，听译主高读梵本，以验差误。

其右：

第四，（证）梵学僧，观梵夹，当听译主宣赞读，书为隶书。

第五，梵学僧，笔受。

第六，梵学僧，删缀成文。

第七，证义僧，参详文义。

第八，字梵学僧，刊定文字。

第九，润文官，于僧众南别设位，参详润色。①

由此可知，宋朝在翻译佛经之时，各个译经人员的职责分工明确，对比西夏译经图和西夏文献所载译场之译员分工，可以看出西夏在译经分工组织方面借鉴中原宋朝的程式比较多。西夏在向宋朝求取佛经之时曾求赐译经高僧随往，可能是这些中原传译佛典的汉族僧人懂得运筹帷幄，知道高效准确的译经程序与步骤，西夏的译经事业才在汲取中原译经经验之下，有条不紊地迅速运作起来。

（二）西夏译经场所

西夏统治者虔诚信仰佛教，对佛事活动极尽铺张之能事，汉文大藏经的翻译也不例外，因此西夏译经场所的选择也非常重要，就目前西夏文献来看，西夏译经活动多开设在皇家寺院或其他宗教氛围比较浓厚的地方。

_____

① （清）徐松辑：《宋会要辑稿·道释》二之六，第 8 册，中华书局 1957 年版，第 7891 页。

1. 高台寺

高台寺乃元昊时期的一个译经之地。天授礼法延祚十年（1047），元昊曾建立规模宏大的佛教寺庙高台寺，并在此传译汉文大藏经，传世文献对此有所记载，元昊"于兴庆府东一十五里役民夫建高台寺及诸浮图俱高数十丈，贮中国所赐大藏经，广延回鹘僧居之，演绎经文，易为蕃字"①。此高台寺位于西夏国首都兴庆府即今天的银川城东。

2. 承天寺

西夏早期另一个译经著名场所是承天寺，谅祚时期天祐垂圣元年（1050）在谅祚之母没藏氏的倡导下修建，历时五年半方建成。福圣承道三年（1055）"没藏氏好佛，因'中国'赐《大藏经》，役兵民数万，相兴庆府西偏起大寺，贮经其中，赐额'承天'，延回鹘僧登座演经，没藏氏与谅祚时临听焉"②。可见承天寺当时是一个大型寺庙，承担不少早期汉文大藏经的翻译工作，现为宁夏博物馆所在地。

3. 黑水城地区

黑水城是西夏时期一个重要的军事重镇，但黑水城附近地区则是一个宗教氛围极其浓厚的多民族聚居地。该地出土的大量佛教典籍表明黑水城地区必定有专门的刊刻印施佛经的场所，位于黑水城境内的五明显生寺，即是该地区翻译和印施佛经的重要地方，不少西夏文佛经还提到译经僧人慧聪、慧照、觉照国师等都曾在五明显生寺内从事译经工作。③

---

① （清）吴广成：《西夏书事校证》卷18，第212页。

② 同上书，第226页。

③ Е. Н. Кычанов, *Каталог Тангутских буддиских Памятникв*, Киото：Университет Киото, 1999, стр. 493, 495, 490 – 491, 513, 557, 558, 562, 563, 589 – 590, 599, 565 – 566.

4. 甘州禅定寺

禅定寺位于甘州城内，是一个禅修寺院。日本天理图书馆藏西夏文佛经残页有《摩利支陀罗尼经》《无量寿宗要经》《观世音菩萨大陀罗尼经》《圣胜慧到彼岸八千颂》等，其中一页残经上题款记有该西夏文佛经译主、印行发愿者、印者和书者人名等，①可知当时甘州禅定寺也是西夏一个重要译经之地。

第三节　西夏汉译佛教典籍及相关问题

西夏早期多次从中原宋朝赎取佛经，求得的汉文大藏经除了作为翻译西夏文大藏经之底版以外，另外一个重要作用就是满足西夏境内民众对汉文佛经的渴求。西夏国内不仅有党项羌、吐蕃和回鹘等少数民族百姓，亦散居着大量汉族民众，因此，汉文佛经的印施和广泛流通，不仅仅是西夏统治者尊崇中原佛教的表现，更包含有从宗教意识形态上安抚其境内汉族人口的重要政治因素。

一　汉文佛典在西夏的印施

目前黑水城、敦煌和武威等西夏故地出土的众多西夏文献中，汉文佛经占了很大比重，西夏前后六次向中原宋王朝求得的汉文大藏经，除了作为西夏文大藏经翻译之底版外，应当也是汉文佛经刊刻之基础。汉文大藏经数量有限，西夏汉文佛经需求量较大，以中原大藏经为底本，刊刻印施汉文佛经亦在情理之中。综观汉文佛经在西夏流通情况，可以发现有以下几个特点：

（一）流通范围广、时期长

位于今内蒙古自治区额济纳旗的黑水城，蒙语称"哈拉浩特

---

① ［日］西田龙雄：《西夏文华严经》第 1 辑，京都大学文学部 1975 年版，第 13 页。

(Khara Khoto)",是西夏黑水镇燕军司治所之遗址,当时不仅是西夏防卫吐蕃和回鹘的北方军事重镇,同时也是佛教文化非常发达的农牧业之地。1908—1909 年俄国人科兹洛夫率领的俄国皇家地理学会探险队在黑水城地区发现了大量西夏文和汉文文献,收入俄罗斯科学院东方学研究所圣彼得堡分所珍藏。1914 年英国人斯坦因又来此获得不少文书藏之于大英博物馆。1927 年及新中国成立后1962—1984 年,中国多次发掘黑水城遗址,大量汉文佛教文书陆续出土。目前黑水城文献中除了比重最大的西夏文文献外,数量较多的即为汉文文献,这部分汉文文献又以佛经为多,其中以刊本为主,写本和活字印本次之。黑水城发现的西夏时期汉文佛教文书,经、律、论皆有,俄藏品中总计 240 种以上,存有题款的达 30 种,大多是当时比较流行的如《金刚般若波罗蜜经》《大方广佛华严经》《妙法莲华经》《观弥勒菩萨上生兜率天经》等。中国藏黑水城汉文文献中佛教文献卷里抄本和印本佛经及其他佛教文献共达233 件,这些黑水城出土的汉文佛经是仅次于西夏文佛经的珍贵材料。从发现的汉文佛经数量和刻印质量来看,当时黑水城是西夏汉文佛经十分流行的主要地区之一。

　　贺兰山是西夏境内三大神山之一,位于国都兴庆府之西,亦是西夏统治者非常重视的佛教圣地。贺兰山一带寺庙佛塔比较集中,曾流通着不少汉文佛教典籍。拜寺沟方塔废墟中出土不少汉文佛经,如刻本《大方广圆觉修多罗了义经略疏》卷下、《三十五佛名礼忏功德文·附仁宗施经愿文》(拟)、《佛顶心陀罗尼经》《圣妙吉祥真实名经》,写本《圆觉道场礼□一本》《异本救诸众生一切苦难经》(拟)、《众经集要》(拟)、《修持仪轨》《吉祥上乐轮略文等虚空本续》《顶髻尊胜佛母像版画》等等,其他地方如山嘴沟石窟也出土有《圣妙吉祥真实名经》等汉文佛经,说明汉文佛经在这一带曾深受西夏各族佛教信徒欢迎。

汉文佛经在西夏境内流传时间比较长，建国伊始随着西夏文佛经的不断翻译，一些留作底版的汉文佛典也陆续被信众刻印散施。黑水城刻本佛经文献中不少有明确纪年题记，其中最早的当为天赐礼盛国庆五年（1073）《夹颂心经一卷》（TK158），由佛教信徒陆文政私人刻印，发愿题款记载：

> 文政睹兹法要，遂启诚心，意弘无谒之言，用报父母同拯之德。今则特舍净贿，恳尔良工，雕刻板成，印施含识。欲使佛种不断，善业长流，荐资考妣，离苦得乐，常生胜处，常悟果因。愿随弥勒以当来，愿值龙华而相见。然后福沾沙界，利及□□，有识之俦，皆蒙此益。（天赐礼）盛国庆五年岁次癸丑八月壬申朔陆文政施。①

这篇发愿文系陆文政为亡故父母求得冥福而发愿刻经，可见汉文佛经在西夏前期惠宗时期即有所流传。黑水城文献中所见西夏时期最晚题款的汉文佛经是光定八年（1218）写本《赞佛称赞慈尊》，该写本包括弥勒真言、寅朝礼、五方礼一本、三皈依、尊天乐、四菩萨和大献乐启请并真言等六个部分，在其背面有"光定八年请尊者疏"之题款。② 当然还存在惠宗天赐礼盛国庆五年之前和光定八年之后西夏一朝依然流传汉文佛经的可能性，没有明显纪年标志而被误认为是宋代或其他朝代刻印的汉文佛经，这种可能性也是存在的。

还有一点值得注意的是，西夏亡国之后，汉文佛经依然在西夏遗民当中有所流通。元及明朝一代，西夏文佛经甚至番文大藏经在

---

① 《俄藏黑水城文献》第 4 册，第 7 页。

② 俄罗斯科学院东方研究所圣彼得堡分所、中国社会科学院民族研究所、上海古籍出版社编：《俄藏黑水城文献》第 5 册，上海古籍出版社 1998 年版，第 202 页。

河西地区都依然被西夏遗民所信奉，不少元刊和明代刻印的西夏文佛经或经幢陆续出土而被世人关注。中国国家图书馆善本部收藏有大量国内各地出土的西夏文文献，在修复这批西夏文文献时，发现封皮所裱糊的并不是素纸，其中还有汉文佛教文献一百张左右。这部分汉文佛经主要有《金刚般若波罗蜜经》《大方广佛华严经》《妙法莲华经》《佛母大金曜孔雀明王经》《禅宗永嘉集注》《慈悲道场忏法》等等，多为明写本或刻本。包裹在众多西夏文佛经之上，这批汉文佛经不管是否与西夏文佛经属同年所书，但可以肯定的是，应与西夏遗民有关。

（二）佛经部类多样化，需求量大

西夏境内印施的汉文佛教典籍大多是中原地区比较流行的经典，中原常见的佛教各宗派经典在西夏都有所流布，如禅宗之《慈觉禅师劝化集》《诸说禅源集都序》，华严宗之《大方广佛华严经》，净土宗之《佛说阿弥陀经》，天台宗之《妙法莲华经》，唯识宗之《瑜伽师地论》等等，中原兴起的民间信仰如观音、弥勒、五台山信仰等各类经典在西夏都广泛流行，拥有众多信徒。对这些宗派的流行情况，后文将会有专论，此处不做详述。

除了西夏文佛经之外，汉文佛经在西夏境内的流通量是最大的，这些汉文佛经或单独印施流通，或与番文版西夏文佛经一起印造，不仅民间多私人发愿刊刻，而且皇家适逢重要纪念日都大规模印施汉文佛经。仁宗时期印施汉文佛经最多，天盛十九年（1167）为了纪念逝世一周年的皇太后曹氏，发愿雕刻《佛说圣佛母般若波罗蜜多心经》（TK128）：

　　开板印造番、汉共二万卷，散施臣民，仍请觉行国师等烧结灭恶趣中围坛仪，并拽六道及讲演《金刚般若经》、《般若心经》，作法华会，大乘忏悔，放神幡、救生命，施贫济苦等事。①

乾祐十五年（1184），是仁孝本命年，六十寿辰庆典之际，发愿刻印《佛说圣大乘三归依经》（TK121）和《圣大乘胜意菩萨经》（TK145），广印佛经彩画，大作种种佛事活动，以示庆贺：

仍敕有司，印造斯经（指《佛说圣大乘三归依经》）番汉五万一千余卷，彩画功德大小五万一千余帧，数串不等五万一千余串，普施臣使僧民，每日诵持。②

乾祐二十年（1189），仁孝登基五十年国庆，在大度寺作法会并印施多部汉文佛经：

散施番、汉《观弥勒菩萨上生兜率天经》一十万卷，汉《金刚经》《普贤行愿经》《观音经》等各五万卷，暨饭僧、放生、济贫、赦囚诸般法事，凡十昼夜。③

仁宗晚期祈祷长寿延年还曾刊刻《圣观自在大悲心总持》和《胜相顶尊总持》（TK164、165）：

……睹兹胜因，倍激诚恳，遂命工镂（板）印番汉一万五千卷，普施国内□□。④

---

① 《俄藏黑水城文献》第3册，第76页。

② 同上书，第52页。

③ 发愿文见俄罗斯科学院东方研究所圣彼得堡分所、中国社会科学院民族研究所、上海古籍出版社编：《俄藏黑水城文献》第2册，上海古籍出版社1996年版，第47—48页。

④ 《俄藏黑水城文献》第4册，第30、35、46页。

乾祐二十四年（1193），仁孝去世，请匠雕印施番、汉《拔济苦难陀罗尼经》两千余卷。第二年，即天庆元年，罗氏皇太后在仁宗"周忌之辰"：

> 印施《仁王护国般若波罗蜜多经》，命工雕此经，印番一万部，汉二万部……①

天庆二年（1195），罗氏皇太后为死后的仁宗祈求福善，又大量印施番汉佛经：

> 番、汉文《佛说转女经》《仁王护国般若波罗蜜多经》《大方广佛华严经入不思议解脱境界善贤行愿品》共九万三千部，数珠一万六千八十八串，消演番汉大乘经六十一部，大乘忏悔一千一百四十九遍。②

从上述几则汉文佛经发愿文即能看出，西夏经济、文化繁荣兴盛之仁宗一朝，每逢重要国家庆典，西夏统治者都要组织规模宏大的法会，散施数量相当的汉文佛经，动则刻印上万卷汉文佛典普施百姓，彰显了西夏统治者对中原佛教的推崇和政府组织刻经的雄厚实力。有国家财力大力支持，西夏官方刊刻印施汉文佛经的数量自然十分壮观，但民间私人发愿印施的汉文佛经也不在少数，如人庆三年（1146），由皇族宗室御史台正嵬名直本牵头并提供费用，雕字人王善惠等四人雕印了《妙法莲华经》。天盛十九年（1167），权臣任得敬因久病不愈，为求佛祖保佑而发愿刻印《金刚般若波罗

---

① 俄罗斯圣彼得堡东方学研究所手稿部藏黑水城出土文献 Инв. No.683。
② 《俄藏黑水城文献》第2册，第372—373页。

蜜经》。乾祐十五年（1184），袁宗鉴等十七人印施了《佛说金轮佛顶大威德炽盛光如来陀罗尼经》。天庆七年（1200）孝子仇彦忠等为资荐父母亡灵发愿印施了六百余卷的《圣六字增寿大明陀罗尼经》。某中书相亡故后，其子刻印汉文《佛说父母恩重经》，除了邀请众多高僧大德作大法会之外，还"开演番汉大藏经各一遍，西番大藏经五遍，作《法华经》《仁王经》《孔雀经》《观音经》《金刚经》《行愿经》《乾陀经》《般若经》等法会各一遍"①。由此可看出西夏人汉文佛经的需求量不小，而且对中原佛教各宗派亦是积极接受的。

西夏不仅翻刻汉文大藏经，而且根据实际需要，组织编写、辑录汉文佛经，从而丰富发展了汉文大藏经。《四分律行事集要显用记》即为仁宗时兰山通圆国师沙门智冥辑录的佛教戒律集。西夏僧人兰山慈恩寺护法国师一行沙门慧觉和尚在夏元之交辑纂的《大方广佛华严经海印道场十重行愿常遍礼忏仪》忏悔礼仪集，共四十二卷，西夏后期藏传佛教盛行，讲求仪轨，所编的《大方广佛华严经海印道场十重行愿常遍礼忏仪》正反映了当时佛教信仰的特点，亦是嘉惠信众的善举。

（三）汉文佛经刊刻印施的多民族性

佛教在西夏的传播与发展有着广泛的全民性质，前文所述西夏文大藏经的翻译即有回鹘、汉、吐蕃、天竺、党项等多个民族佛教高僧积极参与。从众多佛经发愿文或写经题记来看，西夏国内的汉文佛经大多是党项统治阶层和经济基础比较好的汉族达官贵人发愿印施流行的，但在刊刻与印施过程中亦有不少其他民族僧人参与。

西夏立国前期与天竺来往就十分密切，广运三年（1036）"天竺入贡，东行经六月至大食国……抵夏州，元昊留于驿舍，求贝叶

---

① 《俄藏黑水城文献》第 3 册，第 49 页。

经不得，羁之"①，可见当时即有印度僧人途经西夏到中原宣扬佛法。汉文《大夏国葬舍利碣铭》记载元昊建成舍利塔后，元昊"钦崇佛道"，使"东土名流，西天达士"都前来进奉佛舍利，② 所载"西天达士"即指天竺僧人。西夏国内生活有不少天竺僧人，这些天竺高僧熟知汉语文，在西夏国内不仅大力宣扬佛法传播教旨，而且还积极参与到西夏的译经活动之中，对汉文佛经的雕刻印刷事业做出了不少贡献。如黑水城文献《佛说大乘圣无量寿决定光明王如来陀罗尼经》和《佛说般若波罗蜜多心经》（TK21）施印题记载：

> 时皇建元年十一月初五日众圣普化寺连批张盖利副使
> 沙门李治宝谨施，西天智圆刁，索智深书。③

文中所载法名智圆的天竺僧人在此做雕刻工，雕刻佛经，此人雕刻技艺娴熟，该佛经经文是写刻俱佳的楷书，而发愿文则是行书，足见智圆这个天竺僧人驾驭汉文字的熟练程度。除了译经和印经之外，有些天竺僧人还参与到汉人的法会佛事当中，如汉文《大方广佛华严经入不思议解脱境界普门行愿品》（TK142）所载，名为安亮的汉人在其母百日后，刊印《大方广佛华严经普门行愿品》一万有八卷、绘弥陀主伴尊荣七十二帧外：

> 至终七之辰，请诠义法师设药师琉璃光七佛供餐，惠
> 照禅师奉西方无量寿广大中国，西天禅师提点等烧结减恶

---

① （清）吴广成：《西夏书事校证》卷12，第140页。
② 史金波：《西夏佛教史略》，第231—232页。
③ 《俄藏黑水城文献》第2册，第7页。

趣坛，矧六道法事。①

西天禅师提点即是天竺僧人，可见西夏国内天竺僧人佛事活动还是比较多的，对汉文佛经在西夏其他民族僧众之间的流布做出了一定贡献。

西夏流行的汉文佛经很大一部分译自中原佛典，但也有不少是直接译之于藏传佛教经典，如黑水城所见《密咒圆因往生集》《六字大明王陀罗尼》《仪轨后记》《金刚剂门》《念一切如来百字忏悔门仪轨》《佛眼母仪轨》《梦幻身要门》《甘露中流中有身要门》《舍寿要门》《金刚亥母禅定》《圆融忏悔法门》《密教念颂集》《黑色天母求修次第仪》等。贺兰山西夏方塔所出《圣妙吉祥真实名经》《吉祥上乐轮略文等虚空本续》等也是译自藏文佛经的汉文佛典。这些佛经的翻译与刊行需要深谙汉、藏佛法及佛教用语习惯的高僧参与，如前文所述汉文《密咒圆因往生集》，乃中书相贺宗寿作序，题款所载：桓宗天庆七年（1200）由西夏金刚幢译，僧人智广、慧真辑《密咒圆因往生集》经咒礼仪集，辑录了三十一种经咒。

> 甘泉师子峰诱生寺出家承旨沙门智广编集
> 北五台山大清凉寺出家提点沙门慧真编集
> 兰山崇法禅师沙门金刚幢译定②

文中两位编集者智广和慧真是西夏党项僧人，译者沙门金刚幢禅师从名字上看不像是汉族或党项僧人，黑水城西夏文佛经中相似

---

① 《俄藏黑水城文献》第 3 册，第 233 页。
② 发愿文见史金波《西夏佛教史略》，第 278 页。

称号常见于天竺高僧,如传译《治净自承顺法事》的西天大师波弥坦义有金刚王、作《施食法事》的西天大师真空金刚王、演说《瑞相察顺最中得问□要论》的西天大师宝金刚王等。①联系该经发愿文"命西域之高僧,东夏之真侣,校详三夏,华梵两书,雕印流通",可知此西夏人辑录的佛经有梵、汉两个版本,故笔者认为参与该藏传佛经汉译的金刚幢禅师可能也是在西夏从事佛事活动的天竺人。不少天竺僧人精通藏语和汉语,如前文所述拶也阿难捺就曾将梵文本《圣观自在大悲心总持功能依经录》《胜相顶尊总持功能依经录》和《圣胜慧到彼岸功德宝集偈》译成藏文版,鲜卑宝源随之译成汉文版流通。西夏国内有熟悉汉语文的天竺雕刻工,自然也会有熟知汉文佛典的天竺僧,由天竺僧将藏传佛典汉译流通,亦是十分有可能的。

西夏文大藏经翻译流通后,诸多汉文佛经在西夏国内依然十分流行,综观其印施流布情况,笔者认为汉文佛典之所以在西夏广受欢迎有以下几点因素:

1. 西夏统治者尚儒尊释,加强对中原汉文化的学习与吸收

西夏一国散施汉文佛经数量最多、刻印质量最好的当属仁宗仁孝时期,这一时期是西夏经济文化繁荣昌盛之时,统治者尊佛尚儒,对中原地区以儒学为核心的汉文化积极吸收接纳,一定程度上为汉文佛经的广泛印施和流布提供了有利的人文环境。仁孝之御史中丞薛元礼曾上表:

　　　　士人之行,莫大乎孝廉;经国之模,莫重于儒学。昔
　　元魏开基,周、齐继统,无不尊行儒教,崇尚《诗》、

---

①　俄罗斯圣彼得堡东方学研究所手稿部藏黑水城文献 Инв. No. 3708、2848、8019。

《书》，盖西北之遗风，不可以立教化也。①

仁宗一朝著名儒士斡道冲是西夏一代儒学宗师，其后代曾临摹他的画像并赞其业绩：

> 西夏之盛，礼事孔子，极其尊亲，以帝庙祀。乃有儒臣，早究典谟，通经同文，教其国都，遂相其君，作服施采。顾瞻学官，遗像斯在，国废时远，人鲜克知。②

可见西夏统治阶层积极汲取历史上少数民族尊佛尚儒之经验教训，十分注重儒学，西夏崇儒之风颇盛。以儒治国、发展汉学的方针亦带动了中原释教的发展，西夏皇室成员都笃信佛教，国内规模较大的几次皇家大法会基本上都是仁孝一朝组织开展的，从前文法会上普施的汉文佛经及其数量即能看出西夏统治者对中原汉传佛教的尊崇。乾祐二十一年（1190）为了方便番汉文化交流，西夏学者骨勒茂才编著番汉双解实用大词典《番汉合时掌中珠》，该书亦收录了较多的佛教用语，不仅说明佛教在西夏人生活中的重要地位，更为汉文佛经及汉文化在党项人中间的传播奠定了基础。

2. 满足国内众多汉族人口对汉文佛经的需求

西夏立国后所辖之河西、陇右地区，自古以来就是汉族和其他少数民族共同居住、开发之地，党项自唐代北迁这一地区后，部分党项人开始向汉人学习并从事农业生产。李继迁和元昊建立夏州、灵州、兴州政权后，更多党项人逐渐定居下来不再游牧于山地间，因此汉族与党项杂居情况日渐增多，汉人相对发达的经济文化对其

---

① （清）吴广成：《西夏书事校证》卷31，第359页。

② （元）虞集：《道园学古录》卷4《西夏相斡公画像赞》，吉林出版社2005年版，第65页。

产生了越来越重要的影响。

　　传世史料和出土文献虽然鲜有直接统计西夏境内汉族人口的材料，但通过其他文献旁证，我们还是可以估算出有不少汉人生活在西夏国内。西夏主体民族为党项羌人，但许多重要事项皆是以番汉两族民众为接受群体的，如政府设立番汉大学院，有很多统称如番汉学士、番汉僧人、番汉学子，多民族并提时，则往往番列第一，汉为第二，其他民族列其后，这说明汉族是西夏境内仅次于党项影响最大的民族。

　　出土文献西夏文《三才杂字》和汉文本《杂字》都记载了不少西夏境内的汉族姓氏。《三才杂字》中"汉姓"一节，记录了"张、王、李、赵、任、季、田、狄"等84个汉姓，① 而在汉文本《杂字》中，"汉姓"列第一节，"番姓"为第二节，汉姓中除了前缺的几十个姓氏外，还有"梁、陈、苏、辛、美、丁、薛、谋"等138个姓。② 西夏文《碎金》则更全面地反映了西夏国内常见的汉族姓氏：

　　　　张王任钟季，李赵刘黎夏。田狄褚唐秦，温武邢袁枝。金严陶萧甄，胡白邵封崔。息传茫廉罗，司段薄徐娄。江南蔡子高，羊鞠钱伯万。董隋贾迺卓，韩石方穆回。解周燕尚龚，何傅儿奚德。耿郭君邱铁，史申嵇孙合。曹陆倪苏姚，浑酒和殷陈。牛杨孟杜家，吕马纪不华。寇婴宗许虞，韦翟权薛安。吴九邹聂丁，侯窦左糜潘。③

---

　　① 　此处根据聂鸿音和史金波先生所考，参见聂鸿音、史金波《西夏文〈三才杂字〉考》，《中央民族大学学报》1995 年第 6 期。

　　② 　史金波：《西夏汉文本〈杂字〉初探》，载白滨、史金波、高文德、卢勋编《中国民族史研究》第 2 辑，中央民族大学出版社 1989 年版，第 178 页。

　　③ 　聂鸿音、史金波：《西夏文本〈碎金〉研究》，《宁夏大学学报》1995 年第 2 期。

　　由以上常见汉族姓氏，可推知西夏境内生活着众多汉族百姓，这部分汉人在西夏政治活动和生产活动中发挥了重要的作用，与虔诚信佛的党项人一样，汉族民众在其宗教活动里，大量印施汉文佛经亦在情理之中，如崇宗时期汉人官员任得敬，因献女有功得宠，镇压起义得势，至仁宗时封为国相，进位"太师上公总领军国重事秦晋国王"，天盛十九年（1167）任得敬为求得病愈而发愿刻印汉文《金刚般若波罗蜜经》，"故陈誓愿，镂板印施。仗此胜因，冀资冥祐"①。

　　3. 汉文刻本佛经刊刻印施流通方便

　　汉文佛经能够在西夏境内大规模地印施流通，与佛经刻本的存在和西夏先进的雕刻印刷技术是分不开的。中原地区的雕版印刷技术经过唐朝和五代时期的发展，至赵宋时期技术已经十分发达。西夏比较重视吸收借鉴周边民族尤其是文明水平较高的汉人先进生产力，不仅继承发展了中原地区的雕版印刷术，更是大力推行活字印刷，这无疑大大加快和拓宽了佛教典籍在其境内的流通速度和范围。

　　宋嘉祐二年（1057）和西夏奲都六年（1062）西夏向中原求取佛经时，文献记载：

　　　　所载请赎大藏经、帙、签牌等，已令印造，候嘉祐四年正旦进奉人到阙，至时给付。②
　　　　其请赎经文，已指挥印经院印造，候嘉祐十一年正旦进奉人到阙给付。③

　　由此可知西夏从中原求得的为汉文刻板大藏经，较之于写本佛

---

①　《俄藏黑水城文献》第 3 册，第 71 页。

②　（宋）欧阳修撰：《欧阳文忠全集》卷 86《内制集》卷 5。

③　（清）张鉴：《西夏纪事本末》卷 20，第 129 页。

经，刻本大藏经对于西夏佛教发展的巨大推动作用是无以言表的。西夏不仅有专门的官府印刷机构"刻字司"，而且亦有规模大小不一的印刷场所和技术娴熟的刻字工。更为重要的是，西夏人已经掌握了活字印刷的先进技术，西夏出土文献中有泥活字雕版西夏文《维摩诘所说经》和木活字印刷西夏文《三代相照言文集》《吉祥遍至口和本续》等经文。这些活字印刷技术的应用，为西夏文和汉文佛经的批量印施提供了可能，也是皇家举办诸多大型法会可以印造上万卷汉文佛经的前提条件。

西夏流行的汉文佛经无论是官方还是私人发愿，除了少量手抄本之外，基本上都是刻本佛经，如仁宗前后时期大量印施的《大方广佛华严经》《妙法莲华经》《金刚般若波罗蜜经》《观弥勒菩萨上生兜率天经》《佛说转女身经》《圣六字增寿大明陀罗尼经》等。值得一提的是，比起数量较多的汉文刻本佛经，藏文佛经则多为写本，众所周知，目前能见到最早的藏文刻本出版书籍是明永乐年间出版的甘珠尔大藏经，未见 15 世纪以前的藏文印刷品。俄藏黑水城文献中发现有蝴蝶装藏文刻本佛经《顶髻尊胜佛母陀罗尼功德依经摄略》，乃较为古老的一种装帧方式。① 与雕版印刷方便快捷的汉文刻本佛经相比，藏文佛经的流传度自然稍微逊之。

二　关于夏刊汉文大藏经问题

西夏从中原宋朝求得的汉文大藏经，除了作为西夏文大藏经翻译之底本外，其中很多重要的经典也曾陆续印施流传，满足了西夏国内民众对汉文佛经的渴求。西夏早期即开始流通散施汉文佛经，仁宗一朝又大量雕版刻印诸多部类的汉文佛经，那么西夏到底有无刻印完整的汉文大藏经呢？西夏立国时期先后紧邻其国的辽、金分

---

① 俄罗斯圣彼得堡东方学研究所手稿部藏黑水城文献 XT67。

别有自己雕刻的汉文大藏经《契丹藏》和《金藏》，与辽金有相似历史背景的西夏，以其翻译印施西夏文大藏经的财力和国家组织能力，于国内印刷完整的汉文大藏经亦是十分可能的。

（一）学界对西夏汉文大藏经的考证

西安市文物管理所藏《大方广佛华严经》卷九末尾残页上印有西夏文木押捺题记，史金波先生汉译如下：

> 番国贺兰山佛祖院摄禅园和尚李慧月，平尚重照禅师之弟子，为报福恩，印制十二部大藏契经及五十四部《华严》，又抄写金银字之《华严》一部、《金觉》、《莲华》、《般若》、《菩萨戒》契经、《起信论》等。①

史金波先生认为此押捺题记印在汉文《华严经》之末，推知李慧月所印佛经为西夏时期的汉文佛经，又根据陕西省图书馆藏汉文《佛说摩尼罗亶经》和日本天理图书馆藏汉文《高僧传》卷五末尾之相同题款，得出如下结论：

> 西夏时期在贺兰山佛祖院曾雕刊了全部汉文大藏经板，并至少印制过十二部汉文大藏经。贺兰山佛祖院是西夏的一座重要寺庙，那里可能是印造佛经的一个重要场所。
>
> 西夏汉文大藏经的问世，又给我国汉文大藏经增加了一个新的版本。②

就职于中国国家图书馆善本部的李际宁先生根据中、日多方收

---

① 史金波、白滨：《西安市文管处藏西夏文物》，《文物》1982 年第 4 期；《中国藏西夏文献》卷 15，第 361 页。

② 史金波：《西夏佛教史略》，第 99 页。

集到的材料，对"番国僧李慧月"的生平及史金波先生所列汉文《大方广佛华严经》《佛说摩尼罗亶经》和《高僧传》做了详细考证，认为：

> 　　光明禅师李慧月是入元的西夏遗民，他生活的时期在西夏末年到元至元末年以前，他所印施的佛经主要产生于元代杭州地区，其中相当部分为《普宁藏》。①

经过对李慧月禅师所刊佛教的考察，李际宁先生认为西夏时期存在汉文版《西夏藏》之说，"尚待新资料以证明"。

（二）西夏汉文大藏经问题

目前传世文献和出土资料中并无西夏刊印汉文大藏经的明确材料，黑水城文献中除了有确切西夏纪年标识的文献之外，还有不少无题款或标识的汉文佛经文献，黑水城发现的大量西夏文佛经文献至今尚未整理出版，所以亦存在将来对某个汉文或西夏文佛经的解读来验证夏刊汉文大藏经的可能性，但根据目前所刊材料，笔者认为西夏从中原求得的汉文大藏经部类不全，仅供珍藏，对汉文大藏经在西夏境内的刊印持质疑态度。

首先，西夏可能没有完整的汉文大藏经做底版刊印。西夏天祐民安元年即1090年，西夏已经基本上完成了番文大藏经的翻译工作，共翻译汉文大藏经八百二十部，三千五百七十九卷，并没有全部翻译完六千多卷的《开宝藏》，前文提到的日本所藏《大宗地玄文本论》卷三记载西夏翻译大藏经有"三千六百二十余卷"②，可

---

① 李际宁：《关于"西夏刊汉文版大藏经"》，《佛教大藏经研究论稿》，宗教文化出版社2007年版，第207页。
② ［日］西田龙雄：《西夏语之研究》第2卷，东京座右宝刊行会1964年版，第297—298页。

知崇宗之后虽然西夏佛教发展的重心在于校勘番文大藏经，但依然陆续还有译经活动。

西夏中后期之所以还有译经活动，笔者认为除了中原地区又有新译佛典出现之外，原因还在于西夏从中原地区求得的汉文大藏经不全。西夏先后六次向宋朝赎取大藏经，概因宋朝所赐部类不全，才不得不屡次朝贡，索求汉文大藏经。番文大藏经译成之后，西夏仁宗仁孝皇帝下令以"与南北经重校"①，我们已知"南经"指《开宝藏》，"北经"指辽朝汉文大藏经《契丹藏》，笔者推算可能西夏所藏《开宝藏》部类不全或有佚失现象，因而结合辽之《契丹藏》再次进行校对。西夏国内所贮汉文大藏经部类不全，可能是西夏没有雕版刻印汉文大藏经的因素之一。

其次，西夏珍藏汉文大藏经，并没有印施流通。西夏立国前期贮存汉文大藏经做番文大藏经的翻译底版。天授礼法延祚十年（1047），元昊在新建高台寺"贮中国所赐大藏经，广延回鹘僧居之，演绎经文，易为蕃字"②。福圣承道三年（1055），"因'中国'赐《大藏经》，役兵民数万，相兴庆府西偏起大寺，贮经其中"③。仁宗一朝是印施汉文佛经最多的时期，在仁孝去世后第三年即天庆二年（1195）罗太后为去世的仁宗祈福，举办了规模宏大的佛事活动，印施番汉经文九万三千多部，其中在汉文《大方广佛华严经入不思议解脱境界普贤行愿品》后记发愿文中有载：

大法会烧结坛等三千三百五十五次

大会斋一十八次

---

① 史金波：《西夏文〈过去庄严劫千佛名经〉发愿文译证》，《世界宗教研究》1981 年第 1 期。

② （清）吴广成：《西夏书事校证》卷 18，第 212 页。

③ 同上书，第 226 页。

开读经文

藏经三百二十八藏

大藏经二百四十七藏

诸般经八十一藏

大部帙经并零经五百五十四万八千一百七十八部

度僧西番、番、汉三千员

散斋僧三万五百九十员

放神幡一百七十一口

散施

八塔成道像净除业障功德共七万七千二百七十六帧

番汉《转女身经》、《仁王经》、《行愿经》共九万三千部

数珠一万六千八十八串

消演番汉大乘经六十一部

大乘忏悔一千一百四十九遍①

由此发愿文可以看出，这次大法会上开读了二百四十七藏大藏经，此处大藏经当指西夏国内所藏从宋朝所购之汉文大藏经。此次法会规模不小，且所列功德乃"三年之中通兴种种利益"，但并没有雕刻印施全部的汉文大藏经，而是有选择地印施了《转女身经》《仁王经》《行愿经》及其他大乘经典。与此不同的是，西夏文大藏经译出之后，在国内印施和流通的程度要远远大于汉文大藏经，如皇太后罗氏笃信佛教，曾组织抄写全部西夏文大藏经：

大白高国清信弟子皇太后罗氏全增新写番大藏契经一藏，

---

① 《俄藏黑水城文献》第 2 册，第 372—373 页。

天下庆赞，已入寺庙上内契经藏中，当为永久识诵供养。①

　　为表虔诚，罗太后组织抄写供奉西夏文大藏经，可见西夏统治者对番文大藏经极其重视。而对于汉文大藏经，前期作为翻译底版，中后期则珍藏贮存起来，适逢重要节日才开讲经文。国内印施流通的汉文佛经都是根据信仰需求有选择性地雕版刻印，如仁宗五十岁寿辰之时刻印了很多净土经典，祈求死后往生兜率天，与之相比，民间百姓则更多印施《妙法莲华经》《阿弥陀经》等流传度较广的汉文佛经，保佑平安多福。

三　西夏新译汉文佛典

　　西夏境内流通的诸多汉文佛典，大部分是中原或吐蕃地区梵译的佛教典籍，但也有许多西夏时代新译的汉文佛经。这些汉译佛经从未被收录入现有各种版本的汉文大藏经中，故不但至今未被人重视和研究过，而且还曾被疑为伪经。《俄藏黑水城文献》中，至少有以下六部佛经属西夏新译而未被收入汉文大藏经中，它们是：

　　　　《佛说圣大乘三归依经》（TK 121、TK 122）

　　　　《佛说圣佛母般若波罗蜜多心经》（TK 128）

　　　　《持颂圣佛母般若多心经要门》（TK 128）

　　　　《圣观自在大悲心总持功能依经录》（TK 164、165）

　　　　《胜相顶尊总持功能依经录》（TK 164、165）

　　　　《圣大乘圣意菩萨经》（TK 145）

---

① 罗福成：《〈佛说宝雨经〉卷第十释文》，载国立北平图书馆编《国立北平图书馆馆刊》第4卷第3号《西夏文专号》，1932年，第2707—2710页。

　　这几部经都是西夏仁宗时期（1139—1193）于兰山寺翻译、刊刻的，且都有同时代西夏文译本传世。虽然他们被指称为直接译自梵文，参与译事的有"天竺大般弥怛五明显密国师在家功德司正口裹乃将沙门拶也阿难捺"，但与其对应的梵本全本已不易找见，只有与其对应的藏文译本可证明它们确实是西夏新译的真经。①

　　（一）《佛说圣大乘三归依经》和《圣大乘圣意菩萨经》

　　刻本汉文《佛说圣大乘三归依经》在黑水城文献中有 TK 121卷轴装和 TK 122 经折装两种不同版本，除略有微小差异外，经文刊刻行款基本相同，卷首有详细题款，以 TK 121 为例：

　　　　兰山智昭国师沙门德慧　奉诏译
　　　　奉天显道耀武宣文神谋睿智制义去邪惇睦懿恭皇帝详定②

　　《佛说圣大乘三归依经》虽然不见于汉文大藏经中，但在藏文大藏经中却有其对应的藏文译本存在。通过对比吐蕃译师吉祥积所译 Phags pa gsum la skyabs su'gro ba zhes bya ba theg pa chen po'i mdo，可以看出汉、藏两本所依原版不同，德慧本不同于西夏文大藏经中所见全智天和吉祥积的两种译本，西夏所译汉文本所据可能是梵文原本。③

　　西夏刻本汉文《圣大乘圣意菩萨经》为经折装，共六折十二

---

　　① 参见［俄］孟列夫《黑城出土汉文遗书续录》，王克孝译，宁夏人民出版社 1994 年版，第 152—158 页；沈卫荣：《序说有关西夏、元朝所传藏传密法之汉文文献——以黑水城所见汉译藏传佛教仪轨文书为中心》，载余太山、李锦绣主编《欧亚学刊》第 7 辑，中华书局 2007 年版，第 159—179 页。

　　② 《俄藏黑水城文献》第 3 册，第 49 页。

　　③ 沈卫荣：《汉藏译〈佛说圣大乘三归依经〉对勘》，载沈卫荣主编《西域历史语言研究集刊》第 2 辑，科学出版社 2009 年版，第 267—276 页，收录沈卫荣《西藏历史和佛教的语文学研究》，上海古籍出版社 2010 年版，第 58—68 页。

面，中下部已残缺，前六面是《圣大乘圣意菩萨经》之残本，自第七面开始为印施的发愿文和御制后序。从发愿文"兰山智昭国师沙门……奉天显道耀武宣文神谋睿智制义去……番汉五万一千余……大小一千余串普施……白高大夏国乾祐甲辰九月十五日奉天显道耀武宣文神制义去邪惇睦懿恭皇……"①可看出此经与《佛说圣大乘三归依经》的发愿文和御制后序完全相同，都是乾祐甲辰九月十五日即1184年10月20日的同批印施者。对比藏译本《圣大乘圣意菩萨经》，两者译文有明显差异，说明黑水城所出汉译本与藏译本翻译之底本各有所据。②

　　经过对勘可以看出，汉文《佛说圣大乘三归依经》和《圣大乘圣意菩萨经》的德慧汉译本不是根据藏文译本翻译而来，很可能是直接译自梵文原本。由此说明，西夏国内不仅有前文提及的精通藏文的天竺高僧，而且这位"兰山智昭国师德慧"也是一位精通梵文、汉文和西夏文的高僧大德，其所译的番汉两版佛经都曾被大量印施，在西夏番汉僧众中广为流布。

　　（二）《佛说圣佛母般若波罗蜜多心经》和《持颂圣佛母般若多心经要门》

　　汉文《佛说圣佛母般若波罗蜜多心经》为刻本经折装，该号文书在黑水城文献中由三个部分组成，即《佛说圣佛母般若波罗蜜多心经》、修行仪轨《持颂圣佛母般若多心经要门》和《御制后序》。卷首题款：

　　　　兰山觉行国师沙门德慧　奉诏译

---

　　①　《俄藏黑水城文献》第3册，第235—237页。

　　②　沈卫荣：《汉藏译〈圣大乘圣意菩萨经〉研究》，载达力扎布主编《中国边疆民族研究》第1辑，中央民族大学出版社2008年版，第1—6页，收录沈卫荣《西藏历史和佛教的语文学研究》，上海古籍出版社2010年版，第97—104页。

奉天显道耀武宣文神谋睿智制义去邪惇睦懿恭皇帝详定①

上文题款与《佛说圣大乘三归依经》基本相同，该经刊印完成于"天盛十九年岁次丁亥五月初九日"即 1167 年 5 月 29 日，比《佛说圣大乘三归依经》的译成时间早了 17 年，当时德慧名号尚为"兰山觉行国师沙门"，由此可知德慧译经时间比较长，应该有不少译作问世。

《心经》是中原地区常见的一部佛经，汉文大藏经中就有法成、施护、玄奘等七种译本，藏文大藏经中也收录了两种明显有差异的译本。将黑水城本与法成、施护译汉文本和其他常见的藏文本相对比，可以发现该西夏新译佛经与汉藏译本皆无明显的继承关系，②《心经》发愿文载：

朕睹胜因，遂陈诚愿，寻命兰山觉行国师沙门德慧，重将梵本，再译微言。③

可见德慧的汉译本确实是依据与藏译本不同的梵文本翻译的，且由此亦可佐证德慧的另外两篇汉译本《佛说圣大乘三归依经》和《圣大乘圣意菩萨经》的梵文原本。

《持颂圣佛母般若多心经要门》是《心经》的修持仪轨，但汉文大藏经和藏文大藏经中却找不到相对应的文本。该仪轨卷首题词"兰山觉行国师沙门德慧奉敕传译"，又"古龙树菩萨见此功德，

---

① 《俄藏黑水城文献》第 3 册，第 74 页。

② 沈卫荣：《黑水城出土西夏新译〈心经〉对勘、研究》，载朱玉麒主编《西域文史》第 2 辑，科学出版社 2007 年版，第 217—229 页。

③ 《俄藏黑水城文献》第 3 册，第 76 页。

依彼佛敕，集成一本《圣佛母多心经观行要门》，祖祖相传至于今，尒广获其益矣"①，因而沈卫荣先生认为"德慧国师有可能是根据龙树菩萨所造的这部《圣佛母多心经观行要门》的原本，改写而成了这部《持颂圣佛母般若多心经要门》"②。

（三）《圣观自在大悲心总持功能依经录》和《胜相顶尊总持功能依经录》

汉文《圣观自在大悲心总持功能依经录》和《胜相顶尊总持功能依经录》与《御制后序发愿文》合为一卷宗，西夏刻本，在黑水城文献里有 TK164 和 TK165 两个同版的印本。两者都稍有残缺，所幸将之结合可以看出佛经全貌。较之 TK164，TK165 经文前面还保留了三幅佛画，即《佛陀坐莲台说法像》《四面八手观自在菩萨坐像》和《千面千手观自在菩萨坐像》。两卷经文前有相同题款：

诠教法师番汉三学院兼偏袒提点（口裹）卧勒沙门鲜卑宝源 奉敕译

天竺大般弥怛五明显密国师在家功德司正（口裹）乃将沙门拶也阿难捺 传③

鲜卑宝源是西夏僧人，乃仁宗时期直接服务于皇室的高僧，而沙门拶也阿难捺，梵文 Jayānanda 的音译，则是天竺高僧，在西夏传播了多部佛教经典。《圣观自在大悲心总持功能依经录》不见于现存的各版汉文大藏经中，但对照大藏经中多部观世音菩萨陀罗尼经，发现此经与唐代天竺沙门伽梵达摩（Bhagavadharma）所译

---

① 《俄藏黑水城文献》第 3 册，第 74 页。
② 沈卫荣：《黑水城出土西夏新译〈心经〉对勘、研究》，第 217 页。
③ 《俄藏黑水城文献》第 4 册，第 30、35、46 页。

《千手千眼观世音菩萨广大圆满无碍大悲心陀罗尼经》最为接近，但显然所据版本不是同一来源。通过对比藏文大藏经中卓弥大译师释智所译《圣观自在大悲心总持功能依经录》和黑水城藏文文书XT－67，①可知"卓弥大译师释智所译之《圣观自在大悲心总持功能依经录》依据的是与《千手千眼观世音菩萨广大圆满无碍大悲心陀罗尼经》不同的梵文原本，与此相应，黑水城宝源所汉译《圣观自在大悲心总持功能依经录》亦是独立于《千手千眼观世音菩萨广大圆满无碍大悲心陀罗尼经》的一部新译佛经"②，由此即可知，黑水城所出汉译本《圣观自在大悲心总持功能依经录》所据亦是梵文原本。

《胜相顶尊总持功能依经录》与《圣观自在大悲心总持功能依经录》为同一版本，皆为宝源汉译本。通过对照各种汉译本《佛顶尊胜陀罗尼经》，可以发现宝源译本与唐代义净《佛说佛顶尊胜陀罗尼经》和宋代法天译《佛说一切如来乌瑟腻沙最胜总持经》最为接近，而此两本皆译于藏文经典《一切如来顶髻尊胜咒思惟陀罗尼》。经过比对梵藏佛经用语，可知"宝源译《胜相顶尊总持功能依经录》是根据梵文底本翻译而成，译文风格明显受藏文译经的影响，并带有西夏地区流行的汉语西北方言的特征"③。

关于宝源这两本汉译佛经的翻译底本，亦有学者持不同意见，如段玉泉通过对《圣观自在大悲心总持功能依经录》和《胜相顶尊总持功能依经录》之汉、藏、西夏文三种文本的对勘，认为西夏

---

① Mikhail Piotrovesky, *Lost Empire of the Silk Road. Buddhist Art from Khara Khoto*（X—XIIIth Century），Thyssen – Bornemiza Foundation, lugano, 1993, p. 278.

② 沈卫荣：《汉藏文版〈圣观自在大悲心总持功能依经录〉之比较研究》，载沈卫荣《西藏历史和佛教的语文学研究》，上海古籍出版社 2010 年版，第 341 页；孙伯君：《西夏宝源译〈圣观自在大悲心总持功能依经录〉考》，《敦煌学辑刊》2006 年第 2 期。

③ 孙伯君：《西夏宝源译〈胜相顶尊总持功能依经录〉考略》，载杜建录主编《西夏学》第 1 辑，宁夏人民出版社 2006 年版，第 69—75 页。

文《圣观自在大悲心总持功能依经录》和《胜相顶尊总持功能依经录》实际上是以藏文本为翻译底本的，而宝源汉译本也是依据藏文翻译而来。[①] 无论翻译之底本是梵文本还是藏文本，有一点是肯定的，即宝源所译这两本佛经皆是西夏仁宗时期新译的汉文佛经。

第四节　汉僧与西夏社会

西夏是一个多民族聚居的国度，其境内不仅生活着大量的党项羌、吐蕃、回鹘和党项化的鲜卑族等民众，而且依据前文所述西夏文《三才杂字》和《碎金》等文献所辑录的汉族姓氏可知，亦有众多汉族民众与少数民族和谐融洽地生活在一起。从黑水城及其他西夏故地出土的西夏佛教文物与文献来看，西夏尽管民族众多，但无疑应以汉族人口居多，这其中又有数量不少的汉族僧侣。在汉传佛教的传播过程中，汉族僧人扮演着怎样的一个角色，其在西夏境内的佛事活动有哪些，社会地位如何及其对西夏佛教的发展有何积极影响，这些都是我们探讨汉传佛教影响西夏所必须思索的问题。

一　西夏汉僧的活动

传世史料和出土文献的记载再次印证了西夏是一个极度佞佛的国家，境内不仅佛塔林立，寺院颇多，而且僧众数量也不少，上及皇室成员下至普通百姓都敬僧爱佛，热衷于各种佛事活动。僧众之中，汉族僧人无疑占据了相当大的比重，汉僧在西夏境内从事的诸多佛教活动，不仅大大促进了汉传佛教文化的传播，而且更有力地加快了西夏本身佛教发展的步伐，对西夏民众佛教信仰的树立也起

---

① 段玉泉：《西夏文〈胜相顶尊总持功能依经录〉再研究》，《宁夏社会科学》2008 年第 5 期；段玉泉：《西夏文〈圣观自在大悲心总持功能依经录〉考论》，载聂鸿音、孙伯君编《中国多文字时代的历史文献研究》，社会科学文献出版社 2010 年版，第 52—75 页；

到了一定引导作用。

（一）翻译、印施佛经活动

西夏早期西夏文大藏经的翻译工程，除了起主导作用的回鹘僧之外，还有不少汉族高僧参与其中。事实上从众多出土文献看来，早期有很多汉僧不仅参与了汉文大藏经转译番文大藏经的浩大工程，而且还将藏文佛经译成汉文或番文印施流通。为西夏佛教兴起做出突出贡献的众多高僧大德都湮没在了文献稀存的传世史料里，不为世人所知，中原宋朝及元代之后许多高僧传里亦鲜有记载，值得庆幸的是，20 世纪初大量西夏佛教文献、文物的出土，很多直接详细记载了活动在西夏境内的汉僧的译经活动，为我们认识研究提供了鲜活的素材。

国家图书馆藏《现在贤劫千佛名经》卷首的版画《西夏译经图》，保存有汉僧参与西夏译经活动的直观记载。图中所刻僧、俗人物二十五身，另有十二条西夏文题记，表明了图中重要人物的身份和名字，除了主译者白智光，其左右两侧各有僧俗四人，共十六人，西夏文题记译为"相佑助译者，僧俗十六人"。助译僧人有八位，头像上方各有一条题记注出他们各自的名字，其中汉僧即有赵法光、吴法明、①曹广智、田善尊等四人。②这幅译经图上有皇帝和皇太后聆听之画像，当为皇家译场的情景再现图，由此可见在西夏文大藏经翻译过程中，汉族僧人也是一支力量不少的主力军。除了该译经图所载之外，黑水城等地发现的诸多西夏时期的佛教文献也记录了不少从事佛经印施活动的西夏汉僧：

1. 周慧海：译经高僧。武威天梯山石窟于 1952 年发现的西夏文《圣观自在大悲心总持功德依经录》有题记称："沙门长耶阿纳

---

① "吴法明"或为"吴法明"之误？党项姓氏中并无"吴"姓，而西夏汉姓里有"吴"姓氏，参见聂鸿音、史金波《西夏文本〈碎金〉研究》，《宁夏大学学报》1995 年第 2 期。

② 西夏博物馆编：《西夏艺术》，宁夏人民出版社 2003 年版，第 50 页。

拏传、显密法师、功德司副使、受利益沙门周慧海奉敕译。"①这一记载表明，西夏文《圣观自在大悲心总持功德依经录》，是由印度高僧和周慧海合作翻译的。此外，周慧海还曾根据梵文将《顶尊胜相总持功德依经录》与《圣胜慧到彼岸功德宝集偈》译为西夏文，前文西夏译经主要人物一节中对周慧海已有详细论述，此不复赘。

2. 王善惠：雕字僧，西夏国都周家寺僧人。人庆三年（1146）雕印《妙法莲华经》（TK11），为上殿宗室御史台正嵬名直本印施的，由宗室提供"日费饮食"，由"清信弟子雕字人王善惠、王善圆、贺善海、郭狗埋等"刻印的。② 天盛十三年（1161）雕印《大方广佛华严经普贤行愿品》，刻印施经僧人有张盖利、李智宝，写经僧人有索智深等。③

3. 刘德真：邠州开元寺僧人，12 世纪 30 年代女真人占据西安后，他迁居西夏国，住在西夏都城，于天盛四年（1152）雕印《注华严经界观门》（TK241、TK242），写经和尚为法随，发愿文中指出了该经为刘德真施印。④

4. 张盖利、李智宝：众圣普化寺僧人。前文提到王善惠曾与该两位僧人于天盛十三年（1161）雕印《大方广佛华严经普贤行愿品》，皇建元年（1210）张盖利、李智宝印施《佛说大乘圣无量寿决定光明王如来陀罗尼经》《佛说般若波罗蜜多心经》等，⑤ 黑水城文献编号为 TK21、TK22、TK23、TK24、TK25，题记中还有书写手索智深和刻工西天僧人智圆的名字。

① 陈炳应：《天梯山石窟西夏文佛经译释》，《考古与文物》1983 年第 3 期；陈炳应：《西夏文物研究》，宁夏人民出版社 1985 年版，第 56 页。

② 俄罗斯科学院东方研究所圣彼得堡分所、中国社会科学院民族研究所、上海古籍出版社编：《俄藏黑水城文献》第 1 册，上海古籍出版社 1993 年版，第 270 页。

③ 史金波：《西夏佛教史略》，第 148 页。

④ 《俄藏黑水城文献》第 4 册，第 295 页。

⑤ 《俄藏黑水城文献》第 2 册，第 7、14 页。

5. 贤惠、贤熙：卫州（今河北省境内）仁化寺净土院僧人，黑水城文献（编号 Φ‑337 密宗）《竺兰陀心文经》的题记中载此经为该两位僧人监督和校订。①

6. 慈觉、普惠：慈觉即宋僧宗赜。宋哲宗元祐四年（1089），宗赜曾于长芦结莲华净土念佛社，依庐山白莲社之规，普劝僧俗，同修念佛，要求与会者"日念阿弥陀佛，自百声至千声，千声至万声，回向发愿，期生净土。各于日下，以十字计之，以办功课"②。宗赜的念佛社，在当时真州（今河北省境内）一带颇有名声。宗赜曾任真定府洪济禅院住持，并修订《禅院清规》，对后世影响甚大。其作品由弟子普惠编辑成《镇阳洪济禅院慈觉和尚劝化文并偈颂》（TK132）。③

7. 德初、义初：了和尚弟子，在真州刻印过《真州长芦了和尚劫外录》（TK133）。④

8. 守琼：大延寿寺高僧，西夏惠宗时期曾刻印汉文《大方广佛华严经》（TK88）。⑤

9. 梁勤宝：书写原刻本《义同》，《大乘默有者道中入顺大宝聚集要论》中卷，《夜五更》，不仅写佛经，亦书写世俗著作。⑥

10. 智坚：俗姓董，其师亦为汉人法达大师（俗姓张）和法诠大师（俗姓阳），曾于"端供二年岁次己丑八月十八日其汉大师智坚往西天去马都料"（B63）⑦。

11. 张惠聪：西夏阿育王寺赐紫僧人，榆林窟第 15、16 窟

---

①　俄罗斯科学院东方研究所圣彼得堡分所、中国社会科学院民族研究所、上海古籍出版社编：《俄藏黑水城文献》第 6 册，上海古籍出版社 2000 年版，第 130 页。

②　《庐山莲宗宝鉴念佛正派》卷 4，《大正藏》卷 47《诸宗部四》，No. 1973，第 324c 页。

③　《俄藏黑水城文献》第 3 册，第 83 页。

④　同上书，第 128 页。

⑤　《俄藏黑水城文献》第 2 册，第 325 页。

⑥　史金波：《西夏社会》（下），上海人民出版社 2007 年版，第 448—449 页。

⑦　《俄藏黑水城文献》第 6 册，第 65 页。

《榆林窟记》中载"阿育王寺释门赐紫僧惠聪俗姓张住持窟记"①。

此外，文献中简单提及的汉僧还有高玄悟，黑水城西夏刻本《阿弥陀佛来迎图》中描述了被接引的一位汉族僧人，上有汉文榜题"弟子高玄悟"②；刘德智，《佛说佛母出生三法藏般若波罗蜜多经》末行题"印面写者赐绯和尚刘德智"③；僧人刘法雨，书写《诗歌集》，执笔《月月乐诗》"赋诗"的刊本；④赐绯僧人裴慧净，书写《慈悲道场忏法》；僧人柔智净，书写《大乘圣无量寿经》；马智慧，书写《佛说阿弥陀经》；⑤彭智满和景智有，西夏文《胜慧到彼岸要论教学现量解庄严论显颂》题记载"出家功德司正禅师沙门彭智满证义，出家功德司承旨沙门景智有与吐蕃本校"⑥；黑水城的梁师、刘师、李慧智、梁慧□、刘慧茂、李慧有、傅师；⑦五明现生寺的李慧明与五台山寺的杨智幢，二人将藏文佛经《胜慧到彼岸要文慎教现前解庄严论明偈一卷》译为西夏文；⑧解释韵书结构的诗注《解释歌义壹叠》（A6）第45—58面载"五月廿一日众僧印文山上"，列举的人名有"旸智〔惠〕、〔刘坐〕禅、高善惠、李道源、旸善请、手善从、赵惠深、刘善行、贺善谛、不议成、提点师父、小师父、曹法成、讹善得、部（？）法咏、杜宝"⑨等，其中旸智〔惠〕、〔刘坐〕禅、高善惠、李道源、旸善请、赵惠深、刘善行、贺善谛、曹法成、杜宝等人当为汉族僧人。

---

①　史金波：《西夏佛教史略》，第153页。

②　《俄藏黑水城文献》第4册，第305页。

③　史金波：《西夏社会》（下），第448—449页。

④　同上书，第491页。

⑤　同上书，第448—449页。

⑥　史金波：《西夏的佛教（上）》，载中国佛教协会编《法音》2005年第8期，第38页。

⑦　史金波：《西夏佛教史略》，第148页。

⑧　聂鸿音：《俄藏5130号西夏文佛经题记研究》，《中国藏学》2002年第2期。

⑨　〔俄〕孟列夫：《黑城出土汉文遗书叙录》，王克孝译，宁夏人民出版社1994年版，第228页。

（二）西夏文在汉僧中的行用

生活在西夏境内的汉僧除了西夏本国汉族人以外，还有一部分当是从中原或其他地区流入西夏境内的汉族人口，这些汉族僧众在西夏宣扬佛法从事佛事活动，不熟悉西夏语言文字肯定是行不通的。从出土文献和各地石窟题记来看，当时活动在西夏国内的汉族僧人对西夏语言文字的掌握十分娴熟。

敦煌莫高窟、榆林窟等保留的诸多西夏文、汉文题记或榜题表明当时也有西夏汉僧在此做功德，如莫高窟第 61 窟载有番汉两种文字的题记，番汉对列书写，汉文题记记录了来此活动的几个汉僧名字"吴惠满、书惠嵩、梁惠觉、助缘僧索智尊"①，由相对应的西夏文字题款，可知这几位汉族僧人亦通晓西夏文。如果说书写西夏文题记不足以说明汉僧驾驭西夏语文能力的话，那么参与印制西夏文佛经则更说明了番文在汉族僧人中间的行用问题。随着佛教发展，西夏刻字印刷事业也日渐繁盛，乾祐年间设置了刻字司，管辖专业刻字工人。保留刻工名字最多的西夏文《类林》中，记录刻工姓名的西夏文字是用专门译写汉语的纯表音字而非党项人名常用的有具体意义的字，因此有学者指出这些刻字司的工匠系"通过某种途径流入西夏的中原人"②，此说固然有一定立论依据，但笔者认为也有可能是西夏本国内精通番汉语言的汉族人，尤其是汉族僧人。不少熟知番汉两种语言文字的汉僧参与到西夏文文献的印制当中，如前文提到的僧人刘法雨，不仅书写《诗歌集》，印刊《月月乐诗》，而且还参加了番文《西夏诗集》印制。③ 更多汉僧为西夏文佛经文献的刊印做出了突出贡献，如山嘴沟西夏石窟出土的活字印本《妙法莲华经集要义镜注》某卷末页有六行西夏文题款，记录了

① 《中国藏西夏文献》卷 18，第 208、209 页。
② 聂鸿音：《西夏刻字司与西夏官刻本》，《民族研究》1997 年第 5 期。
③ 同上。

参加印刷该经的人名及其具体工作分工情况，译文如下：

> ……
> 印面校者 梁释迦喇嘛 嵬古竭 慧治
> 印字取者 毗慧照 梁慧勇 段慧照 庞于慧盛
> 　　梁慧成 嵬名慧善 杨慧能 米勒慧盛 魏慧善
> 　　□慧明 甲狄慧□ 贾罗讹慧宝　梁那征
> 作字兼丁者　　梁慧宝　六□□照
> 印本者 梁慧善 ①

从这篇题款可以看出，当时这部活字印本《妙法莲华经集要义镜注》是在党项僧人和汉族僧人共同合作下完成印制的，上述名单中"梁慧勇、段慧照、梁慧成、杨慧能、魏慧善、□慧明、梁慧宝、梁慧善"等明显是汉族僧人，而"慧治、毗慧照、梁那征"等则有可能是汉僧，"梁那征"还不排除其父母是汉族和党项人的联姻。这些汉僧掌握西夏文活字印刷技术，可见他们对西夏文字构造十分熟悉。

文献所见西夏汉僧使用西夏文字情况不仅仅见于西夏立国时期，蒙古灭西夏后，不少西夏汉族遗僧依然在印施西夏文佛经。如雕刊于蒙古帝国时期"乙巳年八月十五日"的西夏文《金光明最胜王经》，该经跋文中出现西夏文、汉文两种文字，跋尾西夏文明确指出发愿人为僧人陈慧高。② 蒙元初期贺兰山佛祖院的印经僧人李慧月，曾印制十二部大藏经及五十四部《华严经》，西安市文物管理处现藏有汉文《大方广佛华严经》，其卷九末尾残页有西夏文

---

① 宁夏文物考古研究所编：《山嘴沟西夏石窟》（上），文物出版社 2007 年版，第 318 页。
② 史金波：《西夏文〈金光明最胜王经〉序跋考》，《世界宗教研究》1983 年第 3 期。

题跋，上载"番国贺兰山佛祖院摄禅园和尚李慧月"①。亡国多年却依然使用番国文字，印施西夏文佛教经典，由此可见这些西夏汉族遗僧对西夏故国的深厚感情。

二 汉僧社会地位

在西夏这个高度重视佛教发展的国家，佛教僧众无疑有着相对较高的社会地位。事实上，西夏僧侣不仅拥有至高无上的佛教地位，而且政治地位也不低，很多高僧除了封号之外还有官品，享有种种特权。西夏境内汉族僧人不少，在政治和佛事活动中也充当着重要角色，但值得注意的是，与西夏境内其他民族僧人尤其是回鹘僧、吐蕃僧等相比，汉僧社会地位要远远次之。究其原因，当是与西夏佛教发展的特点和宋夏关系的演变有着直接联系。

（一）汉僧社会地位

西夏国境内民族众多，僧人同样在不同民族中都有分布。就僧人数量的比重而言，西夏主体民族党项族僧人应占较大份额，此外，汉、吐蕃、回鹘僧人数量也不少，而契丹、女真、鞑靼等民族也应有为数不等的僧人存在。就目前发现的史料来看，西夏僧人之中，吐蕃、回鹘、党项僧人的社会地位比较高，而汉族僧人社会地位则相对较低。

西夏有一套比较完善的佛教管理机构和管理制度，据西夏法典《天盛律令》记载，西夏管理佛教事务的最高机构是僧人功德司和出家功德司，②两功德司各设六位国师、二位合管。功德司内之职由僧人担任，地方和寺院的僧职则有提举僧正、僧副、僧监、僧判、僧录、检校、童行首领、知信等职。西夏对高僧大德亦赐名号以示

---

① 《中国藏西夏文献》卷15，第361页。
② 史金波、聂鸿音、白滨译注：《天盛改旧新定律令》卷10"司序行文门"，第363页。

尊崇，西夏史料中所现僧人封号有帝师、上师、国师、德师、大师、大德、定师、法师、禅师等。[①]西夏对僧人亦实行赐衣制度，《天盛律令》中多处提到僧人有赐黄、黑、绯、紫衣者，从排列顺序看，赐紫衣者级别于四者中最高，赐黄者最低，但文献中鲜见有赐紫衣者，以赐绯衣僧居多。

　　西夏前期僧人最高封号是国师，夏末仁宗时期出现帝师封号。目前所知西夏帝师至少有三位：[②]一位是仁宗时期的贤觉帝师，名为波罗显胜，有多部经典都与他有关。这些著作中一般都有"贤觉帝师传"字样，如《一切如来百字要论》《圣观自在大悲心依烧施法事》《圣观自在大悲心依净瓶摄受顺》《默有自心自劝要论》《禁绝顺要论》《疾病中护顺要论》《默有者随胜住令顺要论》《奉敕修行者现在及转身利缘佛顶尊胜佛母依千种供养奉顺中共依略忏悔文》等。另一位帝师是在俄藏西夏文文献中发现的，法名慧宣。慧宣帝师撰著佛教著作也不少，有其题名的如《风身上入顺》中有五种要论，每一种要论名称后都有"中国……帝师沙门慧宣"题名。西夏第三位帝师为大乘玄密。由清宫流散出来的汉文本《大乘要道密集》，据考里面有一些文献就是西夏时期传译的。其中第六篇《解释道果语录金刚句记》题："北山大清凉寺沙门慧忠译，中国大乘玄密帝师传，西番中国法师禅巴集。"[③]俄藏黑水城文献中虽未见"大乘玄密帝师"题名，但却有"大乘玄密国师"记载，如《观弥勒菩萨上生兜率天经》（TK-81、TK-82、TK-83）发愿文中记

---

　　①　史金波：《西夏的佛教（上）》，载中国佛教协会编《法音》2005年第8期，第39—40页；史金波：《西夏汉文本〈杂字〉初探》，载白滨、史金波、高文德、卢勋编《中国民族史研究》第2辑，中央民族大学出版社1989年版，第184页。

　　②　熊文彬：《从版画看西夏佛教艺术对元代内地藏传佛教艺术的影响》，《中国藏学》2003年第1期；崔红芬：《〈俄藏黑水城出土西夏文佛经文献叙录〉中的帝师与国师》，《西北第二民族学院学报》2004年第4期；聂鸿音：《西夏帝师考辨》，《文史》2005年第3辑；崔红芬：《再论西夏帝师》，《中国藏学》2008年第1期。

　　③　陈庆英：《西夏及元代藏传佛教经典的汉译本》，《西藏大学学报》2000年第2期。

录了仁孝即位五十周年庆典举办的大法会，法会从九月十五日开
始，"恭请宗律国师、净戒国师、大乘玄密国师、禅法师等"重要
僧人参加，诵读藏文、西夏文、汉文佛经。①这里"大乘玄密国师"
应即"大乘玄密帝师"②。上述三位帝师皆非汉僧，贤觉帝师既非
汉人，也不是党项人，而应为西夏境内的吐蕃高僧，而冠有"中
国"题字的慧宣与大乘玄密国师亦应为吐蕃人。③

　　西夏许多高僧被封为国师或法师，史料中所见已达二十多位，
其中身份可以确定的多为党项人或吐蕃人，也有少量来自西域的胡
僧，却全然不见汉族僧人。前文提到的译经高僧周慧海，其官职为
"显密法师、功德司副、受利益沙门"，当为辅佐功德司最高负责长
官、功德司正职位，其他汉僧则为更低一级官品如僧正、僧副、僧
录等职。因此，就文献所见西夏高僧的族别而言，以吐蕃、党项、
回鹘僧占绝大多数，很多被封为"国师、法师、禅师、定师"等称
号，甚至被封为"帝师"，而绝少见汉族僧人有如此高的封号。

　　就目前文献来看，汉僧在西夏国内虽然佛教地位不及吐蕃、回
鹘等高僧，但其社会地位也不是最低的，在西夏佛教的官品等级中
处于中上层。唐宋赐衣制度中，三品以上赐紫色袍、五品以上赐绯
色袍，西夏也大致相同。《凉州重修护国寺感通塔碑》汉文铭文中
即有七个赐绯僧人：庆寺都大勾当、卧则罗正兼顶直罗外母罗正律
晶、赐绯僧卧屈皆，庆寺监修都大勾当、三司正、右厢孽祖乩介
臣、监军埋笃皆，庆寺监修都大勾当、行宫三司正兼圣容寺感通塔
两众提举、律晶赐绯僧药乜永诠，修塔寺小监崇圣寺僧正，赐绯僧
令介成庞，护国寺感通塔番汉四众提举、赐绯僧正那征遇，修寺诸
匠人监感通塔汉众僧正、赐绯僧酒智清，修塔寺监石碑感通塔汉众

---

① 发愿文参见《俄藏黑水城文献》第 2 册，第 315 页。
② 有关考证参见陈庆英《西夏大乘玄密帝师的生平》，《西藏大学学报》2000 年第 3 期。
③ 史金波：《西夏佛教新探》，《宁夏社会科学》2001 年第 5 期。

僧副、赐绯僧酒智宣。①这七个赐绯僧人中令介成庞为党项族，酒智清为汉僧，②前文提及的诸多汉僧如刘德智、裴慧净等皆为"赐绯僧人"。西夏的赐紫僧较少见，唯一有记载的则为前文提及的"阿育王寺释门赐紫僧惠聪俗姓张"。

由此可以看出，西夏境内汉僧绝大多数是前文所列默默为西夏佛教发展做出贡献的普通僧人，少数成绩卓越的汉僧被赐紫衣或绯衣，享有一定官品和职位，但鲜有如吐蕃、回鹘等高僧那样跻身帝师、国师之列，拥有政治及佛教特权。

（二）汉僧社会地位影响因素

1. 西夏佛教发展特点决定了吐蕃及西域高僧的社会地位

西夏建国时大力吸收中原佛教，同时对吐蕃佛教兼收并蓄，藏传佛教在西夏中后期迅速传播开来并且在佛教中占据重要位置。在西夏佛教发展历程中，精通梵语、藏语、西夏语及汉语的诸多吐蕃和西域高僧身居要职，享有盛誉，为西夏佛教做出了突出贡献。

在西夏前期译经活动中，回鹘僧扮演着重要角色，发挥着主导作用。如前文章节所述，回鹘佛教亦是在中原汉传佛教强烈影响下形成的，不少回鹘高僧大德对汉文佛典十分熟悉，凭借着精通番汉双语的语言优势，回鹘僧在西夏备受器重，乃西夏文大藏经翻译的领军人物。著名的《西夏译经图》中出现的主译人白智光以及继其后主持译经的白法信均为来自西域、深谙佛理的回鹘高僧，他们在西夏国的地位是相当高的。白智光作为国师，地位与中书枢密相当，图中白智光身居高位，而皇帝与皇太后则分坐两旁。回鹘僧人

---

① 王其英主编：《武威金石录》，兰州大学出版社 2001 年版，第 69—70 页。

② "酒"为汉姓，来源有四。其一，春秋时，楚公族有酒姓；其二，战国时，晋静公之孙名俱酒，其后人以名为氏；其三，周官有酒正，因官为姓氏；其四，匈奴人。据传他们在甘肃酒泉郡凿井时，井水的味道如酒，当地人遂以酒为姓。酒姓旺族在江陵。"酒"为汉族姓氏，在西夏汉文文献《杂字》中亦可得到印证，见史金波《西夏汉文本〈杂字〉研究》，载白滨、史金波、高文德、卢勋编《中国民族史研究》第 2 辑，中央民族大学出版社 1989 年版，第 170 页。

一方面为西夏王室讲经说法；另一方面致力于西夏文大藏经的翻译。从西夏统治者皇太后偕皇帝常临寺听回鹘僧人讲经一事来看，当时回鹘高僧在西夏佛教界所拥有的地位当是至高无上的。①除了回鹘僧之外，精通藏语、梵语和西域诸语言的天竺僧人在西夏佛教事务中也是位高权重，如前文提到的沙门捺也阿难捺、遏啊难捺吃哩底②等都是参与皇家佛经御译或御校活动的天竺僧人，其所译或所校经文也都有最高统治者的御制发愿文或题款。

随着藏传佛教在西夏的影响日益扩大，吐蕃僧人在西夏统治者的鼓励与支持下积极参与佛教事务，不少佛法高僧如大乘玄密国师、贤觉帝师波罗显胜、格西藏波瓦、藏巴敦库瓦、觉本、帝师日巴、四续善巧国师米啰·不动金刚等备受器重。③《天盛律令》卷11规定：④

> 国境内番、汉、羌中僧人、道士所属居士、行童中，及前僧人、道士等中有为座主者时，能完整解说般若、唯识、中道、百法、华严行愿等之一部，解前后义，并知常为法事者，国师及先住座主、别有巧智师傅等，当好好量其行，真知则居士、行童可入僧人中，衣绯，为座主，勿得官。先前僧人、道士□道士者为僧人，彼等一律先衣黄者当衣绯而为座主，好者可得官爵。其中番汉和尚不知切韵，不许为座主。

---

① 杨富学：《回鹘僧与〈西夏文大藏经〉的翻译》，载季羡林编《敦煌吐鲁番研究》第7卷，中华书局2004年版，第338—344页。

② 罗炤：《藏汉合璧〈圣胜慧到彼岸功德宝集偈〉考略》，《世界宗教研究》1983年第4期；另沙门捺也阿难捺之题记见沈卫荣《汉、藏文版〈圣观自在大悲心总持功能依经录〉之比较研究》，载释圣严等《观世音菩萨与现代社会——第五届中华国际佛学会议中文论文集》，台北法鼓文化2007年版，第308页。

③ 孙昌盛：《试论在西夏的藏传佛教僧人及其地位、作用》，《西藏研究》2006年第1期。

④ 史金波、聂鸿音、白滨译注：《天盛改旧新定律令》卷11"为僧道修寺庙门"，第403页。

从该法令我们可以看出，只有番、汉、羌三族僧人能担任僧官。在西夏文中，西夏人称吐蕃为羌（bo），称自己为番（mi），这在当时文献中很常见。[①] 但必须会诵读十多种经咒，其中吐蕃经咒即占半数，且还需精通吐蕃语的人进行考试，这说明仁孝时期藏传佛教在西夏已经占据了举足轻重的位置。罗氏皇太后为祈求仁宗早日升西方净土，于天庆三年（1195）发愿印施了汉文《佛说转女经》和《大方广佛华严经入不思议解脱境界普贤行愿品》，其中《大方广佛华严经入不思议解脱境界普贤行愿品》的发愿文中提及"度僧西番、番、汉三千员"[②]。"西番僧"即指吐蕃僧人，一次施经活动度僧数量如此之多且以西番僧人为首，汉僧位列番人其后，由此可以想象当时吐蕃僧在西夏佛教事务中要比党项和汉族僧人的级别高。

2. 宋夏长期敌对，对汉僧怀有戒心

西夏之所以会出现汉传佛教受重视而汉僧社会地位不高的情况，笔者认为还有一个重要原因，即汉人在西夏国的社会地位总体上不高，西夏由于和中原宋朝长期敌对而对其境内的汉族僧人亦怀有戒心。

西夏主体民族是党项羌，立国初期因与以汉族为主体的宋王朝战争不断，故对汉族存有戒心，甚至会有敌视情绪，直接导致西夏境内的汉族由此而处于被排斥、受歧视的地位，如在西夏文中，"汉"字由"小"和"虫"字组成，即是民族观念不平等，汉族地位不高之明证。但是，由于汉文化发展明显高于西夏文化，使得西夏统治者无法排斥汉文化的影响，故而西夏建国前后，其统治者在与北宋王朝进行斗争的同时，也开始注重学习、吸收中原的汉文

---

① 聂鸿音：《关于党项主体民族起源的语文学思考》，《宁夏社会科学》1996 年第 5 期。
② 《俄藏黑水城文献》第 2 册，第 372—373 页。

化。西夏中期以后，尤其是仁宗仁孝时期，更是大兴儒学。在此背景下，大批有文化素养和从政经验的汉族士人日益被西夏统治者器重，许多汉人进入统治阶层，参与政事，如西夏立国初期的汉人文士张元、吴昊等被元昊委以重任，元昊亦"以嵬名守全、张陟、张绛、杨廓、徐敏宗、张文显辈主谋议，以钟鼎臣典文书"①，谅祚"每得汉人归附，辄共起居，时致中国物娱其意。故近边番汉争归之"②，崇宗时期，汉人任得敬更是权倾一时，位在一人之下，万人之上。所以，西夏国境内汉族士人社会地位和世俗官位还是相当高的。汉族在西夏是番族以外影响最大的民族，《天盛律令》中规定：

> 任职人番、汉、西番、回鹘等共职时，位高低名事不同者，当依各自所定高低而坐。此外，名事同，位相当者，不论观高低，当以番人为大……又番、汉、降汉、西番、回鹘共职者，官高低依番汉共职法实行。③

从中即能看出西夏社会里，在世俗官位上，汉人身份和地位要比西番（吐蕃）、回鹘等民族的级别高，即使是"降汉"即投降过来的汉人，亦能在西夏为官。虽然部分汉族文人学士在西夏拥有的社会地位较高，但从整体上并未能彻底改变西夏统治者歧视汉人的状况。汉人社会地位低下的状况，势必会影响到汉族僧人的地位。

　　3. 与宋朝长期敌对状态，使西夏统治者对汉僧存在戒备心理

　　从历史记载来看，夏宋双方都有利用佛教来达到某种政治、军事企图的例证。夏宋"庆历议和"后，双方基本上保持了和平友好

---

　　① 《宋史》卷485《夏国传上》，第13994页。
　　② （清）吴广成：《西夏书事校证》卷21，第243页。
　　③ 史金波、聂鸿音、白滨译注：《天盛改旧新定律令》卷10"司序行文门"，第378—379页。

关系，两方也主动加强了佛事活动的往来。天授礼法延祚八年
（1045），即宋夏议和的第二年，西夏不仅派出正式使节到宋朝谢册
命，还派僧人吉外吉、法正等到宋朝谢赐佛经，这不仅表明元昊对
佛教交流的高度重视，而且还带有政治上的和解色彩。毅宗谅祚时
期，大力提倡"汉礼"，进一步加强了宋夏间的佛事往来，先后由
宋朝请入大藏经三部。通过谅祚的积极努力，宋夏关系得到进一步
发展，可以说频繁的佛事交流很大程度上缓和了宋夏之间的矛盾，
拉近了宋夏间的距离。惠宗秉常继位后，也曾于天赐礼盛国庆四年
（1073）向宋朝请赐第六部大藏经。是时，秉常母梁氏执政，主张
恢复蕃礼，宋、夏关系正处于紧张状态之下。在不断发生战争的情
况下，西夏与宋朝进行佛事往来，有助于消除相互间的隔阂和误
会，以利两国关系的交好。

特别值得注意的是，在对敌斗争中，佛僧常被统治阶级所利
用，沦为政治斗争或军事斗争的工具。如宝元元年（1038），元昊
欲攻打宋朝，"表遣使诣五台山供佛宝，欲窥河东道路"[1]。将虔诚
的礼佛盛事和政治斗争中的间谍活动羼杂在一起。神宗光定四年
（1214），西夏为联宋攻金，"左枢密使、吐蕃都招讨使万庆义勇
者，令番僧减波把波赍蜡书二丸至西和州之宕昌寨"，以求与宋朝
合力，成掎角之势以攻金朝，从而达到"恢复故疆"之目的。[2]说
明即使到了西夏晚期，其统治者仍在继续利用佛教僧侣的特殊身份
从事佛教以外的政治、军事活动。反过来，宋朝同样也利用佛教僧
侣的特殊身份，在西夏境内从事佛教以外的活动。如北宋清涧城种
世衡派僧人王光信（后改名王嵩），潜入夏国行反间计，用蜡丸书
信送给李元昊心腹大将野利旺荣，使元昊对旺荣产生疑心，并且最

---

①　《宋史》卷485《夏国传上》，第13995页。

②　（宋）李心传：《建炎以来朝野杂记》乙集卷19《西夏扣关》；《宋史》卷39《宁宗纪
三》及《宋史·夏国传》亦有近似记载。

终还杀掉了他,①宋朝兵不血刃就获得了仅靠军事行动难以取得的成功。又北宋知渭州王沿、总管葛怀敏也派僧人法淳持书信前往西夏活动。②宋朝两次派遣僧人去西夏从事政治活动,主要是因为僧人在佛教兴盛的西夏境内活动比较方便,易于隐藏,而且往往能够获得成功,以极小的代价达到自己政治军事目的。上述这些现象,自然会促使西夏统治者对僧人有所戒备,尤其对汉僧更是难以完全信任,势必在某种程度上影响汉僧社会地位的提高。

三　汉僧之影响

西夏国内汉族僧人虽然整体上佛教职位和社会地位不及吐蕃和西域僧人,但因其人数比重较大,就西夏佛教而言,无疑是一支贡献卓越的中坚力量,对西夏佛教的迅速发展起到了既深且巨的促进作用。

（一）汉僧为西夏佛教发展做了重要奠基工作,客观上促进了西夏文字的推广和应用

西夏佛教发展初期,汉传佛教典籍能在西夏境内广泛而迅速地传播,除了诸多西域译经高僧的努力之外,为数众多的汉族僧人也通过大量刊刻、印施佛经而促进了汉传佛教的进一步传播。值得注意的是,这里所谓的汉族僧人不仅仅是指西夏国内原本生活的汉族人,应当还包括从中原或其他地区进入西夏境内从事佛事活动的汉族僧人,如前文提及的传世文献《涑水记闻》中即明确记载了宋朝曾赐予西夏汉族译僧,因此也不能排除西夏汉僧中还有从回鹘、辽等汉传佛教流传地区迁徙而来的汉族僧人,他们有的参与到西夏文大藏经翻译工程中,有的则通过印施和辑录汉文佛经而有力地促进

---

① 《宋史》卷335《种世衡传》,第10743—10744页。
② 《宋史》卷485《夏国传上》,第13998页。

了西夏对汉传佛教的吸收。至西夏中期，汉传佛教对西夏佛教的影响已纳入国家法令中，如《天盛律令》中规定：

> 一等汉人之所诵经颂：
> 《仁王护国》、《普贤行愿品》、《三十五佛》、《守护国吉祥颂》、《佛顶尊胜总持》、《圣佛母》、《大随求》、《观世音普门品》、《孔雀经》、《广大行愿颂》、《释迦赞》。①

该法典明确记载了汉人入佛门所必须诵读的十一种汉文佛经，不仅要熟练诵读，而且还会当场考核，可见西夏佛教发展到成熟阶段之时，不少汉传佛典同样是被西夏佛教界奉为经典的，也从侧面说明了当时信奉汉传佛教的民众之多，官府管理出家僧人时用统一规章制度来衡量汉人是否具有出家资格。把熟练念诵汉文佛经作为发放度牒的重要标准，对汉传佛教在西夏境内的传播，无疑具有深远影响。

还有一点值得补充的是，西夏汉僧对西夏文字的推广和应用也做出了不少贡献。西夏文字创制于元昊准备称帝立国之时，西夏文大藏经的翻译从戊寅年（景宗天授礼法延祚元年即 1038 年）开始至民安元年（崇宗天祐民安元年即 1090 年）结束，共 53 年的时间。② 除译经事业之外，很多汉僧还参与到西夏文佛典的辑录和印刷尤其是活字本西夏文佛教文献的印施中。完整系统的汉文大藏经被译成番文后，经过自上而下的频繁印经、施经等佛事活动，无疑大大促进了西夏文字在普通各族民众之间的推行力度，对党项本民

---

① 史金波、聂鸿音、白滨：《天盛改旧新定律令》卷 11 "为僧道修寺庙门"，第 404—405页。

② 参见西夏文《过去庄严劫千佛名经》发愿文，史金波：《西夏文〈过去庄严劫千佛名经〉发愿文译证》，《世界宗教研究》1981 年第 1 期。

族语言文化的规范和积累亦甚有裨益。

（二）汉僧促进了汉文化的传播，加强了中原汉族与边疆少数民族之间的民族融合和文化交流，推进了西夏的文明进程

汉族僧人在西夏境内通过雕版、刊印汉文和西夏文佛教典籍，不仅大大促进了西夏佛教文化的发展，而且在其诸多的佛事活动中，又客观上加强了汉族与其他少数民族之间的文化交流和联系。前期西夏译经事业中，汉族僧人与回鹘、吐蕃、党项僧人之间的合作与交流自然无须多言，更难能可贵的是，汉僧还在沟通西夏与印度之间佛教文化往来中扮演了非常重要的角色，前文提到的 TK21 号文献《佛说大乘圣无量寿决定光明王如来陀罗尼经》中汉僧"索智深"与印度刻工僧人"智圆"一起合作刊印汉文佛经，促进了汉文化传播。

西夏境内还有汉僧前往天竺求取佛经的记载，即前文提及的智坚和法诠两位汉族僧侣。宋代写本《端拱二年（989）智坚等往西天取菩萨戒记》（B63）是黑水城文献中为数不多的一件官私社会文书，文云：

> 端供（拱）二年岁次己丑八月十八日，其汉大师智坚往西天去马都料赛亭壮宿一夜，其廿二日发去。其大师智坚俗姓董，其汉宋国人是也，年可廿四岁。其缘从大师二人。其法达大师，俗姓张，其朔方人是也，年可三十七岁。其法诠大师，俗姓阳，年可廿八岁，朔方人是也。端供（拱）二年岁次己丑八月十九日，往西天取菩萨戒僧智坚记。①

① 《俄藏黑水城文献》第6册，第65页。

文书记载的即是北宋僧人智坚赴印度取经之事。端拱二年八月十八日，智坚途经朔方，在马都料赛亭休息四天后又继续出发西行，来自朔方的二位法师法达、法诠遂与之同行。此二位汉族僧人皆生活在党项族辖地内，客观上也促进了党项与印度佛教之间的交流，对党项民族接纳佛教、发展佛教都有一定积极影响。

通过对西夏求经、译经活动的具体分析与考察，我们可以发现，在西夏的译经事业中，除了积极参与、起组织引导作用的皇家统治成员之外，译经活动的真正贡献者乃熟悉汉、藏、西夏文的回鹘、吐蕃和汉族高僧，其中汉族和党项族僧人是译经事业的中坚力量，译经领军人物则是回鹘和吐蕃高僧。从组织分工和译场的设置来看，西夏文大藏经的翻译借鉴了中原地区许多经验。综观汉语佛典在西夏传译的详细过程，可知西夏人对汉文佛经的印施有所选择，从中原求得的汉文版大藏经并没有在西夏刊印。虽然汉族僧人为数众多，参与不少西夏佛事活动，但社会地位却稍逊回鹘僧和吐蕃僧，究其因，应当与西夏佛教发展的特点和宋夏政治关系有关，尽管如此，汉族僧人对西夏佛教文明的促进作用是毋庸置疑的。

第三章

中土佛教宗派在西夏的传播与影响

佛教发源于印度，在传入中国后，与本土儒教、道教由斗争走向融合，至隋唐时期，逐步形成了一些富有民族特色的宗派。这些宗派包括由慧思、智者大师创立的天台宗，由慧远、善导发起的净土宗，僧肇、僧朗所代表的三论宗，道宣的律宗，玄奘、窥基创立的法相宗，杜顺、智俨的华严宗，善无畏、金刚智创立的密宗和以神秀、慧能为代表的北、南二禅宗等。各宗都根据自己崇尚的经典著作，以理修行。他们门户相对，持见不一，例如禅宗强调"心无所著"；净土宗倡念佛号；华严宗宣扬"法界缘起"；天台宗又以定（止）、慧（观）为原则等。

随着汉传佛教在西夏的传播，中原佛教各种宗派也都随之深入夏地，对西夏佛教产生了不同程度的影响。对此，传世文献鲜有记载，唯出土文献可弥补这一缺失。依据这些文献，国内外学术界虽然对西夏佛教的宗派问题做过一些研究，但尚待深入。本章在前贤研究的基础上，利用新刊布的资料，对这一问题试做述论。

第一节　禅宗在西夏的繁盛与影响

西夏立国前期，国内社会不稳定，与中原宋朝及周边民族关系亦时战时和，人民生活困苦，向往安定生活，渴望找到解脱现实痛苦的出路。中原佛教及吐蕃藏传佛教的传入为在现实生活中饱受煎熬的劳动人民提供了精神慰藉。然诸多佛教典籍晦涩难懂，佛法高深，非一般民众所能接受。西夏境内民族成分繁多，语言文字亦多有不通者，全民普及汉文大藏经及藏文佛经并非易事，自创的民族文字西夏文又难学难记，因而中原佛教宗派中不立文字、不重视佛教经典钻研的禅宗反而易被民众所接受。禅宗主张教外别传，倡导心性本净、佛性本有、直指人心、见性成佛，提倡师徒之间互相默契，以心印心，这种快速成佛法，为身处动荡时代的西夏民众所接受，遂广泛传播开来，成为西夏佛教中影响较大的一个宗派。

一　西夏所见禅宗文献

禅是禅那（巴利文 Jhāna，梵文 dhyāna）的简称，汉译为静虑，是静中思虑之意，一般叫作禅定。此法是将心专注在一法境上一心参究，以期证悟本自心性，因叫参禅，所以名为禅宗。禅种类很多，有声闻禅、菩萨禅、次第禅、顿超禅，佛教传入中国后，在中原地区经过漫长的与传统思想文化和宗教习俗相融合的过程，至隋唐时形成了所谓"教外别传"的禅宗，实质上，禅宗的"教外别传"不过是佛教思想与中国儒、道两家思想高度冥合的产物，至宋代已成佛教中最大的流派，对中国思想文化和历史都产生了极为深远的影响。西夏处丝绸之路东西交通必经之地，十六国时期北方禅法已经十分兴盛，吐蕃统治河西期间，禅宗进一步发展，以摩诃衍为首的高僧积极传播禅宗思想，调和南北两宗。晚唐时期中原佛教受会昌灭佛事件影响，大批佛教典籍被毁，而禅宗各家因"教外别传，不立文字，直指心性，见性成佛"，散居山林，不讲义理，无求于典籍，因此灭佛对其影响较小。及至佛教复兴之后，禅宗实力迅速发展壮大，南北宗派思想传至河西地区，敦煌出现高僧习禅热潮。8—10 世纪敦煌禅宗盛行，包括禅宗各派的传承灯史、说法问答语录和描写修行见地的偈颂等文献多达一百多种，近三百件左右。[①]西夏统治者在政治上以儒立国，又主要从汉地输入佛教，国内流行佛儒合流的禅宗亦在情理之中。

西夏境内流行多本禅宗文献，黑水城和敦煌地区出土的西夏文献中包含有数量较多的西夏文和汉文禅宗典籍，此外西夏其他故地的石窟、佛塔等遗址亦发现有不少西夏时期的禅宗文献。

（一）西夏文禅宗文献

俄罗斯科学院东方研究所藏有大量西夏文佛经，其中禅宗文献主要有：

1.《诸说禅源集都序》，第 321—323 号，西夏特藏 227 号，馆册 7554、5172 号为写本卷子装，馆册 4731 号为刻本卷子装，馆册 735 号为刻本蝴蝶装。[②]

2.《中华心地传禅门师资承袭图》（《裴休拾遗问》），第 759 号，西夏特藏 407 号，馆册 2261、2865 号为刻本蝴蝶装；第 760 号，西夏特藏 421 号，馆册 2893 号为刻本蝴蝶装。

3.《和南裴休禅师缘随集》，第 669 号，西夏特藏 398 号，馆册 2609、2610 号为刻本蝴蝶装。

4.《达摩大师心观本母》，第 435 号，西夏特藏 400 号，馆册 582、6509 号为刻本蝴蝶装。

5.《修禅要论》，第 590 号，西夏特藏 291 号，馆册 4824 号为写本蝴蝶装。

6.《洪州宗师趣注开明要论》，第 617 号，西夏特藏 112 号，

---

① 湛如：《论净众禅门与法照净土思想的关联——以大乘净土赞为中心》，郝春文主编：《敦煌文献论集——敦煌藏经洞发现一百周年国际学术研究讨论会文集》，辽宁人民出版社 2001 年版，第 508 页。

② 西夏特藏号是指俄罗斯科学院东方研究所为区分文献来源所编制的检索号，馆册号是方便整理归档，该所为同一部经文的各个章节或不同种类的典籍形式或不同版本而编制的识别号码。

馆册 2540 号为写本蝴蝶装。

7.《诸说禅源集都序摘炬记》，第 625—626 号，西夏特藏 227 号，馆册 5172 号为写本蝴蝶装，馆册 4919 号为写本卷子装，馆册 5174 号为写本卷子装，皆为草体，馆册 7554 号为写本卷子装。

8.《诸说禅源集都序纲文》，第 646 号，西夏特藏 227 号，馆册 4736 号为刻本卷子装。

9.《洪州宗师教仪》，第 715 号，西夏特藏 111 号，馆册 2529 号为写本小册子。

10.《禅源》，第 749 号，西夏特藏 292 号，馆册 7119 号为刻本小册子。

英藏黑水城出土的西夏文佛经文献里也有禅宗作品，如《诸说禅源集都序科文》（Or. 12380 – 2239）残页等。除了国外黑水城藏品之外，散藏于中国境内的西夏文献中也有不少番文禅宗文献，如中国国家图书馆、北京大学图书馆、中国国家博物馆分别藏有西夏文写本《六祖大师法宝坛经》（B11・002、B21・004、B21・005、B21・006、B31・002），皆附在《瓜州审案记录》之背面。

（二）汉文禅宗文献

俄藏黑水城汉文禅宗文献主要有《摩诃般若波罗蜜多心经注》（TK116）、《慈觉禅师劝化集》（TK132）、《真州长芦了和尚劫外录》（TK133）、《中华传心地禅门师资承袭图》（TK254）、《禅定施食并神咒》和《本尊禅定》（A9.3、A9.4）、《金刚亥母禅定》（A19）、《佛印禅师心王战六贼出轮回表》（A20V.14）、《景德传灯录卷第十一》（Φ299VΦ241V）等等。

值得注意的是，俄藏品中还有一些未定名的禅宗文献，根据苏州戒幢佛学研究所宗舜的研究，这些未定名或初步定名不妥的文献现已更正并准确定名，这部分文献主要有：

1. TK272《佛书残片》，当定名为《佛印禅师心王战六贼出轮

《回表》残片。①

2. Инв. No. 1044《禅宗文献》，应定名为《佛果圆悟禅师碧岩录》卷一残片。②

3. Инв. No. 2010《禅宗文献》，定名为《中华传心地禅门师资承袭图》残片。③

除俄藏品以外，中国藏黑水城汉文文献里也有禅宗典籍，如《禅秘要法经》残页（M·1418）、《中华传心地禅门师资承袭图》（xix4.12-3-2、xix4.12-3-3、xix4.12-3-5）等。禅宗文献在西夏境内的流布不仅仅是在西夏立国时期，西夏亡国之后在西夏遗民中间也多有禅宗典籍流传，如中国国家图书馆藏西夏文《大方广佛华严经》卷第六十三和卷第七十四之封面有明刻本汉文《禅宗永嘉集注》两份残页（xixdi11jian5.06-3-1，xixdi11jian5.11-3），虽然这两份西夏文佛经的年代还有待于考证，但其封面包裹有明代汉文佛经，不管封皮与内容的刊印先后问题，这些禅宗文献无疑当与明代之西夏遗民有所关联。④

二　西夏境内所见禅修

中原禅包括"智慧"和"修定"两个方面，讲求"教外别传、不立文字、直指心性、见性成佛"的顿悟禅修方式。河西诸多石窟如莫高窟、榆林窟、西千佛洞、五个庙等自古以来就是禅僧修行的理想场所，这些石窟一般都有不少僧人专门为禅修而开凿建造的禅

---

① 宗舜：《〈俄藏黑水城文献〉之汉文佛教文献续考》，《敦煌研究》2004年第5期，第92页。
② 宗舜：《〈俄藏黑水城文献〉汉文佛教文献拟题考辨》，《敦煌研究》2001年第1期，第91页。
③ 宗舜：《〈俄藏黑水城文献〉之汉文佛教文献续考》，《敦煌研究》2004年第5期，第93页。
④ 林世田编：《国家图书馆藏西夏文献中汉文文献释录》，北京图书馆出版社2005年版，第58—60页。

窟。西夏僧人的禅修除了受中原禅宗影响之外，与藏传密教的逆境磨炼也有关。吐蕃松赞干布时期，图弥桑布扎开始翻译经文，译出《宝云经》等，藏王则作法主而讲说了《观世音六字真言》《圣阁摩敌》及护法贡波和天女等许多法门，又命众人士修禅定。[1] 吐蕃时著名的中原禅僧摩诃衍曾在河西弘扬南禅宗，8 世纪末，他代表"顿悟派"僧人在吐蕃宣扬顿悟成佛的修行方法，与印度僧人代表的"渐门派"展开"顿渐之争"，虽然最后摩诃衍辩论失败回到敦煌，但禅宗思想却对吐蕃产生了深远影响。西夏建国后，占有河西敦煌诸地，受汉地禅宗思想和藏族僧人禅修的共同影响，西夏禅修之风依然十分盛行。

传世史料中记录西夏佛教的文献不多，但依然可以发现有关西夏禅寺的记载。宋神宗为了安抚西夏民众，曾于熙宁五年（1072）"赐秦凤路缘边安抚司钱一万缗，于镇洮军建僧寺，以大威德禅院为额"，于熙宁七年（1074）"赐岷州新置寺名曰广仁禅院，仍给官田五顷，岁度一僧"[2]，可见西夏立国初期禅寺发展受中原宋朝影响较多。宋朝禅宗越来越倾向于世俗化发展，西夏流行的禅修也逐渐将坐禅苦修与诵经、礼佛、忏悔结合在一起，主张在日常生活中自然见道，如《重修护国寺感通塔碑汉文碑铭》（G32·001）载：

　　……又赐钱千缗，谷千斛，官作四户，充番汉僧常住，俾晨昏香火者有所资焉，二时斋粥者有所取焉。至如殿宇廊庑，僧坊禅窟，支颊补□，□一物之用者，五不仰给焉，故所须不匮，而福亦无量也。[3]

---

①　廊若·迅鲁伯：《青史》，郭和卿译，西藏人民出版社 1985 年版，第 27 页。
②　（宋）李焘：《续资治通鉴长编》卷 239，熙宁五年条；卷 254，熙宁七年条。
③　《中国藏西夏文献》卷 18，第 91 页。

　　凉州护国寺感通塔碑重修于天祐民安五年（1094），说明西夏立国初期已经开始积极修整禅窟、倡导禅修了。甘州城内亦有禅定寺一所，可能是将藏文佛经翻译成西夏文的一个寺庙。① 位于贺兰山腹地的拜寺沟方塔塔心柱上有汉文发愿文一条（N22·004），上曰"……禅，净［尼?］罗□□座禅。西番芎毛座禅，□□□□□"。② 该方塔出土文献中还有一首汉文诗《塔》（N21·014），内容移录如下：

　　　　十三层垒本神工，势耸巍巍壮梵宫。
　　　　栏楯□□□惠日，铎铃夜响足慈风。
　　　　宝瓶插汉人难见，玉栋□□□莫穷。
　　　　阿育慧心聊此见，欲知妙旨问禅翁。③

　　作为西夏三大神山之一的贺兰山腹地西夏寺庙众多，从这首诗描绘的情形来看，当时该地区信奉禅宗修习禅法的人不在少数，而且除了汉人，当还有其他民族百姓在此静心修禅。黑水城所出西夏文写本《大般若波罗蜜多经卷第三十四》（B11·008）也有出家禅僧的题词，该经卷末留有西夏文题款写经发愿者和写经者的姓名，写经者为"出家禅定石慧护"④。

　　敦煌莫高窟和安西榆林窟自古以来就是人们心中的佛教圣地，西夏占领瓜州、沙州之地以后，统治者投入了较多人力物力经营两窟，除了新开洞窟之外，也十分注重修葺妆銮前代洞窟。从莫高窟和榆林窟洞窟中留下的诸多西夏文题记就可以看出当时西夏修禅者

　　① 史金波：《西夏佛教史略》，第 121 页。
　　② 《中国藏西夏文献》卷 18，第 256 页。
　　③ 《中国藏西夏文献》卷 15，第 145 页。
　　④ 《中国藏西夏文献》卷 1，第 219 页。

留下的历史遗迹：

（一）莫高窟第 322 窟龛下北侧墨书发愿文中有一行（G12·015）①

母罜禅定宝人之……向

（二）莫高窟第 464 窟外室北壁西侧题字（G12·021）②

那征禅定宝铁

（三）榆林窟第 29 窟内室西壁门北侧上部供养人榜题（G12·044）③

出家禅定　　那征一心

　　由这些窟内的西夏文题记可知当时修禅之人并不少见。无独有偶，在西夏故地武威下西沟岘也发现有西夏僧人的修禅之窟，内有西夏佛经、佛像等文物。这些禅洞在静僻山中，幽深严密，洞中有佛经、佛像，还有生活用品，正是理想的修禅所在。④贺兰山东麓的山嘴沟石窟葫芦峪东坡也有几处西夏时期的禅僧窟，还发现有佛教

---

① 《中国藏西夏文献》卷 18，第 216 页。
② 同上书，第 218 页。
③ 同上书，第 250 页。
④ 陈炳应：《西夏文物研究》，宁夏人民出版社 1985 年版，第 57—63 页。

题材的各种壁画。①

三　西夏禅宗的汉化因素及相关问题

西夏境内流布的禅宗汉藏结合，既受中国化特征很强的中原禅文化之熏陶，也受藏密幽闭修行之影响。总体而言，禅宗在西夏发展还是十分兴盛的，不少中原地区流行的禅宗典籍在西夏广为流传，而且亦被译成西夏文本大量印施，与此同时，禅师在西夏亦有较高佛教地位。

（一）中原重要禅宗典籍在西夏的流行

1. 《六祖坛经》

禅宗自菩提达摩传入中国后，经五传而至唐朝弘忍，弘忍又传给慧能和神秀，两人又分别开创了南北禅宗，被称为"南能北秀"。西夏受南禅宗影响较大，现存西夏文佛经中发现有南宗传法的主要经典《六祖坛经》，该经全称《南宗顿教最上大乘摩诃般若波罗蜜经六祖慧能大师于韶州大梵寺施法坛经》，简称《坛经》。"经"出于门人推崇，本来只有佛陀所说之法才能称之为经，这部对经论述的书也称为经，说明慧能是中国佛教的创始人，《六祖坛经》在中国佛教史上的地位可见一斑。该经主要内容是记述慧能生平事迹和言教，根据"自性本自清净"之说，宣扬"明心见性、顿悟成佛"的基本思想，乃禅宗六祖慧能口述，弟子法海集录而成，后人陆续有增订本。

目前所见到的西夏文《六祖坛经》仅为十二纸残页，一面为墨书《六祖坛经》，另一面为天赐礼盛国庆年间的瓜州审案记录，黑水城出土，原为罗福成先生所藏，现分藏于中国历史博物馆、中国

---

① 陈育宁、汤晓芳：《山嘴沟西夏壁画探析》，载杜建录主编《西夏学》第 1 辑，宁夏人民出版社 2006 年版，第 12—17 页。

国家图书馆、北京大学图书馆和日本天理图书馆。[1] 该西夏文残页
中亦录有慧能偈语名句"菩提本无树，明镜亦非台，佛法常清净，
如何有尘埃！心是菩提树，身即如明镜，明镜本清净，如何染尘
埃"[2]。根据罗福成先生后记所书"月日有朱印在纸缝间，与寻常
所见西夏官印无异，有人名甚多，署名者皆书押于下，以此推之或
为公文也。白麻纸极薄，正文草率竟不知为何事，有待异日考
证"[3]，可知此经文应当是在朝廷的保护下作为官营事业而进行翻译
的。译经时间为天赐礼盛国庆年间，"以上计五纸为西夏人草书，
……皆有年月，为天赐礼盛国庆某年"[4]，乃西夏前期惠宗秉常时期
所译。该经背面，其公文屡次出现"瓜州"字样，说明此《六祖
坛经》翻译大抵是在瓜州附近，即今敦煌，宋景祐初年已归入西
夏，可见此《六祖坛经》应当是在敦煌被译成西夏文的。

　　现传世的汉文版本《六祖坛经》主要有以下四种：

　　①敦煌石室所出中唐时期写本，慧能弟子法海所集
《南宗顿教最上大乘摩诃般若波罗蜜经六祖慧能大师于韶
州大梵寺施法坛经》一卷
　　②晚唐时期惠昕改编的《六祖坛经》二卷
　　③北宋时期契嵩改编的《六祖大师法宝坛经原本》
一卷

---

　　①　最初的残页仅有五页，罗福成先生将五纸佛经译成汉文，见罗福成《六祖大师法宝坛经
残本释文》，载国立北平图书馆编《国立北平图书馆馆刊》第 4 卷第 3 号《西夏文专号》，1932
年，第 2731—2740 页；十二页残页释文见史金波《西夏文〈六祖坛经〉残页译释》，《世界宗教
研究》1993 年第 3 期；相关研究见［日］川上天山《关于西夏语译〈六祖坛经〉》，载刘红军、
孙伯君译《国外早期西夏学论集》（二），民族出版社 2005 年版，第 251—259 页。
　　②　史金波：《西夏文〈六祖坛经〉残页译释》，《世界宗教研究》1993 年第 3 期。
　　③　罗福成：《六祖大师法宝坛经残本释文》，载国立北平图书馆编《国立北平图书馆馆刊》
第 4 卷第 3 号《西夏文专号》，1932 年，第 2739 页。
　　④　罗福成：《六祖大师法宝坛经残本释文》，第 2738 页。

④元代宗宝编《六祖大师法宝坛经》一卷

以上四本《六祖坛经》中，敦煌本基本保留了该经原来的面貌，后三种版本增添附会的比较多。与此四种汉文版本相比，西夏文写本与敦煌所出唐代法海集录的古写本相近，法海本漏误颇多，西夏文写本残页中有不少改译痕迹，所改字词 较原译文更为贴切。由此可见，西夏官方译此经时，斟词酌句，态度严谨，上层统治者对这一禅宗经典的翻译亦十分重视。

2. 宗密禅宗著作

黑水城出土文献中有不少西夏文本和汉文本的《禅源诸诠集都序》《中华传心地禅门师资承袭图》等唐朝时期宗密著作。宗密（780—841 年），世称圭峰禅师，尊为华严五祖，俗姓何，果州西充（今四川西充县）人，因曾经长期居住在圭峰草堂寺，人亦称其草堂和尚，卒后唐宣宗追谥为慧禅师。宗密起初传承荷泽宗的禅法，精研《圆觉经》，后又从澄观学《华严》，从而融会华严宗与禅宗为一体，倡导教禅一致，佛、儒一源。其著述现存的有《华严经行愿品疏钞》六卷、《华严经行愿品疏科》一卷、《注华严法界观门》一卷、《注华严法界观科文》一卷、《原人论》一卷、《华严心要法门注》一卷、《圆觉经大疏》十二卷、《圆觉经大疏释义钞》十三卷、《圆觉经大疏钞科》中下二卷、《圆觉经略疏》四卷、《圆觉经略疏科》一卷、《圆觉经略疏之钞》十二卷、《圆觉经道场修证仪》十八卷、《金刚经疏论纂要》二卷、《佛说盂兰盆经疏》二卷、《起信论疏注》四卷、《禅源诸诠集都序》四卷、《中华传心地禅门师资承袭图》一卷。

西夏流传的宗密禅宗作品主要有西夏文《禅源诸诠集都序》《禅源诸诠集都序之解》《禅源诸诠集都序择炬序》《禅源诸诠集都序纲文》《中华传心地禅门师资承袭图》《达摩大师观心本母》《修

禅要语》以及汉文本《中华传心地禅门师资承袭图》《修禅要语》等等。其中《禅源诸诠集都序》是宗密为自己所写《禅源诸诠集》著的序言，《禅源诸诠集》全书约一百卷，所集诸宗的禅言将近百家，全集在宋真宗景德年间（1004—1007）即已遗失，只存其《都序》一直传到现在。西夏地区发现的除了现收录于汉文《大藏经》中的《都序》之外，还有未收入的《都序之解》《都序择炬序》《都序纲文》，此四种经文应当是在《都序》基础上产生的，或为注解，或为摘录，或为提纲，可见宗密《禅源诸诠集》在当时影响应该是非常大的，宋代禅宗非常流行，中原地区出现的多种诠释《禅源诸诠集》书籍传播到西夏亦在情理之中。目前俄藏西夏文佛经尚未完全刊布，但学界内不少学者依据文献照片对宗密西夏文著作也多有释读校勘，为我们研究西夏宗密著作提供了方便的研究资料。[①]

另一个西夏流传较广的是宗密禅学著作《中华传心地禅门师资承袭图》，该书原名《裴休拾遗问》，原书国内早已遗失，西夏境内此部禅学典籍非常受重视，流行的除了西夏文本之外，还有汉文本，如前文所列 TK254，虽然无书题仅为几片残页，但白口上清晰可见有书名简称《承袭》和页码（12 世纪初的），[②] 此外还有中国国家图书馆藏宋刻本汉文《中华传心地禅门师资承袭图》，版心题"承龙本二"等字样。[③] 值得注意的是，俄罗斯科学院东方研究所圣彼得堡分所典藏有圭峰宗密的另一篇著作——西夏文《镜》，俄

---

　① 张佩琪：《初探夏译〈禅源诸诠集都序〉及〈禅源诸诠集都序千文〉》，载《西夏语文与华北宗教文化国际学术研讨会论文》，台北，2009 年 12 月；聂鸿音：《〈禅源诸诠集都序〉的西夏译本》，载杜建录主编《西夏学》第 5 辑，宁夏人民出版社 2010 年版，第 23—28 页；聂鸿音：《西夏文〈禅源诸诠集都序〉译证》（上），《西夏研究》2011 年第 1 期；聂鸿音：《西夏文〈禅源诸诠集都序〉译证》（下），《西夏研究》2011 年第 2 期。

　② 《俄藏黑水城文献》第 4 册，第 323—324 页。

　③ 林世田编：《国家图书馆藏西夏文献中汉文文献释录》，第 67—69 页。

罗斯学者索罗宁教授将之整理并英文翻译全文刊布，该著作的发现
对研究圭峰宗密禅在西夏的发展及变化有着重要的学术价值。①

宗密的禅学著作在中原地区流行甚广，在西夏向宋朝赎取大藏
经中，这些禅宗文献亦传入西夏境内，进一步促进了西夏禅宗的
发展。

3. 其他禅宗文献

俄藏品中有汉文《佛果圆悟禅师碧岩录》残页，《佛果圆悟禅
师碧岩录》简称《碧岩录》，又名《碧岩集》，是一部在中国禅宗
史上占有重要地位且影响巨大的著作，被后人誉为"宗门第一书"，
系杨岐宗系传人圆悟克勤（1063—1135 年）所著。后人按照禅宗
教法的不同将之分为五家七派，由五祖弘忍的同门分出"牛头"一
系，弘忍弟子又分出"南顿""北渐"两宗。南宗因为传承独盛的
缘故，又分流为五，即临济、曹洞、沩仰、云门、法眼等。临济之
下，后又分裂成两派，一为黄龙派，一为杨岐派。杨岐派五祖法演
之时，杨岐派在长江西岸日渐兴盛，法演门下有三大弟子，佛果克
勤即是其一。《碧岩录》以雪窦禅师所著《百则颂古》为底本，
《百则颂古》乃雪窦从古圣先贤机缘语录中选出一百则公案，分别
附加颂古，以阐扬其意旨。由于雪窦禅宗见地纯正，境界高邈，且
其偈颂文字雅正，寓意深刻，故自问世以来，禅林中竞相传颂。圆
悟克勤在开堂说法时，为了方便后学者，使学人更易理解《百则颂
古》的妙旨，又作《碧岩录》。

《碧岩录》对宋代禅风影响深远，有唐一代，禅师接人度众，
皆直指心性，语句都很质朴平实，《碧岩录》即出，禅风为之一变，
由质朴转而讲求藻饰，于遣词造句上费尽心机，至于真实参悟，则

---

① K. J. Solonin, *Guifeng Zongmi and the Tangut Chan Buddhism*，《中华佛学学报》第 11 期，
1998 年，第 365—425 页；K. J. Solonin, The Tang Heritage of the Tangut Buddhism, *Manuscripta Ori-entalia* 6, No. 3, 2000, pp. 39 – 48.

无从谈起。从成书时间上推算，《碧岩录》传入西夏境内当在西夏社会稳定之中期，经过近一个世纪的休憩发展，西夏文化有了比较繁荣的局面，尤其是统治者提倡中原儒释之学，汉文化在西夏民众心中有着不小影响。《碧岩录》汉文本在西夏的发现，说明西夏人不仅注重辛劳禅修，而且已经开始关注追求佛经演绎的华美辞藻，各大法会上西夏散施的佛经大都有篇幅不小的发愿文，用词讲究，语句优美，当是受宋代中原地区禅宗之影响。

俄藏汉文写本残页《景德传灯录卷第十一》也是中原地区流布到西夏的禅宗文献。《景德传灯录》系由宋景德年间道原所编著，原名《佛祖同参集》，是流传于世最早的一部禅灯史，只收编禅宗僧人传记和语录，乃严格按照禅法世系编录，可以称之为以记言为主的谱录体禅宗史书。道原为五家七派之法眼宗传人，是法眼文益的天台德韶弟子之一，其编著的这部禅灯史主要内容包括中土禅宗所尊奉的佛祖传承世系，祖师传说与事迹；唐代禅宗南宗的形成并发展为主流；唐五代禅师简历与传法语录；五宗形成与禅法等。[1]《景德传灯录》是中国禅宗发展史上第一部经皇帝钦定由国家颁布流行的禅宗灯史，并由身居高位的著名儒臣杨亿、李维、王曙详加刊定，大概在大中祥符四年（1011）编入《大藏经》。《景德传灯录》可能即是西夏向宋六次请赐佛经时被赐给西夏，其后流传开来的。

黑水城文献中还发现有现存最早也是最好的刻本《真州长芦了和尚劫外录》（TK133），简称《劫外录》，该著作系宋代曹洞宗著名人物真歇清了大师之作，为其侍者德初、义初编辑，记录的是清了在真州长芦寺做住持时的上堂等法语。真歇清了在北宋末年大力提倡默照禅，其在佛学思想上融会华严宗，对宋代禅净融合影响很

----
① 杨曾文：《道原及其〈景德传灯录〉》，《南京大学学报》2001年第3期。

深，同时对日本的禅学思想也有一定影响。清了大师代表作《劫外录》在中国早已失传，目前唯有日本宽永七年刊本和面山端方校正本存世。除了俄藏本《劫外录》，中国藏黑水城文献中亦有《劫外录》写本残片（F19 号 W12），收录于李逸友编的《黑城出土文书（汉文文书卷)》。对西夏境内出土的清了大师该部著作，学界已有诸多学者关注。①西夏刊印《劫外录》，充分说明了中原宋代之禅净融合思想对西夏佛教的影响，同时对我们研究宋代曹洞宗抑或日本曹洞宗都有着重要的学术和文献价值。

黑水城文献中有西夏文本《洪州宗师趣注开明要论》和《洪州宗师教仪》，现藏于俄罗斯圣彼得堡。洪州宗是南岳系弟子马祖道一（709—788 年）在洪州创立的，马祖道一，俗姓马，世人称之为马祖，汉州什邡人（今四川省中部）。其继承六祖慧能禅学思想，主张"自心是佛，触境皆如"，"随处任真"。唐代宗大历年间移居洪州（今南昌）开元寺，随后以洪州为中心广泛开展弘法活动，创立了"洪州禅"。弟子怀海（720—814 年）又不断完善本系禅法，并确立了若干规矩，形成"百丈清规"，此后洪州宗势力越来越大，与牛头宗、菏泽宗成为三足鼎立局面。马祖道一及其门下弟子与神会一样，是六祖慧能之后南禅宗史上最重要的人物，洪州禅后来成为南禅宗的主流，促进了佛教的中国化，是为中国佛教特质。②

俄藏黑水城文献中还保存有南阳慧忠大师的不少语录著作，西夏文文献中慧忠抄本的数量很多，如西夏文《新刻二十五问答》

---

　　① 慧达法师：《新校黑水城本〈劫外录〉》，《中华佛学研究》2002 年第 6 期；宗舜：《真歇清了及其黑水城本〈劫外录〉》，载吴言生主编《中国禅学》第 3 卷，中华书局 2004 年版，第 31—71 页；宗舜：《新校黑水城本〈劫外录〉商榷》，载觉醒主编《觉群·学术论文集》，宗教文化出版社 2005 年版，第 373—384 页。

　　② K. J. Solonin, The Masters of Hongzhou in the Tangut State, *Manuscripta Orientalia* 4, No. 3, 1998, pp. 10 – 15.

《唐忠国师住光宅众舍时、众人佛理别问二十五条集》等。国师慧忠是中唐禅宗运动时期的一位高僧，对禅宗发展做出了重要贡献。索罗宁教授对南阳慧忠的番文语录做了详细对译，[1]为我们重新认识西夏佛教与中原佛教之关系提供了重要参考资料。

以上诸多番文本禅宗文献的流行，说明西夏对中原地区鲜明中国化特点的佛教文献是予以积极接纳的，在西夏佛教传播发展的过程中，中原最有影响力的代表禅风思想无疑起到了很大的导向作用。

（二）西夏禅师

由于禅宗势力的扩展，西夏也出现了精通禅法的高僧即禅师。禅师在中原早已有之，为修禅定之师，称为禅师的一乃皇家褒赏封赐，二则为禅僧对自己前辈的敬称。禅师之职称在中原地区行用已久，西夏在佛教发展过程中也有所继承。

1. 禅师的民族问题

禅宗在西夏境内广为流布，不仅在汉族民众中间盛行，党项、吐蕃及其他民族百姓也多有修习禅学的。从出土文献来看，西夏的禅师不仅仅拘泥于汉族高僧，民族成分呈现多样化：

①贺兰山佛祖院的平尚重照禅师，其弟子李慧月曾印施《大藏经》十二部以及其他佛经，师徒二人为西夏佛经的传播做出了突出贡献。[2]

②《密咒圆因往生集》的译定者兰山崇法禅师沙门金刚幢。[3]

③《宁夏新志》所载河西僧："黑禅和尚，河西人，

---

[1]　K. J. Solonin：《南阳慧忠（？—775）及其禅思想——〈南阳慧忠语录〉西夏文本与汉文本比较研究》，载聂鸿音、孙伯君编《中国多文字时代的历史文献研究》，社会科学文献出版社2010年版，第17—40页。

[2]　史金波、白滨：《西安市文管处藏西夏文物》，《文物》1982年第4期。

[3]　史金波：《西夏佛教史略》，第145页。

通禅观之学，年六十余，先知死期，至日坐灭。"①

　　④汉文《大方广佛华严经普贤菩萨行愿品疏序》后有施经发愿文，内中有惠照禅师、西天禅师作法事活动的记载。②

由上述文献可看出，西夏精通禅学的禅师中，不仅有汉族高僧，而且亦有党项人、吐蕃人，甚至还有"西天"即天竺僧人，说明"直指心性"的禅宗在西夏民众心中有着广泛的群众基础。

2. 西夏禅师的社会地位

西夏自元昊立国时期就十分注重发展佛教，统治者的提倡与扶持不仅大大促进了佛教的广泛传播，还建立了一套比较完善的佛教管理机构和管理制度。《天盛律令》记载西夏管理佛教事务最高机构是僧人功德司和出家功德司，各司亦下属诸多管理部门。对专研佛法、有特殊德行的高僧大德西夏还常常封赐名号，见于西夏佛教文献的封号就有帝师、上师、国师、德师、大师、大德、定师、法师、禅师，等等。

西夏重视册封高僧大德，前期西夏国内地位最高的佛教大德封号当为"国师"，仁宗仁孝皇帝之后出现更高级别的"帝师"称号，对西夏最早出现"帝师"之名号，学界史金波、聂鸿音、崔红芬等先贤已做过详细考证，从现存文献来看，西夏禅师社会地位并不是最高的，好像只与大师、法师平级而列，位在帝师、国师之后。西夏文《如来一切之百字要论》题款中有"功德司正至觉禅师李□汉译"字句，③可知李禅师有功德司正的职衔，其地位较高。

　　① （明）胡汝砺编：《嘉靖宁夏新志》卷3，管律重修，陈明猷校勘，宁夏人民出版社1982年版，第42页。

　　② 俄罗斯圣彼得堡东方学研究所藏黑水城出土文献，原编号 Инф. No. 8106、6843。

　　③ 俄罗斯圣彼得堡东方学研究所手稿部藏黑水城文献 Инв. No. 7165。

汉文《观弥勒菩萨上生兜率天经》（TK81、TK82、TK83）发愿文中记录了仁孝即位五十周年庆典举办的大法会，法会从九月十五日开始，"恭请宗律国师、净戒国师、大乘玄密国师、禅法师等①"重要僧人参加，诵读藏文、西夏文、汉文佛经，这篇御制发愿文中禅法师位列国师之后，说明其地位是稍逊于国师的。

第二节　净土宗在西夏的流播

　　净土宗又称莲宗，因信奉死后往生阿弥陀净土（西方极乐世界）之说，故得此名。净土宗肇起于东晋时期，奉慧远为初祖，唐代善导正式创建，该宗提倡念佛往生，快速成佛，认为生于浊世，人甚至难凭自己之力求得解脱，唯有乘佛愿力往生净土，若宣称信仰此宗，死后即可往生阿弥陀西方净土，甚至提出念阿弥陀佛一声，可灭八十亿劫生死之罪，得八十亿劫微妙功德，很快生于净土，成八地菩萨。净土宗因其简单实用，在中原流行很广，宋代开始成为天下共宗。当时西夏地处边陲，文化落后，人民生活在战乱、灾荒、贫穷之中，社会极不安定，宣扬只要"口宣佛号"便可在死后凭借阿弥陀佛愿力往生西方净土的说教，适应了西夏国情，亦迎合了西夏统治阶级的口味，自然很容易在西夏僧俗中流传开来。

一　西夏所见净土经典

　　净土宗所依经典《无量寿经》《观无量寿经》《阿弥陀经》和《往生论》，统称三经一论，三经中的《无量寿经》讲述阿弥陀佛因位的愿行和果上的功德；《观无量寿经》说示往生净土的行业；

---

　　① 《俄藏黑水城文献》第2册，第315页。

《阿弥陀经》阐释净土的庄严与执持名号正诚护念的利益,一论则为世亲造《往生论》,总摄上三部经正明往生净土的义旨,后增加《大势至菩萨念佛圆通章》《普贤菩萨行愿品》称之为五经一论。善导所著《观无量寿经疏》《往生礼赞》《观念法门》《法事赞》《般舟赞》等,为该宗主要代表作。现存传世文献及史料中并无西夏净土宗流传情况的直接材料,但从黑水城文献以及莫高窟、榆林窟等地西夏壁画来看,当时西夏境内净土信仰十分兴盛,最具影响力的是西方阿弥陀佛净土和弥勒佛兜率天净土,弥勒净土信仰后面有专论,此处则专注探讨西方净土信仰。

（一）番文净土宗经典

俄罗斯科学院东方研究所藏西夏文佛经中,有不少净土宗典籍:

1.《佛说阿弥陀经》,第 106—109 号,西夏特藏 147 号,馆册 763、803、4773、4844、6518、7123、7564 号。①

2.《大乘圣寿无量经》,第 193—194 号,西夏特藏 342 号,馆册 812、953、697、6943 号。

3.《无量寿经》,第 195 号,西夏特藏 409 号,馆册 2309 号。

4.《佛说无量寿佛观经膏药疏》,第 297 号,西夏特藏 321 号,馆册 903、894、5006 号。

5.《西方净土十疑论》,第 318 号,西夏特藏 184 号,馆册 6743 号。

6.《净土求生顺要论》,第 319—320 号,西夏特藏 393 号,馆册 7832、6904 号。

7.《净土十疑论》（天台宗创始人智顗著）,第 436—437 号,

---

① 关于此俄藏品中 8 个编号的西夏文本《佛说阿弥陀经》,孙伯君已考释刊布,参见孙伯君《〈佛说阿弥陀经〉的西夏译本》,《西夏研究》2011 年第 1 期。

西夏特藏 392 号，馆册 825、708 号。

8.《十疑论》，第 438 号，西夏特藏 365 号，馆册 2324 号。

9.《最乐净土求生颂》，第 449 号，西夏特藏 408 号，馆册 2265 号。

10.《西方求生念佛顺要论》，第 614 号，西夏特藏 470 号，馆册 6833 号。

除了俄藏品中较多西夏文净土宗经典之外，英藏品中也有黑水城发现的净土宗文献，如西夏文《庄严净土分第十》（Or. 12380 - 2945）等，①说明在当时黑水城地区，除了汉族以外的党项等民族信奉净土信仰也非常多。

（二）汉文净土宗经典

俄藏品中还有不少净土汉文佛经，如《无量寿佛说往生净土咒》（TK110）、《佛说阿弥陀经》（TK108、109、110、111、176）、《佛说大乘圣无量寿决定光明王如来陀罗尼经》（TK21、22、23、24、76）、《观无量寿佛经甘露疏科文》（TK148）、《往生净土偈》（TK323）、《无量寿如来根本陀罗尼经》（TK207V）等皆是净土典籍西夏刻本。此外还有手抄本《四十八愿阿弥陀佛像供养文》（TK288）、《小西方赞》（A12）、《愿往生礼赞偈、无量寿如来念诵修观行仪轨、西方净土礼》（B2）等。除了俄藏文献之外，英藏品中还有汉文《佛说无量寿决定光明王如来陀罗尼经》残页（Or. 12380 - 2722、2755），②中国国内还收藏有印本佛经《佛说大乘圣无量寿决定光明王如来陀罗尼经》残页（M1·1449）等，③都是黑水城地区广为流行的净土宗汉文经典。

---

① 《英藏黑水城文献》第 3 册，第 290 页。

② 同上书，第 208、209 页。

③ 宁夏大学西夏学研究中心、内蒙古自治区考古研究所、甘肃省古籍文献整理编译中心编：《中国藏黑水城汉文文献》第 8 册，第 1760 页。

　　除了较为集中的黑水城出土文献外，位于西夏贺兰山腹地的拜寺沟西夏方塔也发现有不少净土宗的汉文佛典，如《大乘无量寿经》《大乘无量寿庄严经》《观无量寿经》《佛说无量寿经》《称扬诸佛功德经》《阿弥陀经》《大阿弥陀经》《大佛顶万行首楞严经》，①另在《妙法莲华经》《大方广佛华严经入不思议解脱境界普贤行愿品》和《维摩诘经》等经中也有关于佛国净土内容。上述经典中，同一经在西夏多以不同版本发行，如汉文本、西夏文本，还有刻本写本，仅汉文刻本《阿弥陀经》现存即有五种版本。②

　　西夏境内除了西方净土信仰以外，东方药师净土信仰也十分流行，药师信仰因宣扬消灾、除病、增福和延寿等现世利益，赢得了广大普通信众的供奉。唐代药师信仰发展较快，有关药师信仰的经典也日渐流行。黑水城藏品中发现的药师信仰经典不多，有西夏文《药师琉璃光七佛本愿功德经》（第 145—148 号，西夏特藏 240 号，馆册 885、7827、909、6466、4014 号）等，除此之外甘肃武威西部林场西夏墓室出土的木缘塔上亦有梵文咒语的《药师琉璃光王佛咒》。

　　除了上述流行的净土一般经典以外，其他宗派的典籍亦多受净土宗影响，如西夏人编撰的佛经《密咒圆因往生集》集录诸经神验秘咒 33 种，其中反映净土思想的经咒有《无量寿王如来一百八名咒》《阿弥陀佛心咒》《阿弥陀佛一字咒》《阿弥陀佛根本咒》《药师琉璃光佛咒》等，即使是其他宗派经咒，原编撰者认为诵此也可

---

　　① 拜寺沟西夏方塔出土的这几部经文经方广锠先生考证与南宋沙门宗晓编次的《乐邦文类》"经证部"相类，均为摘抄诸经中关于净土的论述编辑而成，残卷参见宁夏考古研究所《拜寺沟西夏方塔》，文物出版社 2005 年版，第 205—215 页；方广锠先生将诸经暂定名为《众经集要》（拟），参见《宁夏西夏方塔出土汉文佛典叙录》，载方广锠主编《藏外佛教文献》第 7 辑，宗教文化出版社 2000 年版，第 395—400 页。
　　② ［俄］孟列夫：《黑城出土汉文遗书叙录》，王克孝译，宁夏人民出版社 1994 年版，第 130—131 页。

往生净土，可见往生净土是西夏僧人的普遍信仰。

二　往生佛事活动和西夏净土绘画

西夏净土信仰的兴盛除了表现在大量净土佛典广泛流行外，还体现在围绕净土信仰而展开的诸多法事活动和石窟壁画或版画所表现的净土变绘画作品上。

（一）西夏净土往生佛事

净土宗提倡大修功德，多积善事，奉持斋戒，起立塔像，饭食沙门，悬挂燃灯，散花烧香，宣扬做这些功德的人，死后阿弥陀佛可亲自或化身来迎接，因而西夏此类功德善事颇多，净土思想在诸多佛事中都有体现。1094 年西夏崇宗时重修凉州塔后，即广做善事：

> 作大斋会，安施说法忏悔道场，读诵佛经，剃度三十八人，应死放命五十四人。香花灯明种种准备，饮食净水一一不缺。①

西夏仁宗皇帝 1167 年在皇太后周忌之辰：

> 开板印造番汉共二万卷，散施臣民，仍请觉行国师等烧结灭恶趣中围坛仪并拽六道及讲演《金刚般若经》、《般若心经》，作法华会，大乘忏悔，放神幡、救生命，施贫济苦等事……仰凭觉荫，冀锡冥资，直往净方，得生佛

---

① 参见《重修护国寺感通塔碑西夏文碑铭译文》，史金波：《西夏佛教史略》，第248—249页。

土，永住不退，速证法身。①

仁宗殁后，罗太后于天庆三年（1113）发愿印施了汉文《佛说转女经》和《大方广佛华严经入不思议解脱境界普贤行愿品》，祈求仁宗早日升西方净土。其中《大方广佛华严经入不思议解脱境界普贤行愿品》的发愿文中就记录了这一时期的诸多佛事活动：

> 大法会烧结坛等三千三百五十五次……度僧西番、番、汉三千员，散斋僧三万五百九十员，放神幡一百七十一口，散施八塔成道像净除业障功德共七万七千二百七十六帧，番汉《转女身经》、《仁王经》、《行愿经》共九万三千部，数珠一万六千八十八串，消演番汉大乘经六十一部，大乘忏悔一千一百四十九遍，皇太后宫下应有私人尽皆舍放并作官人，散囚五十二次，设贫六十五次，放生羊七万七百七十九口，大赦一次，又诸州郡府，边复之地，遍国臣民，僧俗……②

西夏统治者如此大规模地作散施佛经、佛像、数珠、散囚、设贫、放生等佛事活动，无疑是受了净土宗的影响。净土宗所宣扬的极乐世界对僧俗都有着很强的吸引力，不仅仅是统治者与僧侣向往西方净土，西夏社会上从达官贵族下至平民百姓亦都渴望往生净土，如仁宗时专权弄国、杀人成性的大奸臣任得敬，也因病而刻印佛经，祈愿往生净土：

---

① 汉文《佛说圣佛母般若波罗蜜多心经》（TK128）发愿文，参见《俄藏黑水城文献》第3册，第76—77页。
② 《俄藏黑水城文献》第2册，第372—373页。

　　今者灾迍伏累，疾病缠绵，日月虽多，药石无效。故
陈誓愿，镂板印施。仗此胜因，冀资冥祐。傥或天年未
尽，速愈沉疴；必若运数难逃，早生净土。①

　　天庆七年（1117），为祭父母仇彦忠等人印施汉文《圣六字增
寿大明陀罗尼经》，其目的即是"资荐亡灵父母及法界有情，同往
净方"②。西夏境内除了信仰净土宗的人之外，其他宗派信徒亦多向
往西方净土，如禅宗、天台宗、密宗等派别一些信仰者也希望死后
得生净土，可见西夏净土信仰早已深入人心。

　　（二）净土宗绘画作品

　　黑水城出土物中，除了大批净土宗文献外，还有不少反映西夏
净土信仰的佛教艺术品。现存于俄罗斯艾尔米塔什博物馆的西夏艺
术品中，即有 7 件表现净土内容的阿弥陀来迎图，③这些创作于 12—
13 世纪的佛教绘画，正反映了处于鼎盛时期的西夏国境内净土艺
术及净土信仰发展情况。

　　西夏净土信仰还体现在造像和绘画方面，莫高窟有西方净土变
215 铺，其中无量寿经变 32 铺，西夏 13 铺；阿弥陀经变 38 铺，西
夏 8 铺；观无量寿经变 84 铺，宋夏时期绘制的简略净土变 61 铺。④
安西榆林第 29 窟西壁和第 3 窟南北壁，东千佛洞第 2 窟北壁和第 7
窟前室，文殊山万佛洞西壁等处皆有西夏时期绘制的《阿弥陀经

---

　　① 汉文《金刚般若波罗蜜经》（TK124）发愿文，参见《俄藏黑水城文献》第 3 册，第 71
页。

　　② 汉文《圣六字增寿大明陀罗尼经》（TK135）发愿文，参见《俄藏黑水城文献》第 3
册，第 173 页。

　　③ 图见 Mikhail Piotrovesky, *Lost Empire of the Silk Road. Buddhist Art from Khara Khoto（X—XIIIth Century）*, Thyssen – Bornemiza Foundation, lugano, 1993, pp. 180 – 189；相关研究参见
［俄］玛利亚·鲁多娃《哈拉浩特发现的中原风格的绘画作品》，张元林译，《敦煌研究》1996
年第 3 期；张元林：《从阿弥陀来迎图看西夏的往生信仰》，《敦煌研究》1996 年第 3 期。

　　④ 季羡林主编：《敦煌学大辞典》，上海辞书出版社 1999 年版，第 117 页。

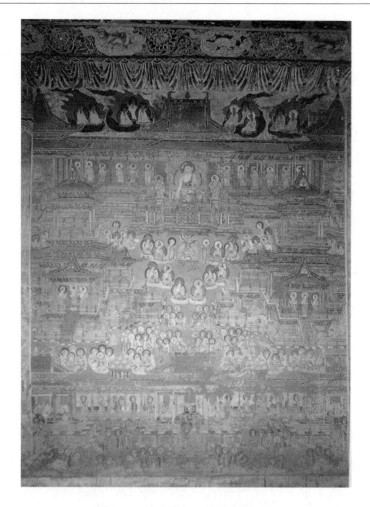

图3—1　净土变相　榆林窟第3窟

变》和《观无量寿经变》。较为典型的是榆林窟第3窟西方净土变，宫殿楼阁充满壁画，前面三座门楼，中有流水，平台相连，左右突起楼阁，后面正中起大殿，阿弥陀佛结跏趺坐，侍从菩萨整齐地排列在廊内，诸天圣众对称地列坐于平台。中门楼内，舞伎翩翩起舞，两廊排列乐队，生动地表现了西方极乐世界。①东千佛洞第7窟

① 榆林窟第3窟的西夏净土变与《观无量寿经变》图见敦煌研究院编《中国石窟·安西榆林窟》，文物出版社1997年版，图版第149—152页。

图3—2　西夏供养人群像　榆林窟第29窟

南壁的净土变，殿堂庄严，楼阁耸立，台榭相连，佛陀结跏趺坐于中台，与会聆法的大大小小佛、菩萨、弟子井然有序地列于两侧，表现出净土世界非比寻常的场面。①石窟中除了壁画，还有表现西夏信众净土信仰内容的洞窟题记，如莫高窟第65窟西壁南侧边饰上有墨书一行：

　　　乙丑年五月一日，墨勒原凉州人，为找□石，来到沙
　　州地界。我城圣宫沙满，为获安福故，清除两廊众宫沙。

---

① 　张宝玺：《东千佛洞西夏石窟艺术》，《文物》1992 年第 2 期；王惠民：《安西东千佛洞内容总录》，《敦煌研究》1994 年第 1 期。

我法界一切有情，皆共善聚，当遇之于西方净土。[1]

除了西方阿弥陀经变画之外，敦煌石窟西夏壁画中还有不少关于药师佛的经变画，如莫高窟第 88、164、234、310、363、400、408 窟，榆林窟第 29 窟，东千佛洞第 2 窟，肃北五个庙第 3 窟等，都有西夏民族特色的药师佛尊像。[2] 西夏流行的药师佛像在西夏前期多承袭唐宋之画风，后期受藏传佛教影响具有鲜明的民族特征。俄藏西夏艺术品中也有表现药师佛的绘画著作，如绘于 12 世纪末至 13 世纪初的唐卡《药师佛》（X – 2332 和 X – 2335），图中不仅有药师佛像，而且还绘有日光、月光菩萨、四天王等。[3] 与西方弥陀信仰一样，西夏药师佛信仰也是西夏农牧业生产落后的情况下，民众对健康和平安极度渴求的一种表现。

三　西夏净土信仰之特点

净土信仰在西夏境内的流行虽然受中原汉传佛教影响颇深，但结合西夏本国佛教发展情况，可以发现西夏净土信仰又有其自身鲜明特点。

（一）净土信仰与其他教派相融合

西夏境内净土信仰有一个十分有趣的现象，即净土信仰与观世音信仰紧密结合在一起，西方净土信仰宣扬快速成佛，无须烦琐的累世修行，这与观世音信仰一样都是简单易行的。观世音菩萨是西方净土阿弥陀佛的胁寺，与阿弥陀佛、大势至菩萨一起被称为"西方三圣"或"阿弥陀三尊"，所以人们相信信奉观世音也能往生西方净土，渴

---

① 《中国藏西夏文献》卷 18，第 211 页。

② 王艳云：《西夏壁画中的药师经变与药师佛形象》，《宁夏大学学报》2003 年第 1 期。

③ 图见 Mikhail Piotrovesky, *Lost Empire of the Silk Road. Buddhist Art from Khara Khoto* (X—XIIIth Century), Thyssen – Bornemiza Foundation, lugano, 1993, pp. 120 – 123。

望通过大慈大悲的观世音菩萨祛除现世烦恼，荣登西方极乐世界。

西夏人把观世音的大慈大悲救助之心与现世修行往生西方净土联系了起来，黑水城出土绘画《水月观音》（X－2439）① 即描绘了观世音菩萨接引亡者往生西方净土的美好画面，观音端坐在岩石上，净瓶柳枝在旁，左下方是亡者形象，右上方则为转生童子。西夏刻本文献中有一幅《阿弥陀佛》版画（TK244），阿弥陀佛像占据了右边一半篇幅，佛像左下是接引的观音和大势至两位菩萨，图左下角是形象矮小的僧人，当为被接引者，上有汉文榜题"弟子高玄悟"②。把观世音菩萨的普度众生与往生西方净土联系在一起，净土信仰与观音信仰紧密联系又同步流行，是西夏人净土信仰的一大特点。

净土信仰包括西方阿弥陀佛净土、弥勒兜率天净土及东方药师净土等，在西夏净土信仰中，各种净土也是互为融合、紧密联系的。莫高窟第88、164、418窟等、榆林第29窟、东千佛洞第2窟等很多净土绘画都是将阿弥陀佛、弥勒佛和药师佛绘在一起，祈福消灾寄托免于贫困疾病的美好愿望，说明虽然各种净土之间有所差别，但西夏人却融合了心中对净土世界的看法。这一点在诸多出土文献中也有所表现，如汉文《佛说圣大乘三归依经》（TK121）发愿文中祈愿"崇考、皇妣，祈早往于净方"③；西夏人仇彦忠为其父母印施汉文《圣六字增寿大明陀罗尼经》（TK135）后记"印施此经六百余卷，资荐亡灵父母及法界有情，同往净方"④；汉文《佛说圣佛母般若波罗蜜多心经》（TK128）发愿文载：

　　　　恳伸追荐之仪，用答勤劳之德。仰凭觉荫，冀锡冥

① 图见 Mikhail Piotrovesky, *Lost Empire of the Silk Road. Buddhist Art from Khara Khoto*（X—XII-Ith Century），p. 199。

② 《俄藏黑水城文献》第4册，第305页。

③ 《俄藏黑水城文献》第3册，第52页。

④ 同上书，第173页。

资，直往净方，得生佛土，永住不退，速证法身。①

汉文《密咒圆因往生集》（TK271）印施题记载：

　　将此功德，上报四恩，下济三有。生身父母，速得超升。
累劫怨亲，俱蒙胜益。印散施主，长福消灾。法界含识，同生
净土。②

由上述诸多佛经发愿文或印经题记可以看出，西夏人对净土的
追求，已忽略了西方净土、兜率天净土、药师净土等各种净土之间
的差别，相信只要达到无病无灾的美好境界即可，给先人祈福不再
明确指出超生哪一方净土，只是笼统地提到荣升"净方"或"净
土"，这也是西夏净土信仰满足人们摆脱生活苦难的现实意义。

（二）西夏净土具有一定的世俗性

净土信仰教义宣称净土不属于"三界"之内，而是"三界"
之外的"极乐国土"，是在西天的一个无有众苦且充满欢乐的美妙
世界，这与西夏人自古以来对天的崇拜思想是不谋而合的。净土信
仰宣扬快速成佛之法，也迎合了身处苦难现实生活中人们渴望往生
西方极乐世界的迫切愿望，为佛教修行蒙上了一丝功利色彩。

按照《无量寿经》等弥陀经典，信众无须经年累月艰苦修行，
只要通过自身念诵佛号，即可凭借阿弥陀佛四十八愿的愿力，往生
西方净土，远离尘世苦难。净土信仰传播到西夏以后，由于现实生
活疾苦，民众信奉净土更多依赖外力协助而非自身功德。俄藏黑水
城西夏文《大般若波罗蜜多经》第 250 卷结尾题后有一行附注为

---

① 《俄藏黑水城文献》第 3 册，第 76 页。
② 《俄藏黑水城文献》第 4 册，第 363 页。

"阿弥陀佛的仁慈之心，我每天反复诵读阿弥陀佛……希望将来超升西方极乐净土，得见阿弥陀佛真容"①。与此相应的是各种求得往生西方的铺张法事，上至皇室成员下至普通百姓，印施佛经、开法会、烧结坛、造佛像、绘净土经变画等功德，都说明了西夏人对净土世界的渴求，希望凭借人世间的财力和物力获得弥陀、弥勒或药师佛的垂青，度之彼岸。

净土信仰祈愿表现有两方面，一是有阿弥陀佛现身前来迎接，二是有莲花化生。敦煌石窟所见阿弥陀佛图画只见阿弥陀佛来迎接，却不见有莲花池和化生童子，又如前文提到的黑水城阿弥陀佛绘版画，弥陀和两位菩萨的比例很大，突出了弥陀的愿力，而往生之人图像则非常细小，由此也很好地表现了净土信仰中比较注重"他力"，不靠"自力"，说明了西夏净土信仰的世俗性。

图3—3　阿弥陀佛接引图　冬宫博物馆藏品

① Е. Н. Кычанов, *Каталог Тангутских буддиских Памятникв*, Киото：Университет Киото，1999，стр. 255.

图 3—4　俄 TK244 阿弥陀佛版画

第三节　华严宗在西夏的流布

华严宗又称贤首宗、法界宗、圆明具德宗，为中国十三宗之一，日本八宗之一，本宗依《华严经》立名，故称华严宗。始创于陈、隋之间，以隋代杜顺和尚为初祖，唐代隆盛，自唐武宗灭佛后衰微，宋代研讨修习者又日渐增多。华严宗立宗主要经典为《大方广佛华严经》，该经宣扬"顿入佛地"思想，因此在动乱较多的西夏有较大影响。

一　西夏流传的华严经典

中国各地出土的西夏佛教文献中，华严宗典籍比例较大，推知当时西夏境内信奉华严宗的民众应该不在少数。就目前发现的华严经典而言，《大方广佛华严经》版本众多，各个译本在西夏都比较流行。现存华严经典中有明确纪年的是大延寿寺沙门守琼于秉常大安十年（1083）印施的汉文刻本《大方广佛华严经》，①该时期也有译成西夏文本的《大方广佛华严经》流行，②说明早在立国前期华严宗在西夏境内已广为传播。

（一）汉文华严经典

黑水城文献中华严经典数量很多，其中又以汉文本为主，俄藏品中华严文献主要有《大方广佛华严经入不思议解脱境界普贤行愿品》（TK61、TK63A、TK63AV、TK64、TK65、TK69、TK71、TK72、TK73、TK98、TK99、TK100、TK142、TK146、TK147、TK161、TK243、TK258），《华严感通灵应传记》（TK71V），《大方广佛华严经卷第四十》（TK88），《大方广佛华严经变相》（TK114），《大方广佛华严经梵行品》（TK185、TK246、TK256），《大方广佛华严经梵行品第十六》（A20V），《注华严法界观门卷上下》（TK241、TK242），《大方广佛华严经华藏世界品第五之二》（TK261），《华严三圣版画》（B57A、дx8270），《大方广佛华严经》（B62）等等。

英藏黑水城文献中汉文华严经典也不少，如《大方广佛华严经入不思议解脱境界普贤行愿品》（Or. 12380 – 2735），《大方广佛华严经梵行品》（Or. 12380 – 0599k. k.），《大方广佛华严经》（Or. 12380 – 1996k. k.、Or. 12380 – 1998k. k.）。国内散藏的黑水城文献则有《大方广佛华严经》残页（M·1385），《大方广佛华严经入不思议解脱境界普贤行愿品》（M·1403），《大方广佛华严经光明觉品第九》残页（M·1414）。此外法藏敦煌西夏文献中还有《大方广佛华严经卷第四十一》（Pelliot Chinois 10065）等。

---

① 《俄藏黑水城文献》第 2 册，第 325 页。

② E. H. Кычанов, *Каталог Тангутских буддиских Памятникв*, Киото：Университет Киото, 1999, стр. 305—312.

（二）西夏文华严文献

由于黑水城西夏文佛教文献尚未完全整理刊布，因此其具体数量不得而知，但可以推想此类文献应该也不在少数。俄藏黑水城文献中有华严宗创始人法藏的代表作《金师子章云间类解》西夏文本，孙伯君女士已根据照片将其考释刊布。①英藏黑水城文献有西夏文《大方广佛华严经》（Or. 12380 - 1076k. k.、Or. 12380 - 1206）和《华严经论释》（Or. 12380 - 1109）等。

现存西夏文华严宗佛教文献以西夏故地宁夏回族自治区出土居多，宁夏灵武发现有大量华严经典卷宗，现藏于北京国家图书馆。华严部中的主要经典《大方广佛华严经》，前后主要有三个汉译本，一是东晋佛陀跋陀罗所译的六十卷本，三十四品，通称《六十华严》或《晋译华严》；二是唐宝叉难陀罗所译的八十卷本，三十八品，通称《八十华严》或《唐译华严》。此两种译本内容大体上一致，只是"旧译"与"新译"之别；三是唐代般若所译的四十卷本，通称《四十华严》或《贞元经》，内容是《华严经》中《入法界品》的别译。西夏文《大方广佛华严经》多为唐朝实叉难陀的八十卷本，国家图书馆藏数量巨大，不能一一列举。此经西夏文译本共五十一卷，其中有不少复本，计有卷十一、十二、卷十四至卷十六，卷二十至卷二十三，卷二十七至卷三十五，卷三十七，卷三十九至卷四十六，卷四十八，卷五十一，卷五十三，卷五十四，卷五十七，卷五十九至卷七十五，卷七十九，卷八十等。此外日本京都大学藏有卷一至卷十，卷三十六，张思温先生藏有卷十一至卷十五，罗雪樵先生藏有卷二十六，卷五十七，卷七十六，将各地之散藏西夏文《华严经》补配在一起，全部八十卷《华严经》仅缺十卷。

① 孙伯君：《黑水城出土西夏文〈金师子章云间类解〉考释》，《西夏研究》2010 年第 1 期（创刊号）。

除了为数众多的宁夏灵武出土品之外，甘肃省博物馆和敦煌研究院还藏有此类文献，敦煌莫高窟北区发现有几页西夏文刻本《华严经》残页，说明敦煌一带西夏民众也有信奉华严宗的。甘肃省博物馆收藏有四十卷的别译本《华严经卷第四十》及西夏文活字本《大方广佛华严经普贤行愿品》和《华严经卷第三十五》。此外还有两处华严文献值得注意，西安文管处保存的汉文本《大方广佛华严经》卷九末附有西夏文押捺题记载，译文为："为报福恩印制十二部大藏经契及五十四部华严又抄写金银字中华严一部金觉莲华般若菩萨戒经契行信论等"①，前文关于西夏刊汉文大藏经一节已提及印施该经的僧人李慧月乃元初之人，因此这条西夏文题记向我们透露了西夏亡国后，还有西夏遗僧通过印施五十四部汉文华严经典来缅怀故国。这种情况不仅仅出现在西夏亡国数十年之后的蒙元时期，百余年后的明朝一代，依然有西夏故人在流传华严经，如中国国家图书馆藏有明写本和刻本《大方广佛华严经》多页，系唐实叉难陀译，为包裹西夏文《大方广佛华严经》卷第三十三、卷二十七、卷十四、卷七十九、卷八十等的封皮，②这也从一个侧面反映了当时西夏境内民众信奉华严宗的热潮。

西夏流行的华严典籍，大多是刻本或泥活字本，但也有非常贵重的泥金字本佛经，如甘肃定西县文化馆保存有弥足珍贵的八面泥金字西夏文《大方广佛华严经》，充分说明了发愿印施该经之人对华严宗的重视。除了上述西夏文华严文献外，西夏僧人还将《华严法界观门》《注华严法界观门》《注华严法界观门通玄记》等汉地华严宗的重要论著译成了西夏文。

（三）华严禅文献

除了常见的《大方广佛华严经》《大方广佛华严经普贤行愿

---

① 史金波、白滨：《西安市文管处藏西夏文物》，《文物》1982年第4期。

② 林世田编：《国家图书馆藏西夏文献中汉文文献释录》，第8—16、26—41页。

品》《大方广佛华严经入不思议解脱境界普贤行愿品》等华严宗佛教典籍以外，西夏还有不少华严禅著作。

山嘴沟西夏石窟 K2 窟出土有西夏文印本佛经《大方广圆觉修多罗了义经》残片和《圆觉注之略疏第一上半》，①《大方广圆觉修多罗了义经》译自唐罽宾法师佛陀多罗翻译的《大方广圆觉修多罗了义经》中的残页。《大方广圆觉修多罗了义经》共一卷，讲述了佛现诸净土，文殊、普贤等十二大士次第请问因地修证之法门，佛一一答之，因而共有十二章。现存的西夏佛经中，除了山嘴沟石窟出土该经外，还未见有此经的著录，但与该经有关的唐释宗密撰述的《大方广圆觉修多罗了义经略疏》，目前发现的汉文本就有三种：

①贺兰山拜寺口方塔出土的刻本《大方广圆觉修多罗了义经略疏》卷下一

②俄藏品中的《大方广圆觉修多罗了义经略疏注》（TK251）卷上二

③俄藏品中的《大方广圆觉修多罗了义经略疏注》（TK303）卷下一

《大方广圆觉修多罗了义经略疏注》为华严宗的重要典籍，也为禅宗僧人所重视，西夏流行此文献，应视为华严宗在西夏广泛流传的一个组成部分。尤其是拜寺口发现的该文献，经文与疏文分别用阴文、阳文镌刻，在早期刻本中较为罕见，也是研究我国版刻史的珍贵实物资料。

---

① 宁夏考古研究所：《拜寺沟西夏方塔》，文物出版社 2005 年版，第 163—172、200—204页。

《大方广圆觉修多罗了义经》在宋代极为流行，因而其注疏也有多种，除了《大方广圆觉修多罗了义经略疏注》之外，山嘴沟亦出土有《圆觉注之略疏第一上半》，该文件首尾残缺，在《碛砂藏》和《大正藏》中均没有收录。现存西夏时期《圆觉经》及其注疏共有五件，版本各不相同，说明《圆觉经》在西夏较为流行。

二　西夏之华严传承

从流行量巨大的华严宗佛教典籍来看，西夏境内华严信仰应当是西夏佛教一个十分重要的派别之一，事实上，华严宗在西夏颇受统治者扶持与提倡，不仅有专门的讲学道场，而且比之其他教派，西夏华严宗派传承有序，通过西夏流传的华严忏仪文献即能窥见一斑。

（一）西夏北五台山

众所周知，佛教传入中原地区之后，自《大方广佛华严经》和《佛说文殊师利法宝藏陀罗尼经》的广泛流行，山西五台县五台山被认为是"文殊师利菩萨所居之清凉山"，五台山遂成为宗教氛围极其浓厚的华严道场之一，受中原佛教文化影响颇深的西夏也对五台山信奉有加。早在景德四年（1007），李德明就曾因葬其母而"请修供五台山十寺，乃遣阁门祗候袁瑀为致祭使，护送所供物至山"[1]。元昊时，更是直接"表遣使诣五台山供佛宝，欲窥河东道路"[2]，在西夏佛教发展初期，西夏人对五台山的崇拜热情是显而易见的。

从目前西夏文献资料可以发现，由于五台山地处中原地带，不便朝拜，西夏人干脆在贺兰山中自建了一座"北五台山"。清

---

[1]　《宋史》卷485《夏国传上》，第13990页。

[2]　同上书，第13995页。

代成书的《西夏纪事本末》中所载"西夏地形图"里，于贺兰山中即标有北五台山寺。①汉文《大乘要道密集》里有部分西夏时译传的文献，其中第六篇《解释道果语录金刚句记》，题款为"北山大清凉寺沙门慧忠译，中国大乘玄密帝师传，西番中国法师禅巴集"②，此北五台山即西夏仿宋朝五台山在贺兰山建立的，"北山大清凉寺"，即指西夏北五台山寺的清凉寺。西夏依据五台山寺庙的样式在贺兰山中建五台山寺，五台山寺亦是寺庙群，清凉寺可能即是其中之一。中原山西五台山是华严宗传教中心，西夏自建北五台山，可见华严宗在西夏佛教中的重要地位。关于西夏华严道场北五台山的形成及其地理位置的具体考证，学界已探讨较深入，此不复赘。③

（二）西夏华严宗的世系

随着佛教的兴盛，西夏涌现出了越来越多的高僧名流，为西夏佛教各宗派的传承发展做出了突出贡献。西夏时期流行的众多华严经典，虽然基本上反映了西夏鼎盛的华严信仰之全貌，但并不曾彰显出在西夏境内弘扬华严佛法的诸多高僧大德，有幸的是，成书于后世的不少华严忏仪文献对此有所辑录。

明代木刻本汉文《大方广佛华严经海印道场十重行愿常遍礼忏仪》（简称《华严忏仪》）是关于《华严经》的一部重要著作，共四十二卷，系为"兰山云岩慈恩寺护法国师一行沙门慧觉"依经辑录，收入明刻本《明嘉兴大藏经》，亦见于《卍续藏经》。该文献不仅详细记录了华严宗在西域的流传、东土传译各祖师等情况，更为重要的是，对西夏华严经的传播与流布亦有明确记载。关于这部忏仪的辑录人"一行沙门慧觉"，诸多学者通过研究已达成共识，即沙门慧觉并非唐代的"一行"和尚，而是生活于夏末元初的西夏

---

① （清）张鉴：《西夏纪事本末》，卷首上第 12—13 页之间附图。
② 陈庆英：《西夏及元代藏传佛教经典的汉译本》，《西藏大学学报》2000 年第 2 期。
③ 杨富学：《西夏五台山信仰斠议》，《西夏研究》2010 年第 1 期（创刊号）。

遗僧,①因此其对"次大夏国弘扬华严诸师"的记载便更接近历史真实性，这几位华严高僧分别为：

> 大方广佛华严经中讲经律论重译诸经正趣净戒鲜卑真
> 义国师
> 　　大方广佛华严经中传译经者救脱三藏鲁布智云国师
> 　　大方广佛华严经中令观门增盛者真国妙觉寂照帝师
> 　　大方广佛华严经中流传印造大疏钞者新圆真证帝师
> 　　大方广佛华严经中开演疏钞久远流传卧利华严国师
> 　　大方广佛华严经中传译开演自在［口命］咩海印国师
> 　　大方广佛华严经中开演流传智弁无碍颇尊者觉国师
> 　　大方广佛华严经中西域东土依大方广佛华严经十种法
> 行动赞随喜一切法师
> 　　大方广佛华严经中兰山云岩寺流通忏法护国一行慧觉
> 法师②

文中所列"鲜卑真义""鲁布智云""妙觉寂照""新圆真证""卧利华严""［口命］咩海印""颇尊者觉""随喜一切""一行慧觉"九位严华先师，从姓氏名字上来看，当为非汉族的少数民族高僧。目前学界对以上诸师的探讨成果已十分丰富，部分学者还尝试从语言学角度拟构"新圆真证、一行慧觉、妙觉寂

---

① 史金波：《西夏文〈金光明最胜王经〉序跋考》，《世界宗教研究》1983 年第 3 期；白滨：《元代西夏一行慧觉法师辑汉文〈华严忏仪〉补释》，载杜建录主编《西夏学》第 1 辑，宁夏人民出版社 2006 年版，第 76—77 页；崔红芬：《僧人"慧觉"考略——兼谈西夏的华严信仰》，《世界宗教研究》2010 年第 4 期；李灿：《元代西夏人的华严忏法——以〈华严经海印道场忏仪〉为中心》，硕士学位论文，北京大学，2010 年。

② 史金波：《西夏社会》（下），第 594 页。

照"等人身份,①虽然观点不一,争议颇多,但为研究西夏佛教封号制度尤其是帝师之制提供了崭新的学术视角。这九位华严高僧可能不全是西夏之人,"真国妙觉寂照帝师"有可能是辽末金初时期到西夏的辽僧寂照大师,②而"随喜一切法师"则有可能是来自西域的一位佛法高僧。通观其他几位,其中"鲜卑、鲁布、卧利、[口命]咩"等为党项族姓氏,因此"鲜卑真义""鲁布智云""卧利华严""[口命]咩海印"等四人应为在西夏境内传播华严经的党项僧人,而从"讲经律论重译诸经正趣净戒""传译经者""传译开演自在"等描述来看,他们与华严诸经在西夏的翻译密切相关,"鲜卑真义""鲁布智云"当为西夏文华严经翻译者,而"[口命]咩海印"和"卧利华严"则为校对或印施佛经之人。黑水城等地出土了大量的西夏文华严宗著作,可以看出,这些精通汉文和西夏文的华严诸师,在西夏华严宗佛教文献的翻译过程中一定是起到了极其重要的领军作用。

从以上关于华严诸师的记载来看,华严宗在西夏传承有序,不少华严高僧还享有很高的佛教地位,如上述九位华严大师皆有封号,且"妙觉寂照"和"新圆真证"还位列帝师之尊,在西夏拥有至高无上的荣耀和权力,说明华严宗在西夏自始至终都是重要的佛教派别。

第四节　其他宗派在西夏的流播

西夏佛教兴盛之时,其境内流行较广的汉传佛教宗派除了禅

---

① 聂鸿音:《西夏帝师考辨》,《文史》2005 年第 3 辑;崔红芬:《再论西夏帝师》,《中国藏学》2008 年第 1 期;[美]邓如萍:《西夏佛典中的翻译史料》,《中华文史论丛》2009 年第 3 期。

② 有学者认为"真国"应为"中国"或"女真国"之误,笔者今从"女真国"之说,参见李灿《元代西夏人的华严忏法——以〈华严经海印道场忏仪〉为中心》,硕士学位论文,北京大学,2010 年。

宗、净土宗和华严宗之外，其他一些汉地也常见教派如天台宗、法相宗、律宗等都有不同程度的流布。这些宗派不仅在中原地区拥有众多信徒，传入河西走廊地区后也被西域民众所接受，西夏受此影响，宗教政策比较开明，诸多教义各异的汉传佛教宗派与藏传佛教一起，构筑了西夏灿烂的佛教文明。

（一）天台宗

天台宗因智者大师栖止天台山，发扬一宗之教观而得名，其立宗依据《妙法莲华经》亦简称《法华经》，故又称法华宗。该宗系谱视印度龙树为初祖，但实际创始人是陈、隋间的智颚。该宗提倡止观，止即是定，观即是慧，定、慧双修，是入涅槃的要门，可以见佛性，入涅槃，依据"一心三观"之法，倡导"三谛圆融"之理，以期速证菩提，成就佛道。

中原地区流行的天台宗主要经典《妙法莲华经》目前有三种汉译本：西晋竺法护译《正法华经》，后秦鸠摩罗什译《妙法莲华经》，隋代阇那崛多译《添品妙法莲华经》，其中以鸠摩罗什本最为流行，影响最大。西夏境内的佛教文献中，以该宗《法华经》的版本种类最多，俄藏黑水城文献中辑录有数量不少的汉文《法华经》文献，如 TK1 - 4、TK9 - 11、TK15、A27、B54 - 56、B57B、B57AV 等号文献，多为姚秦三藏法师鸠摩罗什译本，以仁宗仁孝时期官刻与私刻居多。西夏文佛经文献里也有诸多《妙法莲华经》，如俄藏品中第 78—80 号（西夏特藏 218 号，共 30 个馆册号）和第 81 号（西夏特藏 430 号，馆册 4072 号）文献，英藏品中 Or. 12380 - 0690 号文献等，都是翻译成番文后流播开来的天台宗文献。此外，西夏还有金银字写本西夏文《妙法莲华经》、蝴蝶装写本西夏文《妙法莲华经》等，该宗其他论著如《大智度论》、僧肇所著《宝藏论》等等，亦有西夏文本流行。

天台宗经典《妙法莲华经》在西夏流行，应当在西夏开国皇帝元昊之后的谅祚一朝。散藏于德国的西夏文《妙法莲华经》存有序文残页，曰：

> ……此经者，西天所说，渐渐流传东土。秦天子朝罗什三藏翻译。其后风角城皇帝以本国语言，兴起蕃礼，创造文字，翻译经典，武功特出，德行殊妙，治理民庶，无可比喻。先朝所译众多经典，法译中未含此《莲花经》。今圣母子，已继王位，敬信三宝，正国行德，令先祖礼兴盛，为后帝所习取。……①

此序文不仅歌颂了风角皇帝即李元昊创造文字、敕令译经之功业，而且还指出了元昊时期并未翻译《法华经》，西夏文《法华经》的问世，应该是在有母后"垂帘听政"的皇帝一朝，即谅祚、秉常或乾顺时期。但从文中只歌颂开国皇帝元昊来看，此三朝中，最有可能的是谅祚时期，距先朝"法译中未含此《莲花经》"的时间也最近。《法华经》是中原地区流行很广的一部重要佛典，毅宗谅祚在继位之初即开始组织翻译此经，且以最高统治者的名义发愿，对天台宗在西夏境内的流传自然有很大促进作用。事实上，至西夏中叶仁宗时期，天台宗在西夏已拥有不少信徒，发愿印施一定数量的《法华经》，如仁宗人庆三年（1146）由上殿宗室御史台正嵬名直本发愿雕刻的汉文《妙法莲华经》，宗室提供"日费饮食"，由"清信弟子雕字人王善惠、王善圆、贺善海、郭狗埋等"刻印：

> 雕印斯经一部，普施一切同欲受持。以兹功德，伏愿：皇基永固，同盘石之安；帝受无疆，逾后天之筭；几

---

① 译文见史金波《西夏佛教史略》，第 236 页。

隶有生之庶类，普□罔极之洪德。①

由以上发愿文即能看出天台宗在西夏境内颇受欢迎，不仅皇家积极提倡翻译天台宗经典，并御制发愿文以邀功德，而且达官宗室亦多刻印普施《法华经》，为江山社稷祈福。

（二）律宗

律宗特别重视戒律行持，故而被称为律宗，实际创始人乃唐代高僧道宣律师，因其住于终南山，因此又有南山律宗或南山宗之称。律宗重视戒律，以佛教戒、定、慧三学中的定、慧二学为化教，戒学为制教，其基本教义即是"诸恶莫作，众善奉行"两个方面。西夏佛教很重视戒律，立国初期设有戒坛寺，说明律宗在西夏有一定影响。

律宗重要经典为《四分律》，《四分律》原是昙无德部（上座部之法藏部）的广律，也是流行在中国最重要的戒律书。姚秦弘始十二年到十五年（410—413），由佛陀耶舍、竺佛念、道含三人合作译成。此书现为六十卷，略分为"比丘律""比丘尼律""二十犍度""集法毗尼""调部""毗尼增一"等内容。《四分律》内容较完整，也是律宗所唯一弘传的著作。由于此经典流传甚广，后世关于《四分律》注疏多达数十种，西夏境内也有流传。如黑水城文献中发现有汉文写本《四分律七佛略说戒偈》（TK142－2）和《四分律行事集要显用记卷第四》（TK150），后者乃西夏高僧兰山通圆国师沙门智冥所集录，卷首有"奉天显道耀武宣文神谋睿智制义去邪惇睦懿恭皇帝详定"之题款，②可知该经卷印施时间是在仁宗仁孝时期。此经典对律宗在西夏的流行和发展起到了重要作用，前述题

---

① 《俄藏黑水城文献》第 1 册，第 270 页。
② 《俄藏黑水城文献》第 3 册，第 282 页。

款即说明时至西夏中期，律宗在西夏已经有了较大发展，且得到统治者的认可和扶持。

除了汉文律宗文献，西夏还翻译了中原类书《经律异相》，其中也有不少律藏精华。中国国家图书馆藏有西夏文刻本《经律异相》卷第十五（B11·051），乃"奉大元国天下一统世上独尊福智名德俱集当今皇帝圣寿万岁敕"，于"大德十一年六月二十五日"印施的，经文一百面，经文后面还有西夏文题款，译为：

> 汉本沙门僧旻宝等集，天生全能禄蕃式法正国皇太后梁氏御译，敕德主世增福正民大　明皇帝嵬名御译，奉天显道耀武宣文神谋睿智制义去邪惇睦懿恭皇帝嵬名御校。①

由题款能清楚得知，该《经律异相》乃是乾顺时期由梁太后和乾顺御译，仁宗在位时又校勘印施。由此看来律宗思想在西夏境内还是比较流行的，不仅在西夏佛教最兴盛之时被译为番文本刊刻普施国内，而且西夏亡国后的元代时期，蒙古统治者印施河西番文大藏经时也将此著作列入其中，足见其对西夏民众的广泛影响力。

（三）法相宗

法相宗亦称唯识宗、慈恩宗、瑜伽宗，所据教理系出于印度大乘佛教瑜伽行派一系，教义以五法三自性，八识二无我为总纲，以转识成智转依为宗旨。我国唐代玄奘法师印度求法期间，主要向那烂陀寺的戒贤大师学习唯识，回国后，在慈恩寺翻译《成唯识论》十卷，因此玄奘被视为中国法相宗第一代祖师。其弟子窥基继承玄奘之法统，著有《大乘法苑义林章》七卷、《唯识掌中枢要》四卷、《瑜伽略纂》十六卷等，此外，亦依据玄奘法师讲述，记成

---

① 《中国藏西夏文献》卷 5，第 368 页。

《成唯识论述记》二十卷。法相宗在玄奘、窥基师徒推助下，盛极一时，但唯识之学，义理烦琐，不易被人接受，在晚唐以后，就逐渐趋于衰微，属于一个法脉短暂的宗派。该宗以弥勒菩萨所造《瑜伽师地论》和玄奘所译《成唯识论》为正依论典，其他如《显扬圣教论》《摄大乘论》《辨中边论》《唯识二十论》《唯识三十颂》等亦为法相宗之经典。

　　法相宗在西夏虽然不及其他宗派流行，但依照出土文献来看，当时也有法相宗经典被译成西夏文本，与汉文本唯识学典籍一起在西夏境内传译。目前所见该宗著作主要是《瑜伽师地论》，如黑水城所出汉文《瑜伽师地论卷三十二》（TK253）、《瑜伽师地论》卷三十八《初持瑜伽处力种姓品第八》（TK166P）等残页。①西安市考古研究所保存有西夏文写本《瑜伽师地论》残卷（S21·005），法藏西夏文献中还发现有西夏文印本《瑜伽师地论》卷第三十三的尾题，证明此宗经典也被翻译成番文本在西夏流行。黑水城文献中亦有西夏文《瑜伽师地论》《二十唯识论》等译本，只是由于大部分西夏文佛经文献尚未完全整理刊布，我们无法获知这些番文本法相宗文献的具体数量，但毋庸置疑，法相宗在中原地区唐末之时已影响不大，势力衰微，虽在与宋朝鼎足而立的西夏国内流行一段时间，却不及禅宗、净土宗等宗派兴盛。

　　综观西夏流行的诸多佛教经典，可以看出，中原佛教几大宗派如禅宗、净土宗、华严宗、天台宗、律宗、法相宗等在西夏境内都有所传播，而且这些派别之间并不是孤立存在的，其相互间既有判教分歧，又有很大程度上的互相融通，像华严宗、净土宗和禅宗都在不断地融会贯通，并相互促进发展。正如《凉州重修护国寺感通塔碑铭》所载："佛之去世，岁月浸远，其教散漫，宗尚各异。然

---

① 宗舜：《〈俄藏黑水城文献〉汉文佛经拟题考辨》，《敦煌研究》2001 年第 1 期。

奉之者无不尊重赞叹"①，就真实地反映了这种历史事实。西夏统治者实施了比较开明的宗教政策，对不同佛教派别都加以优待。唐宋时期，中华文化辉煌灿烂，佛教文化即为其重要的组成部分，西夏多借鉴华夏文明，汉传宗派的传播，给西夏佛教文化的大发展奠定了基础。

---

① 王其英主编：《武威金石录》，兰州大学出版社 2001 年版，第 69 页。

第四章

中土民间信仰与西夏佛教

西夏宗教政策开明，民众信仰也多样化，其境内除了流行汉传佛教几大宗派之外，中原地区被百姓信奉的民间信仰在西夏也有所流布，如观音信仰、弥勒信仰、地藏信仰、文殊信仰及受儒家文化影响而形成的孝悌思想等等，在西夏都拥有不少信众。出土的西夏佛教典籍中发现有大量此类文献，不少还是中原地区早已佚失的伪经。这些民间佛教信仰也是西夏佛教的重要组成部分，本章对这部分内容做一整体梳理。

第一节　观音信仰

观世音信仰是汉地最盛行的佛教信仰之一，观世音菩萨，梵文"Avalokite1śvan"的意译，音译有"阿缚卢枳低湿伐罗""阿那波娄去低输"等多种译法，或简化为"庐楼桓"。汉语佛典中有几种译名，如竺法护译为"光世音"，鸠摩罗什旧译为"观世音"，玄奘新译为"观自在"，有唐一代，因避唐太宗李世民之讳，略去"世"字，简称观音，目前中国通用的多为鸠摩罗什旧译。观世音是大乘佛教信奉的菩萨之一，与文殊菩萨、普世贤菩萨、地藏菩萨一起，被称为四大菩萨，观世音菩萨位居第三，是我国百姓最崇奉的菩萨，拥有信徒最多，影响也最大。他也是西方极乐世界教主阿弥陀佛座下的上首菩萨，同大势至菩萨一起，是阿弥陀佛身边的胁侍菩萨，并称"西方三圣"。

魏晋以来随着佛教进一步传播，观音信仰在中土广为流行。观世音菩萨大慈大悲，显化不同形象解救普通大众于苦难之中，迎合了广大信徒希望摆脱现实疾苦的愿望，在佛教中国化过程中，观音菩萨也逐渐演变成了最富有中国特色的菩萨，深受百姓喜爱，民间盛传的观音灵验故事亦越来越多，足见寄予了人们特殊感情的观音信仰在中国境内的繁盛。观音菩萨信仰经典以天台宗著作《妙法莲华经》为依托，众所周知，在民间信仰中，观世音菩萨影响既深且巨，这与天台宗对观音信仰的推动分不开。天台宗经典《妙法莲华经》卷七之《观世音菩萨普门品》，即是专门弘扬观世音菩萨的经典。西夏观音信仰除了与之联系紧密的天台宗著作《妙法莲华经》之外，东晋难提译《请观世音菩萨消伏毒害陀罗尼咒经》（简称《请观世音经》）、北凉昙无谶译《悲华经》、刘宋昙无竭译《观世音授记经》、北周耶舍崛多译《十一面观世音神咒经》等也是以观音菩萨为中心的经典。①除了以上观音经典之外，弥陀经典和东晋佛驮跋陀罗译《华严经·入法界品》中也有部分观音信仰的内容。

唐宋时期观音信仰在民间十分兴盛，中原各地广建观音庙、塑观音像朝拜，观音菩萨已成为备受社会各阶层推崇的重要宗教对象，民间亦开始盛行名目繁多的与观音信仰相关的民俗活动，及至宋夏时期，随着佛教进一步世俗化，出现了"家家阿弥陀，户户观世音"局面。频与中原有佛教往来的西夏境内也不例外，观音信仰久盛不衰。

---

① 任继愈主编：《中国佛教史》卷3，中国社会科学出版社1997年版，第567页。

一　西夏流行的观音经典

西夏境内流行着诸多观音经典，汉传观音和藏传观音同时并存，黑水城出土的西夏佛教文献中观音经典比重非常大，有的译自汉文经典，有的译自藏文佛典。俄罗斯科学院东方写本研究所收藏着较多的西夏文观音经典，这类文献主要有：

1.《观世音菩萨普门品》，第82—83号，西夏特藏219号，馆册574、575、576、757、758、760、221、586、940号，鸠摩罗什译。

2.《圣六字增寿大明陀罗尼经》，第234—236号，西夏特藏77号，馆册910、570、8048号。

3.《大悲心陀罗尼经》，第237号，西夏特藏329号，馆册619号。

4.《十一面神咒经》，第238号，西夏特藏364号，馆册6176号。

5.《佛顶心观世音菩萨经》，第325—330号，西夏特藏130号，馆册908、5963、5478、105、2900、7053号。

6.《佛顶心观世音菩萨经治病生法经》，第331号，西夏特藏131号，馆册3820号。

7.《佛顶心观世音菩萨大陀罗尼经》，第332—334号，西夏特藏132号，馆册4755、116、6535号。

8.《圣观自主大悲心总持功德经韵集仪轨》，第369号，西夏特藏83号，馆册6881号。

9.《番言圣观自主千眼千手之供顺》，第544号，西夏特藏295号，馆册7195号。

10.《圣观自主之二十七种要论为事》，第506号，西夏特藏85号，馆册5958号。

11.《圣观自主大悲心随燃施法事》，第 507 号，西夏特藏 86 号，馆册 5989 号。

12.《圣观自主之因大供养净会为顺》，第 532 号，西夏特藏 82 号，馆册 4892 号。

13.《圣观自主大仁心求顺》，第 533 号，西夏特藏 87 号，馆册 6502 号。

14.《圣观自主意随轮要论手辔定次》，第 670 号，西夏特藏 84 号，馆册 5869 号。①

俄藏汉文佛经中也有相当多的观音经典，如《观世音菩萨普门品第二十五》（TK90、TK105、TK113、TK138、TK154—156、TK167—170、TK175、TK177 等）、《千手千眼观世音菩萨广大圆满无障碍大悲心陀罗尼》（TK123）、《圣六字增寿大明陀罗尼经》（TK135）、《六字大明王功德略》（TK136）、《圣六字大明王心咒》（TK137）、《圣观自在大悲心总持功能依经录》（TK164、TK165）、《佛顶心观世音菩萨大陀罗尼经》（上下，TK174）、《亲集耳传观音供养赞叹》（Ф311）等。英国国家图书馆东方部收藏的斯坦因所获黑水城遗书中也有较多的观音经典，但大多是残页，如汉文《妙法莲华经观世音菩萨普门品第二十五》（Or. 12380 - 0320iRV、0320j）、西夏文《圣观自在大悲心总持功德经韵集》（Or. 12380 - 0744、Or. 12380 - 3690）、西夏文《圣观自在大悲心总持功德依经录》（Or. 12380 - 2941）、西夏文《佛顶心观世音菩萨大陀罗尼经》（Or. 12380 - 2102RV、Or. 12380 - 3025）、西夏文《汉文妙法莲华经观世音菩萨普门品》（Or. 12380 - 3490）等等。除了以上收藏于海外的观音文献外，散落于国内的黑水城汉文文书里也有不少，如

---

① E. H. Кычанов, *Каталог Тангутских буддиских Памятникв*, Киото：Университет Киото, 1999, с. 294，296, 428 - 430, 466 - 476, 481, 526, 540, 535, 585.

《妙法莲华经观世音菩萨普门品残页》（M1·1379）、《添品妙法莲华经卷六残页》（M1·1428）、《千眼千臂观世音菩萨陀罗尼经神咒经卷上残页》（M1·1437）之类的观音经典。这些黑水城观音文献种类丰富，数量巨大，向世人再现了当时西夏军事重镇黑水城一带民众的观音信仰热忱。

除了黑水城地区之外，西夏境内其他地方也流行较多观音经典。敦煌发现的西夏文献里包含有不少西夏文本的观音典籍，法国国家图书馆收藏了伯希和在今敦煌研究院编号464窟发现的诸多西夏文刻本和写本文献，其中即有西夏文《千手千眼观世音菩萨大圆满无碍大悲心陀罗尼咒》残页（Pelliot Xixia924〔Grotte181〕072）。敦煌研究院藏有出土于莫高窟附近佛塔的西夏文刻本《妙法莲华经·观世音菩萨普门品》（G11·033、034），这些佛经的出现说明当时沙州地区的西夏居民也十分信奉观音。除了佛教气息浓厚的黑水城与沙州地区之外，西夏陪都武威的天梯山石窟还发现有西夏文刻本《妙法莲华经》（G21·035）和《圣观自在大悲心总持功德依经录残页》（G21·040），内蒙古额济纳旗绿城遗址亦出土有西夏文刻本《圣观自在大悲心总持功能依经录》（M11·005）和《妙法莲华经·观世音菩萨普门品》（M11·010）等。

除了散施和刻印的大量观音佛经文献之外，西夏观音信仰崇拜还表现在众多观音画像、观音造像及观音经变画上。俄罗斯圣彼得堡艾尔米塔什博物馆收藏有黑水城发现的九幅观音唐卡和绘画，[①]兼具汉、藏之特点，形象描绘了观音各种化身。西夏受中原南北朝时期北方造像风气之影响，亦多在洞窟之中绘制观音经变画或塑造观音像。西夏时期观音像有多种，如千手千眼观音、水月观音、不空

---

① Mikhail Piotrovesky, *Lost Empire of the Silk Road. Buddhist Art from Khara Khoto*（*X—XIIIth Century*）, *Thyssen - Bornemisza Fondation*, lugano, 1993, pp. 129, 131, 133, 138, 141, 199, 203, 205, 207.

绢索观音及如意观音等，关于西夏时期河西洞窟中的观音像及观音经变崔红芬做过详细总结，①此不赘述。

二　中土观音信仰对西夏的影响

西夏的观音信仰同时受到汉藏观音的影响，虽然境内流行着诸多如六字观音咒语、陀罗尼真言、"六字明王"和"莲花手"等藏传观音形象，但总体而言，西夏的观音信仰中包含着众多汉传观音佛教的因素，体现出显著的汉化特征。

（一）汉文观音佛典施印数量大，观音信仰流行范围广、时间长

西夏地处西北边陲，疆域辽阔，自古就是汉、藏、党项与回鹘的聚居之地。汉、藏佛教中观音菩萨都是一个广受人们喜爱和崇拜的神祇，西夏立国近两个世纪，社会环境一直不稳定，战乱频繁，加上自然条件恶劣，人们对大慈大悲能够救百姓于水火之中的观世音菩萨推崇有加。从黑水城、敦煌及其他西夏故地发现的番、汉文本观音经典来看，观音信仰在西夏境内的流行区域是十分广泛的，而且每一类典籍的印施数量还不少，除了大量刻本佛经外，还有许多手抄本，体现了民众对观世音菩萨的虔诚之心。施印佛经往往会伴随着各种法事活动一起进行，西夏皇室佛教活动中一项重要内容就是作斋会，作为国家最高级别的法事活动，往往会散施大量佛教经文，祈求国家兴旺、百姓安居乐业。俄藏黑水城文献中有一款施印题记，记述仁孝皇帝为了庆祝六十六寿辰大作法会，其间散施了御译、御校的"汉文《金刚经》《普贤行愿经》《观音经》等各五万卷，作各种法事长达十昼夜"②。西夏上至皇帝官宦，下至普通百

---

① 崔红芬：《西夏河西佛教研究》，第297—298页。
② 《俄藏黑水城文献》第2册，第315页。

姓，对观世音菩萨都比较崇拜，民间亦不少私人出资施印佛经，如汉文《圣六字增寿大明陀罗尼》（TK135）是天庆七年（1200）七月十五日哀子仇彦忠等为资荐亡灵父母及法界有情而谨施；①《六字大明王功德略》（TK136）是乾祐乙巳十六年（1185）秋八月十五日比丘智通施刊的。②

《观世音菩萨普门品第二十五》是观音信仰基本经典《妙法莲华经》内容之一，一般称为《观音经》。敦煌地区曾广泛流行《妙法莲华经》，藏经洞出土的观音经典中，《妙法莲华经》手抄本就有三千多件。9世纪晚期敦煌地区观音盛行，完整的《妙法莲华经》手抄本逐渐减少，单独的《观世音菩萨普门品》越发增多。西夏占领敦煌之后，受该地流行的中原观音影响，《观世音菩萨普门品第二十五》在西夏境内流行开来，如前文所述俄藏和英藏文献中即有不少西夏文和汉文本《观世音菩萨普门品第二十五》，莫高窟和额济纳旗绿城亦发现有西夏文刻本《妙法莲华经·观世音菩萨普门品》。根据俄罗斯学者孟列夫统计，汉文本《观世音菩萨普门品第二十五》在西夏流行的汉文佛经中，数量居第三位，共有十八件，其中九件是11世纪上半期到12世纪中期的不同版本，八件为乾祐二十年（1189）之版本，一件是在开本和样式上都受乾祐二十年版本影响的12世纪末版本。③可见此观音经典不仅在西夏流通数量很多，而且经久不衰，从西夏立国之初到亡国之末都十分盛行。值得注意的是，《观世音菩萨普门品》还是西夏僧人剃度入佛门所必须掌握的经文之一，根据西夏法典《天盛律令》"为僧道修寺庙门"所规定，番、汉、羌行童中如能念诵《仁王护国》《文殊真实

---

① 《俄藏黑水城文献》第3册，第173页。
② 同上书，第175页。
③ ［俄］孟列夫：《黑城出土汉文遗书叙录》，王克孝译，宁夏人民出版社1994年版，第6页。

名》《观世音普门品》等 11 种经文者，方可奏为出家僧人，[①]《观音经》在西夏佛教中的地位即可窥见一斑。

　　观音信仰在西夏境内长盛不衰，不仅仅是指西夏立国时期，即使在西夏亡国于蒙古后，不少西夏遗民依然刊刻西夏文观音典籍，渴望观世音菩萨能够普度众生，给予百姓安稳生活。故宫博物院收藏的两件明代西夏文物中有一件是西夏文长卷经轴，卷首版画之后有序文二十九行，序文后面是《高王观世音经》，经文中每一个佛名上都刻有小佛像。罗福颐曾最早关注这部经文将之释读发表，[②]后史金波、白滨两位先生根据该施经发愿文所述，将该经刻印时间定为明洪武五年（1372），[③]之后聂鸿音再做补充，指出刻经时间应当在明宣德五年（1430），发起刻印西夏文《高王观世音经》的是高僧云丹嘉措，其祖上应是西夏灭亡前逃到藏区避难的党项人，[④]是时西夏已亡国多年，但观世音菩萨依然被明代西夏遗民所信奉。

　　（二）观音伪经在西夏广为流布

　　印度佛教传入中国后，随着佛教的中国化程度不断加深，不少印度梵文经典被译成汉文本流行，观世音菩萨也渐渐成为中国人心目中有求必应的慈悲善神，唐宋以后，观音信仰实际上已成为中国民间佛教乃至民间信仰的核心。伴随着观音信仰在汉地广泛流行，中原高僧为了迎合信众需求，还积极撰写不少观音伪经。东晋南北朝时期观音信仰已初步中国化，社会上开始流行观音伪经如《观世音三昧经》《弥勒下生遣观世音大势至劝化众生舍恶作善寿乐经》《高王观世音经》《观世音十大愿经》（又称《大悲观世音经》或

---

① 史金波、聂鸿音、白滨：《天盛改旧新定律令》卷 11 "为僧道修寺庙门"，第 404 页。

② 罗福颐：《偻翁一得续录——明刊西夏文高王观世音经试译》，载白滨编《西夏研究》第 4 辑，中国社会科学出版社 2007 年版，第 905—932 页。

③ 史金波、白滨：《明代西夏文经卷和石幢初探》，《考古学报》1977 年第 1 期。

④ 聂鸿音：《明刻本西夏文〈高王观世音经〉补议》，《宁夏社会科学》2003 年第 2 期。

《大悲观世音弘猛慧海十大愿品第七百》)、《弥勒下生观世音施珠宝经》《观世音咏托生经》《新旧观世音》《日藏观世音经》《观音无畏论》等。①除此之外，亦有学者认为《观世音忏悔除罪咒经》《观世音菩萨救苦经》（又名《救苦观世音经》《观世音菩萨往生净土本缘经》)等也是当时十分流行的观音伪经。②除此之外，还有《观世音所说行法经》《观世音成佛经》《瑞应观世音经》《佛说高王观世音经》《佛顶心观世音菩萨经》《佛顶心观世音菩萨经治病生法经》《佛顶心观世音菩萨大陀罗尼经》以及敦煌写经中的《佛说观音普贤经》《佛顶观世音菩萨救难神愿经》等，这些观音伪经，除了《高王观世音经》和《观世音三昧经》之外，大多早已佚失。

西夏境内发现有不少观音伪经，前文所述俄藏黑水城西夏文佛经中有《佛顶心观世音菩萨经》《佛顶心观世音菩萨经治病生法经》《佛顶心观世音菩萨大陀罗尼经》，英藏文献中有西夏文《佛顶心观世音菩萨大陀罗尼经》等诸多西夏文本观音典籍。国内藏西夏文献中也发现有西夏文伪经，如敦煌莫高窟北区464窟出土的泥金西夏文写经残页，疑为《高王观世音经》序言，③前文提及的故宫博物院藏明代西夏文《高王观世音经》，也是流行于西夏人中的观音伪经。

除西夏文本伪经之外，俄藏黑水城汉文文献中有《高王观世音经》（TK70、TK117、TK118、TK183)、《佛说观世音经》（TK92、TK171)、《佛顶心观世音菩萨大陀罗尼经》（上下，TK174)等汉文伪经。《高王观世音经》是中原流行最广的观音伪经之一，也是

---

① （唐）智升：《开元释教录》卷18，《大正藏》第55册，第672页下—678页上。

② ［日］镰田茂雄：《中国佛教通史》第4卷，高雄佛光出版社1993年版，第267页。

③ 彭金章、王建军编：《敦煌莫高窟北区石窟》（第3卷）附录3《敦煌莫高窟北区西夏文文献译释研究（三)》，文物出版社2000年版，第423页。

不少学者认为现存最早、最彻底的一本伪经，具备后来所有伪经特点。《高王观世音经》建立在《普门品》称名离难思想上，虽然以正统经典为基准，但有所创新，该经与当时权势不可一世的高欢的名字连在一起，"把佛教的普遍真理故意地特定化、局部化、个人化，使之更容易地被国人所接受"①。《高王观世音经》以其具体生动的应验事迹在中原观音信仰中拥有着广泛而深刻的社会背景，成为中国化特色较浓的一种救难信仰。《高王观世音经》作为流行最广的观音经典之一，在西夏境内被大量印施，无疑也受到了中原观音救难信仰的影响。

由上述观音经典即能看出，这些源于中原的观音伪经在西夏境内需求量大，不少汉文伪经被译成西夏文文本在国内印施，从泥金字写经等昂贵材料上看有的还可能是西夏皇室或贵族发愿印施。中原高僧所撰观音伪经在西夏境内流行并被译释印施，是汉传佛教影响西夏佛教的直接例证。

（三）出现中原常见的观音女像

佛教教理中观世音菩萨超越性别，既非男性，亦非女性；既是男性，又是女性。在印度佛经及绘画中出现的观世音菩萨化身种种形象，但总呈男相。藏传佛教中，观世音作为本族主要保护神以及第一男性神，备受崇拜，不存在观音性别问题。随着佛教进一步中国化，观世音菩萨的形象也渐渐趋于女性化，中国人把母亲的温柔和慈悲等种种特点都赋予在了她身上。《观世音菩萨普门品》中观世音以三十三种化身示现的人物中有比丘尼、优婆塞、长者妇女、居士妇女、宰官妇女、婆罗门妇女、童女等七种人物，皆是明显的女性形象，这些都为中土观音女性化提供了依据。②北魏时期，女性

---

① 于君方：《"伪经"与观音信仰》，《中华佛学学报》1995 年第 8 期。
② 芮传明：《中原地区女相观音渊源浅探》，《史林》1993 年第 1 期。

佛教信仰者日渐增多，观世音菩萨成为颇受女性欢迎的神祇，为了方便女信徒朝拜，这也是观音后来女性化的一个重要原因。及至五代宋时期，又出现多种观世音名号如鱼蓝观音、白衣观音、白衣大士、渡海观音、紫竹观音、八难观音、送子观音等，其形象则多为女性。

中原兴起的观音女相在西夏建国前河西地区即有所影响，敦煌莫高窟第45窟南壁保存有比较完整的观音经变，画面中间为一高大观世音菩萨像，似男非男，似女非女，肌肤圆润，头戴花冠，有贵妇之态。经变画所绘现身者虽然多为男性，但已出现女性形象如比丘尼、优婆塞、童女、婆罗门妇女等。①及至晚唐时期的第14窟南壁西侧的单体观音像，则是典型女性形象了。东千佛洞、安西榆林窟等处所绘五代、宋时期的水月观音像壁画，女性特征都十分明显。

西夏立国后，对中原及河西地区的佛教都有所继承和发展，其境内流行的观音信仰虽然积极吸纳藏传佛教因素，在经文译释和绘画方面表现出富有特色的吐蕃风格，但在观音菩萨的身相特征上却呈现出典型的中原女性化风格，这从黑水城出土西夏文献及绢画中即能看出，以黑水城汉文佛经TK117《高王观世音经》序前版画为例，画面内容为观音灵验的故事，画上观世音菩萨现女身相，慈目端庄，一足搁起，右侧置净瓶柳枝，下站男女居士，男的手持香炉，女的双手合十，二人皆西夏装扮。②俄藏唐卡《观世音菩萨》（X-2354）绘于12—13世纪，观音一头四臂，两个主手合掌，两个次手分别持念珠和莲花。这幅观世音画像具有西藏特色，但在莲花、云朵和宝座处理方面也受到汉地绘画影响，尤其是观世音菩萨

---

① 敦煌研究院编：《敦煌石窟艺术·莫高窟第四、五窟》，江苏美术出版社1998年版，第77页。

② 《俄藏黑水城文献》第3册，第36页。

面相明显呈女性化，柳叶细眉，小口朱唇，目光默默注视眉下，具有典型的东方女性之美（见图4—1）。[1]

图4—1　观音图　文殊山万佛洞正壁

① Mikhail Piotrovsky, *Lost Empire of the Silk Road. Buddhist Art from Khara Khoto* (*X—XIIIth Century*), Thyssen – Bornemisza Fondation, lugano, 1993, p. 131.

图4—2　水月观音图　东千佛洞第2窟

第二节　弥勒信仰

弥勒，亦译作梅怛利耶、每怛哩、弥帝隶等，乃梵文"mait-reya"之音译简称，意译慈氏，名为阿逸多，中文为"无能胜"，系大乘佛教认为的于佛灭后五十六亿七千万年时将继承释迦牟尼为未来佛的菩萨。印度佛教中，弥勒地位并不高，佛教传入中国后，随着本土化和中国化程度日益加深，弥勒因其未来佛身份及影响而逐渐受到人们的崇拜和向往。黑水城出土文献中有多本弥勒经典，为我们研究西夏弥勒净土信仰提供了珍贵的第一手资料。学界内对西夏弥勒信仰的关注早已有之，1911年俄罗斯学者伊凤阁将科兹洛夫从黑水城带回来的汉文本《观弥勒菩萨上生兜率天经》发愿文公布，[①]1916年又刊布了俄藏西夏文《观弥勒菩萨上生兜率天经》部

---

① A. И. Иванов, "Страница из истории Си－ся", Известия Императорской Академия Наукъ, VI серия, томъ V 1911, стр. 831 –836. 中译文见《西夏史一页》，载刘红军、孙伯君译《国外早期西夏学论集》（一），民族出版社2005年版，第161—164页。

分片段并附有汉译文。① 1957 年孟列夫整理西夏汉文佛教文献，又对《观弥勒菩萨上生兜率天经》做了详细考证，1999 年克恰诺夫出版《俄藏黑水城西夏文佛经文献叙录》，对《观弥勒菩萨上生兜率天经》亦做了详细介绍，这些俄国学者的整理刊布工作为我们认识西夏弥勒信仰情况起到了巨大推动作用。

一　出土文献所见弥勒信仰

弥勒净土信仰流行于两晋时期，汉末虽有多部经典如《大乘方等要慧经》《道行般若经》《杂譬喻经》等提及弥勒佛或弥勒菩萨，但自西晋竺法护译出《佛说弥勒下生经》后，鸠摩罗什、沮渠京声等相继译出多种弥勒净土经典，弥勒信仰迅速流行开来。现存译本主要有西晋竺法护译《佛说弥勒下生经》一卷、《弥勒菩萨所问本愿经》一卷，东晋失译者译《佛说弥勒来时经》一卷，后秦鸠摩罗什译《佛说弥勒大成佛经》一卷、《佛说弥勒下生成佛经》一卷，刘宋沮渠京声译《佛说观弥勒菩萨上生兜率天经》一卷，北魏菩提流支译《弥勒菩萨所问经论》九卷，唐义净译《佛说弥勒下生成佛经》一卷等，其中《佛说弥勒下生经》《佛说弥勒大成佛经》和《佛说观弥勒菩萨上生兜率天经》三部佛经影响最大，合称"弥勒三部经"。由于史料缺乏，现存传世文献中鲜有西夏弥勒信仰流传情况的直接材料，但从黑水城、敦煌及其他西夏故地发现的大量夏汉佛经以及众多西夏弥勒经变画来看，当时西夏境内弥勒净土信仰十分兴盛。

黑水城出土文献中有较多弥勒信仰经典，除了部分残页外，基本上汉文本都是刘宋沮渠京声译本，西夏境内流行最多的《观弥勒

---

① 国立北平图书馆编：《国立北平图书馆馆刊》第 4 卷第 3 号《西夏文专号》，1932 年，第 2727—2730 页。

菩萨上生兜率天经》有四个汉文版本：

甲种本：TK58、TK59。其中 TK58 为经折装刻本，沮渠京声译本，保存良好。经文前面有冠佛画 8 面，佛经尾题后面有慈氏真言，生内院真言，弥勒尊佛心咒，弥勒尊佛名号，三皈依内容，施经发愿文等，由发愿文知此经乃乾祐二十年（1189）印施。① TK59 亦为木刻本经折装，同样为仁宗皇帝 1189 年版本，版画残，经文、题记和附录全。②

乙种本：TK86、TK87。刻本经折装残片，仁宗皇帝 1189 年版本，无书题。③

丙种本：TK60。经折装刻本，沮渠京声译本。佛经中间有残损，佛经尾亦附有慈氏真言，生内院真言，弥勒尊佛心咒，弥勒尊佛名号，三皈依内容等，施经发愿文残缺不完整，但亦能看出乃乾祐二十年（1189）印施，与其他版本在经文和页码编排上有出入。④

丁种本：TK81、TK82、TK83、TK84、TK85。经折装刻本，沮渠京声译本。以 TK81 佛画，TK83 经文并慈氏真言，生内院真言，TK82 宋体弥勒尊佛心咒，弥勒尊佛名号，三皈依内容及施经发愿文（前三面，十九行），TK81 施经发愿文拼配而成，佛画第四、第五面粘接处脱落，可见刻工"张知一"名，乃乾祐二十年（1189）印施。⑤ TK84 和 TK85 亦为 1189 年版本，无书题。⑥

除了《观弥勒菩萨上生兜率天经》施经较多流布较广之外，其他汉文弥勒经典还有以下几种：

---

① 《俄藏黑水城文献》第 2 册，第 41—48 页；〔俄〕孟列夫：《黑城出土汉文遗书续录》，王克孝译，第 132—134 页。

② 《黑城出土汉文遗书续录》，第 131—134 页。

③ 《俄藏黑水城文献》第 2 册，第 316 页；《黑城出土汉文遗书续录》，第 135 页。

④ 同上书，第 49—55 页；同上。

⑤ 同上书，第 307—315 页；同上，第 134—135 页。

⑥ 《黑城出土汉文遗书续录》，第 135 页。

TK17 P1：为佛经写本残片，据考为沮渠京声所译《佛说观弥勒菩萨上生兜率天经》杂写残片。①

TK267：写本《弥勒上生经讲经文》残片，册页装，②由四（八页）和最后一叠的三页（第三页残）缝订而成，页边有磨损。有经文内容简述和祈祷皇帝、官吏、百姓安宁幸福的结尾。③

A8：写本《赞佛称赞慈尊》，包括六个部分，即弥勒真言，寅朝礼，五方礼一本，三皈依，尊天乐，四菩萨和大献乐启请并真言。④

M1·1464：《佛说观弥勒菩萨上兜率天经》残页。⑤

1916年伊凤阁将俄藏《观弥勒菩萨上生兜率天经》部分片段刊布并附有汉译文，后克恰诺夫又做了详细的介绍，该经文为刻本经折装，西夏特藏320号，共42个馆册号，为11世纪夏惠宗皇帝与其母梁太后转译沮渠京声汉译本，后又由仁宗皇帝校订。⑥甘肃省博物馆藏有出土于武威张义下西沟岘的西夏文刻本《观弥勒菩萨上生兜率天经》（G21：031）下半部残片，为西夏天盛年间刊行。此版保存良好，纸质洁白柔软，雕版精细，书法精美，非民间印刷品可比，由题记可知应是仁宗时一次刊印十万册的《观弥勒菩萨上生兜率天经》。⑦

宁夏、甘肃等地发现的弥勒净土经变画亦是弥勒信仰在西夏境内兴盛的一个佐证。弥勒经变画依据《佛说观弥勒菩萨上生兜率天经》《弥勒下生经》而绘制，乃弥勒净土、弥勒变相、弥勒上生、下生经变之合称。肃北五个庙石窟和文殊山万佛洞保留着较完整的

---

① 《俄藏黑水城文献》第1册，第347页；宗舜：《〈俄藏黑水城文献〉汉文佛教文献拟题考辨》，《敦煌研究》2001年第1期。

② 《俄藏黑水城文献》第4册，第351页。

③ 《黑城出土汉文遗书续录》，第131—132页。

④ 《俄藏黑水城文献》第5册，第189—201页。

⑤ 《中国藏黑水城汉文文献》第8册，第1768页。

⑥ 西夏文《观弥勒菩萨上生兜率天经》详细的收藏情况见 Е. Н. Кычанов, *Каталог Тангутских буддиских Памятнивк*, Киото：Универсинет Киото, 1999, с. 389–396。

⑦ 《中国藏西夏文献》卷16，第276—287页。

西夏弥勒经变图，五个庙石窟第1窟西壁和第3窟主室窟顶皆绘有弥勒下生经变图，①酒泉文殊山万佛洞东壁上则描绘了弥勒菩萨居住的兜率天宫的景象。②榆林窟第15、16窟题记赐紫僧张惠聪修造佛像一事，他修造的即是一尊弥勒佛像，高一百余尺，长篇汉文题记"过去现在未来父母师长等，普皆早离幽冥，生于兜率天宫等"③。值得注意的是，大肚弥勒形象亦出现在西夏弥勒信仰中，内蒙古自治区额济纳旗绿城出土今藏内蒙古博物馆的弥勒佛雕塑，保存完好，浅彩，大腹便便，笑容可掬，盘腿而坐。④西夏时期大肚弥勒形象在榆林窟壁画中也有出现，文殊山万佛洞门壁和东千佛洞第2窟西壁两侧都绘有布袋和尚，⑤可见西夏百姓对大肚弥勒亦十分尊崇。

图4—3　弥勒经变相　五个庙第1窟

①　张宝玺：《五个庙石窟壁画内容》，《敦煌学辑刊》1986年第1期；王惠民：《肃北五个庙石窟内容总录》，《敦煌研究》1994年第1期。

②　牛达生：《西夏遗迹》，文物出版社2007年版，第249—250页。

③　张伯元：《安西榆林窟》，四川教育出版社1995年版，第207页。

④　西夏博物馆编：《西夏艺术》，宁夏人民出版社2003年版，第57页。

⑤　施爱民：《文殊山石窟万佛洞西壁壁画》，载张掖市文物保护研究所编《张掖石窟研究文集》，甘肃人民出版社2006年版，第305—310页。

图4—4　大肚弥勒像　额济纳旗绿城出土

二　西夏弥勒信仰中的汉化因素

西夏在立国前后曾大量向中原宋朝求取汉文佛典并以之为底本翻译西夏文大藏经，因而西夏佛教在其发展过程中融合了很多汉文化因素，西夏弥勒信仰也不例外，表现出较多的汉化特点：

（一）未来佛身份

在印度佛教中，弥勒本身具有多重身份，如佛弟子、菩萨、未来佛等，其先佛入灭，升入兜率天，待到未来将从兜率天下生人世，继释迦牟尼而降世成佛故亦称未来佛，印度佛教中多以菩萨身份出现，但在中国多以庄严未来佛的身份受人们供奉，故多称为"弥勒佛"或"弥勒尊佛"。西夏人信奉弥勒印施大量弥勒经典，除了按照各部经典将弥勒称之为"菩萨"外，亦多尊崇弥勒为"佛"，如黑水城文献中所见《生内院真言》"……应诵弥勒尊佛心咒……""或念弥勒尊佛名号曰南无大慈大悲大圣弥勒尊佛……"①

---

①　《俄藏黑水城文献》第 2 册，第 54 页。

写本《赞佛称赞慈尊》中"……愿往生弥勒佛……"[①]"……顶礼大悲弥勒尊佛……"等,[②]强调弥勒未来佛的身份。

　　弥勒以未来佛身份受到人们膜拜,这种现象在西域地区并不少见,敦煌地区自隋代开始出现有弥勒上生经变,流行三世佛造像,弥勒以其未来佛身份受到民众尊崇。俄藏敦煌艺术品中保留有北魏时期的伯118窟(敦248—250窟)泥塑彩绘弥勒佛一尊,[③]此外还有残存倚坐佛绢画一幅,定名为弥勒佛。[④]法国出版多卷本《伯希和考古资料集》,系伯希和在高昌、敦煌所获资料与记录,其中,第14册为伯希和所获216件藏于吉美博物馆的敦煌纸绢画解说,而第15册为全部纸绢画图版。[⑤]其中,第11图(EO.1135号)为后晋庚子年(940)一佛二弟子四菩萨组成的说法图,发愿文及诸尊、供养人榜题基本保存,主尊榜题"南无弥勒尊佛"。少数民族政权中弥勒佛称号也十分盛行,如回鹘地区流行的回鹘文弥勒经典中,称弥勒为"Maitri Burxantïn(弥勒佛)"[⑥],而非菩萨身份,与印度所见之弥勒迥异,这些都是借自汉传佛教的弥勒佛观念体现。

　　(二) 大肚笑口弥勒形象

　　大肚笑口布袋弥勒形象在西夏的发现,是西夏接受中国本土化佛教的直接例证。弥勒佛从原典佛经上的未来佛演化成大肚布袋和尚的过程,即是印度佛教中国化的重要内容之一。印度佛教中流行

---

　　① 《俄藏黑水城文献》第5册,第191页。

　　② 同上书,第193页。

　　③ 俄罗斯国立艾尔米塔什博物馆、上海古籍出版社编:《俄藏敦煌艺术品》第1册,上海古籍出版社1997年版,艺术品彩色图版第24。

　　④ 《俄藏敦煌艺术品》第1册,艺术品彩色图版第77。

　　⑤ Du Centre National de La Recherche Scientifique et du Centre de Recherches sur L'Asie Centrale et la Haute–Asie du College de France, *Mission Paul Pelliot* 14:〈Bannieres et Peintures de Touen–Houng〉 "Catalogue descriptif", 1974. 15:〈Bannieres et Peintures de Touen–Houng〉 "Planches", 1976.

　　⑥ F. W. K. Müller, *Zwei pfahlinschriften aus den Trufanfunden*, APAW, 1915, pp. 8—9;杨富学:《回鹘之佛教》,新疆人民出版社1998年版,第181页。

头戴天冠的弥勒形象，隋唐之后，弥勒信仰衰落，随着整个佛教与中国传统文化的进一步融合，有广泛群众基础的弥勒信仰也进一步实现民族化、民俗化，大肚弥勒形象逐渐开始流行。大肚笑口弥勒是中国化的弥勒佛形象，相传五代后期岳林寺契此和尚即是弥勒佛化身：

> 释契此者，不详氏族，或云四明人也。形裁腲脮，蹙頞皤腹，言语无恒，寝卧随处，常以杖荷布囊入廛肆，见物则乞。至于醯酱鱼菹，才接入口，分少许入囊。号为长汀子布袋师也。曾于雪中卧，而身上无雪，人以此奇之。有偈云："弥勒真弥勒，时人皆不识"等句。人言慈氏垂迹也。①

契此圆寂后，僧徒尊崇其为弥勒佛化身，称之为"大肚弥勒佛"。大肚弥勒笑口常开、神态安详的形象广塑于全国佛教各寺庙天王殿正中，受到世人的顶礼膜拜。大肚弥勒佛塑像和绘画形象在西夏的出现，说明中原地区的布袋和尚信仰在河西少数民族地区已有所流布，更说明了西夏百姓对中原民间佛教信仰的积极接纳，是中原汉传佛教影响西夏佛教的又一典型例证。

（三）弥勒经典书写习惯

还有一点值得注意的是，西夏佛教是从大量求取、翻译中原大藏经发展起来的。西夏文大藏经的翻译从戊寅年（景宗天授礼法延祚元年即 1038 年）开始至民安元年（崇宗天祐民安元年即 1090

---

① （宋）赞宁撰：《宋高僧传》卷 21《唐明州奉化县契此传》，范祥雍点校，中华书局 1997 年版，第 553 页。

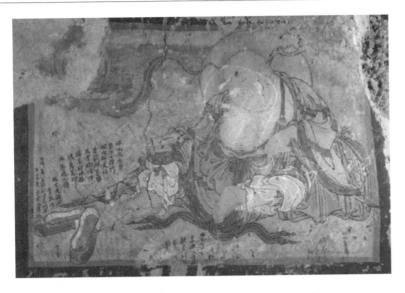

图4—5　布袋弥勒像　文殊山万佛洞门顶正中

年）结束，^①至仁宗仁孝时期，校勘、刻印佛经代替翻译成为佛教工作的重心。仁孝时期经济稳定、文化繁荣，西夏人驾驭本民族文字即西夏文能力已十分娴熟，同时藏传佛教在西夏佛教地位日渐突出，各种法会散施佛经时一般都是西番、番、汉即藏文、西夏文和汉文三种版本的佛经一起印施。从西夏文的主体地位及藏传佛教对西夏佛教的影响来看，乾祐二十年仁孝皇帝亲自校订印施的西夏文《观弥勒菩萨上生兜率天经》应该受本民族或藏传佛教习惯影响较大，然而仔细对比夏汉发愿文就会发现，这篇专门为此次法会撰写的西夏文发愿文与西夏人体例不符，"就像其他大多数夏汉对译的文章一样，《观弥勒菩萨上生兜率天经》后面的这篇发愿文也是先用汉文写就，然后再译成西夏文的"^②。不直接书写西夏文发愿文，

① 参见西夏文《过去庄严劫千佛名经》发愿文，史金波：《西夏文〈过去庄严劫千佛名经〉发愿文译证》，《世界宗教研究》1981年第1期。

② 聂鸿音：《乾祐二十年〈弥勒上生经御制发愿文〉的夏汉对勘研究》，载杜建录主编《西夏学》第4辑，宁夏人民出版社2009年版，第45页。

应该不是缺少番语高僧或译师之故，笔者认为先撰写汉文发愿文再对译，当是西夏统治者尊崇中原佛教文化，熟悉汉文佛经用语习惯的体现。

三　西夏弥勒信仰流行原因

众所周知，弥勒信仰曾于公元 4 世纪盛行中原地区，至唐朝初期，弥勒信仰已不及弥陀信仰之盛，然而几百年后西夏境内弥勒却十分流行，民众广施弥勒经典，通过施经、诵经及各种形式弥勒造像的塑造来求生弥勒净土。综观西夏弥勒信仰，笔者认为其能够在西北边陲流行开来亦有着深刻的历史背景和社会因素。

（一）弥勒在西夏的流行与西域地区弥勒的兴盛时间上有明显的承继关系

中原盛极一时的弥勒信仰对西北地区少数民族政权影响颇深，755 年安史之乱爆发后，西域与中原地区的联系被切断，西域佛教走向独立发展的道路。由于地处西北边陲，中原地区会昌灭佛事件对之影响较小，这也为弥勒信仰在该地区的广泛流行提供了更加宽松的社会环境。这些少数民族政权弥勒信仰所遵循的是与中原不同的另一条发展道路。北朝时期中原弥勒信仰已有所衰弱，是时西域地区弥勒信仰依然十分流行，敦煌、吐鲁番地区弥勒信仰与观音信仰、十方诸佛信仰并存，弥勒信仰反而不是特别兴盛。[①]莫高窟有多处北朝、隋唐、宋时期的弥勒造像及经变画，众多学者对此已有著述，[②]说明敦煌地区弥勒信仰并没有遵循中原弥勒衰落的轨迹发展，相反受其余续之影响，在河西地区广受民众喜爱和推崇。西夏先后

---

① 王素：《吐鲁番出土〈功德疏〉所见西州庶民的净土信仰》，《唐研究》第 1 卷，北京大学出版社 1995 年版，第 32 页。

② 王惠民：《弥勒信仰与弥勒图像研究论著目录》，《敦煌学辑刊》2006 年第 4 期；李永宁、蔡伟堂：《敦煌壁画中的弥勒经变》，载敦煌研究院编《敦煌研究文集·敦煌石窟经变篇》，民族出版社 2000 年版，第 310—319 页。

于 1028 年和 1070 年吞并甘州回鹘与沙州回鹘政权后，[①]尽占河西之地，崇信佛教的党项民族对当地广泛流行的弥勒信仰积极接纳与吸收亦在情理之中。

值得注意的是，西夏与回鹘两者的弥勒信仰是否存在继承关系值得深究。弥勒信仰在新疆地区随着佛教的东传早已有所流布，[②]至15 世纪回鹘信奉伊斯兰教之前，弥勒信仰在回鹘民众中一直盛行不衰。敦煌、吐鲁番等地发现的大量回鹘文写经题记和发愿文都是推崇兜率天净土的，著名回鹘文本《弥勒会见记（Maitrisimit）》就是回鹘人信仰弥勒的真实写照，回鹘弥勒信仰受汉传佛教影响较多，杨富学老师对此已做详细考证，此不复赘。[③]西夏建国后，其境内多民族共存，从黑水城出土诸多少数民族文献可知，西夏境内亦散居有大量回鹘人，[④]其中就有不少深谙汉文、藏文、西夏文、回鹘文的佛法高僧，而且这些回鹘高僧对西夏文大藏经的翻译工作又曾起过举足轻重的作用。[⑤]从弥勒信仰兴盛时间和受中原影响程度来看，回鹘与西夏的弥勒发展道路有惊人的相似性，西夏弥勒中的汉文化因素是受之于中原弥勒，还是佛教发展初期继承于回鹘弥勒，亦是一个值得深究的问题。

（二）民众对兜率天净土的渴求，是弥勒信仰盛行的另一个现实因素

西夏立国后，先后与北宋、辽，南宋、金鼎足而立，夏宋战争

---

① Yang Fu - hsueh, On the Sha - chou Uighur Kingdom, *Central Asiatic Journal* 38 - 1, 1994, pp. 80 - 107；杨富学、牛汝极：《沙州回鹘及其文献》，甘肃文化出版社 1995 年版，第 9—39 页。

② 季羡林：《弥勒信仰在新疆的传布》，《文史哲》2001 年第 1 期；李瑞哲：《龟兹弥勒说法图及其相关问题》，《敦煌研究》2006 年第 4 期。

③ 杨富学：《回鹘弥勒信仰考》，《中华佛学学报》2000 年第 13 期（上）。

④ 杨富学、樊丽沙：《黑水城文献的多民族性征》，《敦煌研究》2012 年第 2 期。

⑤ 杨富学：《回鹘僧与〈西夏文大藏经〉的翻译》，载季羡林编《敦煌吐鲁番研究》第 7 卷，中华书局 2004 年版，第 338—344 页。

断断续续一直没有停息过，西夏后期附金抗击蒙古大军的入侵，境内百姓更是生活在战乱惶恐之中。弥勒信仰所宣扬的兜率天净土和弥勒下生后的人间净土相对于战乱纷繁、衣食并竭的现实社会来说，是无生老病死，只有安定祥和、暖衣饱食的美好世界。只要信仰弥勒就能摆脱人世间痛苦，享有现实社会不能拥有的安定、财富和健康，这对于全民皆兵、长期处于战事状态的西夏百姓来说，乃心灵慰藉良药。虽然这两种净土都代表了人们对超脱于痛苦现实社会的美好憧憬，但西夏民众好像对兜率天净土特别钟情，从施印的佛经来看，几乎全部是上生兜率天净土的思想内容，各种反映弥勒信仰的壁画亦多描述的是弥勒上生经变图，鲜见《弥勒下生经》和弥勒下生经变画。

兜率天净土所宣扬的是庄严、富丽堂皇的兜率天宫殿，有往生此净土者，不仅长命百岁，坐享荣华，而且能得"天女侍御"①，且"于莲花上结跏趺坐"② 聆听弥勒宣说佛法。对于自古就有"天崇拜"原始信仰的西夏人来说，往生兜率天要比坐等弥勒下生人间更有诱惑力，而且比起西方净土的遥不可及，兜率天净土的修行方式也简单易行：

　　　　若有得闻弥勒菩萨摩诃萨名者，闻已欢喜恭敬礼拜，此人命终如弹指顷刻即得往生，如前无异。但得闻是弥勒名者，命终亦不堕黑暗处边地邪见诸恶律仪，恒生正见眷属成就不谤三宝。③

西夏统治者推崇兜率天，不仅将《观弥勒菩萨上生兜率天经》

----

①　《俄藏黑水城文献》第 2 册，第 44 页。
②　同上书，第 46 页。
③　同上书。

译成西夏文本，而且一次法会就能散施番、汉《观弥勒菩萨上生兜率天经》十万卷，"具阐上生之善缘，广说兜率之胜境，十方天众，愿生此中"，祈求"一祖四宗，证内宫之宝位；崇考、皇妣登兜率之莲台"①，体现了西夏上层统治阶级对兜率天净土的向往。中国国家图书馆藏宁夏灵武出土的元代西夏文《慈悲道场忏罪法》文献上有护封多页，上书汉文文献，其中有页编号 xixdi11jian4.09－2，文献录文如下:②

〔前缺〕
1. ▭▭▭　将把信香一注▭▭▭
2. ▭▭▭　亲订伽明移我▭▭▭
3. ▭▭▭　请师移步出堂▭▭▭
4. ▭果成　天花仙乐自来▭▭▭
5. ▭陀天上　弥勒常前说上▭
6. ▭知容　同还同生意莫▭▭
7. ▭解脱　同花同和显虚空▭
〔后缺〕

虽然该文献首尾残缺，但依然能看出来当为弥勒于兜率天讲经说法之意，用此类佛经包裹《慈悲道场忏罪法》，应为替逝者发愿，祈求往生兜率天净土。该汉文文献为明代写本，包裹于元刊西夏文佛经之上，不管"这部分汉文文献是明代修补西夏文献时放进去的，还是明代印制西夏文佛经时放入的，还是二者兼而有之"③，可以肯定的是，这与西夏遗民弥勒信仰有关，反映的亦是普通西夏人对兜率天净土的尊崇与渴求。

值得一提的是，中原地区弥勒信仰往往多与政治挂钩，民间下层百姓反抗统治者的黑暗统治，利用弥勒下生人间宣扬弥勒佛出

① 《俄藏黑水城文献》第2册，第48页。
② 林世田编:《国家图书馆藏西夏文献中汉文文献释录》，第89页。
③ 白滨:《宁夏灵武出土西夏文文献探考》，《宁夏社会科学》2006年第1期。

世，新旧佛祖更替所以要改朝换代，为推翻旧阶级统治制造理论依据，南北朝、隋时期即曾爆发多次以"弥勒出世"为号召的农民起义。统治者为了坐享权力，亦会假托弥勒下生之名以表其正统，武周慈氏武则天即是典型例子，自称弥勒下生，为其登基做女皇制造舆论支持。有唐一代，民间弥勒教过度活跃，影响颇大，唐玄宗发布《禁断妖讹等敕》，缩小其民间影响，限制危及唐统治的弥勒教发展。这些都是以弥勒下生人间净土为信仰依据的，西夏崇拜弥勒上生兜率天净土，关注修炼自身往生兜率天胜过期盼弥勒下生人世间，这或许也是弥勒信仰安抚西夏民众、西夏社会鲜有爆发大规模人民起义的另一个隐形因素。

第三节　西夏其他民间信仰

西夏民众的佛教信仰比较广泛，中原地区常见的民间信仰也被西夏人接纳和信奉，除了观音菩萨和弥勒佛崇拜之外，地藏信仰、孝悌思想及文殊信仰等也在西夏流传较广，与中原相似，不少民间信仰已渗透到西夏民众日常生活中，成为西夏普通百姓宗教信仰的基本内容。

一　地藏信仰

地藏菩萨是佛教中影响最为深远的菩萨之一，与文殊、观音、普贤并称为中国佛教四大菩萨。随着佛教不断地中国化、本土化，地藏菩萨信仰与中国传统鬼神崇拜紧密结合，逐渐渗透到中国民风民俗中。中原地区葬俗盛行七七斋日、城隍庙及水陆法会等都是与地藏信仰相关的民间信仰活动。西夏佛教的快速发展尤其是西夏人原始鬼神崇拜和对西方净土的推崇，"幽冥教主"身份的地藏菩萨在西夏也备受欢迎，这从西夏境内流行的诸多地藏信仰经典和修持活动即能窥见一斑。

（一）地藏信仰文献

从出土文献来看，很多地藏信仰经典被翻译成西夏文本在国内盛传，汉文本却鲜见。敦煌作为佛教圣地，乃中原与西域佛教交流的中心枢纽，中原地区常见的民间信仰在敦煌一带十分兴盛，[①]西夏统治以后受此影响，很多民众对中原地藏菩萨推崇有加，这在敦煌地区发现西夏文地藏经典中即能看出。法藏敦煌西夏文献中保存着较多的地藏菩萨信仰著作，如《地藏菩萨本愿经》［P. xixia924（Grotte181）023］、《地藏菩萨本愿经较量布施功德缘品第十》［P. xixia924（Grotte181）001］、《地藏菩萨本愿经见闻利益品第十二》［P. xixia924（Grotte181）007］、《地藏菩萨本愿经忉利天宫神通品第一》［P. xixia924（Grotte181）040、052、057、061、075］、《地藏菩萨本愿经嘱累人天品第十三》［P. xixia924（Grotte181）034、035］、《地藏菩萨本愿经阎浮众生业感品第四》［P. xixia924（Grotte181）046、041、049、050、064］、《地藏菩萨本愿经地神护法品第十一》［P. xixia924（Grotte181）060、087］、《地藏菩萨本愿经观众生业缘品第三》［P. xixia924（Grotte181）066］、《地藏菩萨本愿经分身集会品第二》［P. xixia924（Grotte181）074、081］、《地藏菩萨本愿经称佛各号品第九》［P. xixia924（Grotte181）131］、《地藏菩萨本愿经利益存亡品第七》［P. xixia925（Grotte181）039］等等，虽然大多数为刻本或写本残页，但却是敦煌地区西夏人信仰地藏菩萨的有力例证。

值得注意的是，除了上述的法藏本，敦煌莫高窟北区石窟还出土了活字版的西夏文《地藏菩萨本愿经》（G11·101—4）和《大乘大集地藏十轮经》（G11·105）残页。此处《地藏菩萨本愿经》

---

① 党燕妮：《晚唐五代宋初敦煌民间信仰研究》，博士学位论文，兰州大学，2009 年。

比汉文本增加了一面多的咒语，较之其他地方发现的活字印刷品，此敦煌活字版西夏文《地藏菩萨本愿经》为"海内孤本"①，由此不仅能看出西夏佛经文献雕版印刷的先进水平，更说明了地藏菩萨信仰经典的广泛需求量和流传度。

　　除了敦煌出土著作，西夏其他地方也发现有地藏信仰经典，如中国国家图书馆藏宁夏灵武出土西夏文刻本《地藏菩萨本愿经中卷》（B11·058），存经文六十七面，后有《地藏菩萨具足水火吉祥光明大陀罗尼》十一面，卷尾还有一行西夏文，译为"此咒曰自地藏十轮经卷第一中抽出"，版间接纸处还有"李茂口"的西夏文刻工名字。②此外内蒙古区文物考古研究所也藏有西夏文刻本《地藏菩萨本愿经》卷下（M21·025）。

　　（二）相关信仰活动

　　地藏菩萨与民俗信仰关系密切，特别是民间葬俗，与地藏信仰联系最为紧密。在民间葬俗中，地藏菩萨又与十王息息相关，十王也称十殿阎王、十殿冥王、十殿阎君等，此概念为汉传佛教所特有，十王之名在敦煌本《佛说十王经》和大足宝顶石刻第 20 龛的《地狱变相》中均可见到。具体而言，十王指秦广王、楚江王、宋帝王、仵官王、阎罗王、卞城王、泰山王、平等王、都市王、五道转轮王。由于民间盛行六道轮回、因果报应的说法，因此为亡人作"七七斋"及周年斋、三年斋的传统在中原民间大为流传，西夏也有此民间葬俗活动。

　　黑水城出土连环画性质版画《金光明最胜王经》序言有张居道之事，画面丰富而生动地叙述了张居道为嫁女屠鸡猪而入地狱的情

①　史金波：《敦煌莫高窟北区出土西夏文文献初探》，《敦煌研究》2000 年第 3 期。
②　《中国藏西夏文献》卷 6，第 281 页。

形，高堂上端坐的有地藏菩萨和阎罗王，[1]该幅版画是中原地狱思想和地藏信仰的直观描述。俄藏文献中还有一件西夏文刻本《父母恩重经》（ИНв. No. 8106），此经发愿文记载：

> ……是以忠茂谨愿：转身慈母，及利益有情，于七七日设为法事，并开阐斯经，另舍净资，命工镂版，散施千卷，劝人受持。……[2]

由此发愿文得知，该西夏文《父母恩重经》是西夏一个名叫"忠茂"的人在其母"七七"忌日发愿写下的。从"开设法事"和"散施千卷"来看，应该还有规模不小的水陆法会之类的修持仪式。唐宋以来，七七百日之葬俗在中原及敦煌地区十分流行，如敦煌本《阎罗王授记经》虽系疑伪经，但却详细记录了此类葬俗与十殿阎罗的对应情况：

> 若是新死，依从一七计，乃至七七、百日、一年、三年，并须请此十王名字，每七有一王下检察，必须作斋。如经中所列，第一七斋，秦广王下，第二七斋，楚江王下，第三七斋，宋帝王下，第四七斋，仵官王下，第五七斋，阎罗王下，第六七斋，卞城王下，第七七斋，泰山王下，百日斋，平等王下，一年斋，都市王下，三年斋，五道转轮王下。[3]

---

① Mikhail Piotrovesky, *Lost Empire of the Silk Road. Buddhist Art from Khara Khoto（X—XIIIth Century）*, Thyssen‐Bornemiza Foundation, lugano, 1993, p264.

② 原经文尚未正式刊布，此处按照聂鸿音之译文，参见聂鸿音：《论西夏本〈佛说父母恩重经〉》，《文献研究》第 1 辑，学苑出版社 2010 年版，第 141 页。

③ 党燕妮：《〈俄藏敦煌文献〉中〈阎罗王授记经〉缀合研究》，《敦煌研究》2007 年第 2 期。

　　"七七"忌日是中原葬俗中六道轮回的重要时段,所以叫"忠茂"的西夏人为其母大开法事,期望打点好日后来检察的平等王、都市王和五道转轮王。事实上,不仅仅是西夏民间百姓吸收了与地藏菩萨信仰和十王信仰密切相关的中原"七七斋"等葬俗,西夏皇室举办国葬时也有此类活动,如乾祐二十四年(1193)仁宗皇帝去世之时,皇家就曾"于先圣三七日时"印施《拔济苦难陀罗尼经》。①西夏民众为亡故之亲人好友作此类佛事活动应该十分流行,且不少还专门延请僧人、道士等前来作法事,由于这些活动日渐兴盛而且涉及人员过多,西夏甚至还在《天盛律令》法典中规定:

　　　　诸男女有高位等,死亡七七食毕,官方应为利益时,所赐僧人、道士数依谕文所出实行,此外,不许自求僧人、道士。倘若违律而求之,报、取状者一律有官罚马一,庶人十三仗,僧人、道士勿获罪。②

　　该法典对"七七斋"葬俗中的僧人、道士数量做出了明确规定,由此推测,当时"有高位"的达官贵人在亲人葬礼中一定是极尽铺张之能事,在七七日、百日、周日和三年日都有比较隆重的祭奠活动。为了规范此类法事活动,西夏统治者严格规定了活动中僧人和道士的数量,这也是西夏国内此类民间葬俗活动繁多的一个佐证。

---

① 俄罗斯圣彼得堡东方学研究所手稿部藏黑水城出土文献 Инв. No. 298。
② 史金波、聂鸿音、白滨译注:《天盛改旧新定律令》卷11 "为僧道修寺庙门",第410页。

图4—6　俄藏《金光明最胜王经》序言版画

二　孝悌思想

在出土西夏佛经文献中，还有一类中原地区多见的民间信仰典籍，即感恩父母养育之苦的孝悌思想佛经如《佛说报父母恩重经》《佛说父母恩重经》等。此类经文大多为中原佛教徒根据传统儒家孝道思想、假托佛意或鸠摩罗什译而编撰成的一种佛经，唐宋时期于中国民间流行甚广，但却一直不入藏，排斥于正统之外，被认为是伪经。民间百姓十分推崇此类佛经，刊刻印施孝悌思想伪经的数量都比较多，西夏深受中原儒家汉文化影响，此类伪经在其境内亦颇受民众欢迎。

黑水城文献中发现有为数较多的孝悌思想伪经，俄藏品中有汉文写本《佛说报父母恩重经》（TK119），卷首还有一幅围绕佛陀的行孝图，内容是为父母书写经典、为父母诵读经典、为父母受持守戒等15幅报恩图，[①]皆是围绕中间端详而坐的佛主展开的。另外还有其他写本《佛说父母恩重经》（TK120、TK139、TK240），其中

TK139 号文献卷首也有两个僧人双手合十伫立的肖像图。①这类伪经也被翻译成西夏文本在国内流行，除了英藏品《佛说父母恩重经》残页（Or. 12380 – 2757、Or. 12380 – 3050）和内蒙古博物馆藏西夏文写本《佛说父母恩经》（M11·017）之外，俄藏黑水城文献中还保留了相对比较完整的五件西夏文《佛说父母恩重经》（第 181 号，西夏特藏 150 号，馆册 759、5048、6570、6670、8106 号），②这五件西夏文本在内容上几乎完全一致，可知是按照同一个西夏译本翻刻或复抄的，内容与黑水城汉文本 TK139 号文献最为接近。其中 8106 号还存有"奉天显道耀武宣文神谋睿智惇睦懿恭皇帝嵬名御译"的题款，此仁宗皇帝尊号少了"制义去邪"，"制义去邪"是仁宗于宋绍兴十一年（1141）得到的尊号，③由此得知西夏文《佛说父母恩经》的翻译时间应该是在仁宗皇帝即位之后、1141 年得到"制义去邪"尊号之前。此类伪经在西夏得到统治者支持，借助皇室力量在国内广泛流行。

　　孝悌思想伪经之所以在西夏广受民众喜爱信奉，与西夏统治者提倡中原儒家思想、以孝治天下的统治理念是分不开的。立国初期，元昊就十分重视中原儒家经典，"自制蕃书，……教国人纪事用蕃书，而译《孝经》《尔雅》《四言杂字》为蕃语"，及至毅宗谅祚时，又"表求太宗御制诗章隶书石本，且进马五十匹，求九经、《唐史》《册府元龟》及宋正至朝贺仪，诏赐九经，还所献马"④。由此可知元昊在西夏初期已着手开始翻译《孝经》《尔雅》《四言

---

　　①　《俄藏黑水城文献》第 3 册，第 198 页。

　　②　［俄］克恰诺夫在《西夏文佛教文献目录》里著录了五件即 ИНВ. No759、5048、6570、6670、6876，而上海古籍出版社保存的照片与此稍有不符，五件编号为 ИНВ. No759、5048、6570、6670、8106，笔者以上海古籍出版社所存照片为准，参见聂鸿音《论西夏本〈佛说父母恩重经〉》，《文献研究》第 1 辑，学苑出版社 2010 年版，第 137—144 页。

　　③　《宋史》卷 486《夏国传下》，第 14007 页。

　　④　《宋史》卷 485《夏国传上》，第 13995、14002 页。

杂字》等此类儒家经典了，事实上，至西夏中后期，《尚书》《论语》《周易》《德行集》《新集慈孝传》等经典在西夏境内都已十分流行，黑水城出土文献中即有以上著作的西夏文本，尤其是后两者，皆是宣扬儒学礼教孝道的书籍。

与中原王朝一样，西夏统治者也主张以孝治天下，仁宗仁孝时期刊印的《圣立义海》中把人之"孝"放在了最高位置"人对父母孝顺，则孝者无常之首，万行之根也，故孝行最上也"①，在第十四"子父母之孝顺名义"中还详细记载了孝有三种：

> 上孝帝之行也，天下扬德名，地上集孝礼，孝德遍国内，此帝之孝也。次孝臣僚，持以德忠礼，不出恶名，以帝之赏，孝侍父母，则臣之孝也。出力干活，孝侍父母，国人孝也。②

由此三种之孝可以看出，西夏统治者以孝治国，实际上是将"国人之孝"与对"国君之忠"紧密结合了起来，西夏法典《天盛律令》中还规定把"失孝德礼"定为十恶之一，位在谋逆之后。③有了统治者的支持与倡导，上爱国君，下孝父母，孝悌思想在西夏得到广泛尊重和赞扬，因此中原地区盛行的孝悌伪经被西夏积极接纳和吸收，汉文和番文本《佛说父母恩重经》都在西夏境内流布，亦是自然而然的了。

三　文殊信仰

由于华严宗在西夏盛行，与该宗有紧密联系的文殊菩萨也被西

---

① 克恰诺夫、李范文、罗矛昆：《圣立义海研究》，宁夏人民出版社1995年版，第74—75页。
② 同上书，第74页。
③ 史金波、聂鸿音、白滨：《天盛改旧新定律令》卷1"失孝德礼门"，第114—115页。

夏人信奉朝拜。文殊菩萨，又名文殊师利或曼殊室利，名字意译为
"妙吉祥"，大乘佛教著名的四大菩萨之一，为释迦牟尼的左胁侍菩
萨，代表聪明、智慧。因德才超群，在佛教中地位很高，位列诸多
菩萨之首，故称法王子。华严信仰在西夏颇受统治者器重，于贺兰
山中自建北五台山以供礼佛，而五台山正是文殊菩萨修行说法之道
场，因此可以看出，文殊信仰在西夏境内十分流行。

出土文献中保存有不少文殊信仰著作，如汉文写本《文殊菩萨
修行仪轨》（TK75）、《大圣文殊师利菩萨像供养文》（TK283、
TK289）、《文殊智禅定》（TK292）、《圣妙吉祥真实名经》（TK184、
N11·005、N21·018），西夏文本除了俄藏品中的《文殊师利所说不
思议佛境界经》（第104号，西夏特藏312号，馆册6714号）、《文殊
师利咒藏中数珠功德现量经》（第191号，西夏特藏313号，馆册
6064号）之外，敦煌研究院藏有西夏文刻本《文殊师利问地经卷上》
残页（G11·044），甘肃省博物馆亦藏有西夏文《德王圣妙吉祥之胜
慧盛用总持》（G21·058），此经文背面还保留有"天盛己巳元年"
的纪年。

文殊信仰经典不仅被大量印施与华严典籍一起流行，而且由于
文殊密典的护国、护王功能，西夏统治者还将文殊经文列入西夏法
典之中，成为西夏僧人出家考试所必须诵读的原典之一：

　　一等番羌所诵经颂：《仁王护国》、《文殊真实名》、
《普贤行愿品》、《三十五佛》、《圣佛母》、《守护国吉祥
颂》、《观世音普门品》、《竭陀般若》、《佛顶尊胜总持》、
《无垢净光》、《金刚般若与颂全》等十一种经文者，方可
奏为出家僧人。①

---

① 史金波、聂鸿音、白滨译注：《天盛改旧新定律令》卷11"为僧道修寺庙门"，第404页。

　　除了流行的文殊佛教经典之外，西夏人对文殊菩萨崇拜还体现在文殊经变画上，如榆林窟第 3 窟甬道北壁所绘文殊说法图，文殊菩萨端坐在青狮之上，身旁有帝释天、天王、菩萨、罗汉等随侍。[①]甘肃武威亥母洞石窟所发现的西夏唐卡中也有一幅彩绘文殊菩萨造像，[②]与黑水城出土文殊菩萨画像一样，[③]都是文殊信仰在西夏广受民众信奉的例证。

图 4—7　文殊变　榆林窟第 3 窟

---

　　① 段文杰：《榆林窟的壁画艺术》，载敦煌研究院编《中国石窟》，文物出版社 1997 年版，第 172 页。

　　② 梁继红：《武威亥母洞石窟出土西夏唐卡初探》，载薛正昌编《西夏历史与文化——第三届西夏学国际学术研讨会论文集》，甘肃人民出版社 2010 年版，第 258—261 页。

　　③ 史金波、白滨、吴峰云编：《西夏文物》，文物出版社 1988 年版，第 74 页。

　　综上所述，流行于中原地区的观音信仰、弥勒信仰及其他民间信仰在西夏境内都拥有不少信众。黑水城出土此类佛教文献不仅数量巨大，而且种类繁多，尤其是观音信仰、地藏信仰以及孝悌思想类的西夏文本伪经，更是西夏民众接纳中原民间信仰的直接证据。除了信奉印施此类番、汉经典之外，西夏人还参与不少与之相关的佛事活动，典型的即是葬俗中"七七"斋日、水陆法会等斋忌风俗，是受中原影响的孝悌思想与地藏菩萨信仰的表现，也是西夏民众吸收汉传佛教文化的一个重要标志。

第五章

西夏佛教中的汉文化因素

中原地区流行的几大汉传佛教宗派在西夏境内都有不同程度的流播，民间常见的信仰也备受西夏民众欢迎，因此西夏佛教在其发展的过程中糅合了较多的汉文化因子。当然，这种融合"不存在一种文化对另一种文化绝对的占有或者强制"，[①] 汉传佛教在传播过程中对西夏民众产生了怎样的影响，西夏佛教徒尤其是本民族党项人对汉语文的接受和应用程度如何、汉语佛教中常用术语对西夏佛教有哪些影响以及西夏的佛教艺术是否亦多有汉风等等，都是汉传佛教影响西夏佛教发展较多的几大方面。西夏对汉文化的吸收，汉传佛教的传播无疑是重要的途径之一，本章节即着重探讨一下西夏佛教中的诸多汉文化因子。

第一节　汉语文在西夏佛教徒中的行用

早在立国前，西夏统治者就十分注重学习中原先进的文化，大力提倡、重视儒学，元昊立国后，基本上借用了中原王朝的一套政治制度，同时亦加强了对儒学的引进和吸收，如把重要儒家经典

---

① 丛振:《敦煌游艺文化研究》，中国社会科学出版社 2019 年版，第 31 页。

《孝经》《尔雅》《四言杂字》等译成西夏文。随着佛教尤其是中原汉传佛教的传入，汉语文在西夏境内的使用越发广泛，西夏僧众与汉语文的接触亦更加密切。

一　中原佛教相关制度在西夏的延用

（一）管理机构

西夏境内僧尼众多，佛事活动频繁，没有一个强有力的中心管理机构是不可能很好运作起来的。西夏历代统治者都极其尊崇佛教，因而西夏佛教管理体制与世俗政权联系非常紧密，不少佛教上层人士可以直接参与国家宗教事务管理。黑水城文献西夏法典《天盛律令》为我们提供了不少认识西夏佛教管理机构的材料。

之前由于《天盛律令》尚未完全整理出版，学界对该西夏文法典的具体释读存在不少分歧，对西夏佛教管理机构的认识也观点不一，近年来随着西夏佛教研究的深入，学界看法日趋统一。西夏设立有总管全国佛教事务的功德司，据《天盛律令》所载，西夏所立佛教功德司有僧人功德司和出家功德司，有时又将二功德司记为在家功德司和出家功德司，佛教管理功德司在西夏五等行政司即上、次、中、下、末之中居第二位，排列次等司，地位是比较高的，仅次于上等司的中书和枢密。这是中央一级的佛教管理机构，而地方级佛教管理部门则是各大寺院，受功德司管辖。功德司和寺院分管西夏不同阶层佛教事务，对西夏佛教的稳定快速发展起到了关键性作用。

功德司是中原地区早已有之的管理佛教事务的行政机构，唐朝中后期，中原设立朝廷临时委派管理佛教事务的功德使和修功德使，至唐代宗时期，统治者极度侫佛，功德使也日渐从临时差遣的使职转化成固定职官，后又演变为左右功德使。功德使制对中原宋朝的佛教政策亦有很大影响，西夏立国后，不仅重视发展汉传佛教，而且积极借鉴中原地区的佛教管理体制，参照中原王朝的功德使制设立了功德司。

西夏僧官设置也深受中原影响。宋朝延续唐朝之制对佛教管理实行中央、地方和寺院的三级管理体制，中央以鸿胪寺总管佛教事务，尚书祠部颁给剃度受戒文牒，又以中书省或门下省掌给僧道紫衣师号及寺院名额，并掌握国家大寺住持的选任，以开封府尹兼领功德使。中原宋朝形成了以中书、门下、鸿胪寺、尚书祠部和开封府对佛教实行多重的管理模式。西夏吸收中原佛教管理经验，结合自身佛教发展特点，效仿唐宋之制建立了一套完备的僧官制度。《天盛律令》对功德司僧官的设置做如下规定：

> 二种功德司六国师、二合管：在家功德司四副、六判、六承旨。出家功德 司变道提点六，承旨六。①

除此之外，还有都案、案头，在家功德司案头六、出家功德司案头二。地方级佛教管理机构寺院里也设置了不少僧官，从出土文献和碑铭记载来看，寺院僧官主要有住持、座主、寺主、僧判、上座、僧正、僧录、僧监、僧副、承旨、头监、僧小监、正副提举、提点、检校、勾当、食众、手分、山林戒德、连批、寺副使、行童首领、知信、众主和农主等。②

（二）封号和赐衣制度

唐代中期以后，中原地区佛教在发展过程中逐渐形成了封号和赐衣制度。封号即皇帝给高僧大德封赐名号，彰显其荣誉，这些封号其实也是一种官位。有唐一代，多有大师、国师等封号，至宋朝，废行了国师封授，比较盛行大师、禅师的封赐。西夏继承了中

---

① 史金波、聂鸿音、白滨译注：《天盛改旧新定律令》卷10"司序行文门"，第367—368页。
② 崔红芬：《西夏河西佛教研究》，第118页。

原地区封号之制，而且多有创新，形成了一套复杂的封号体系，对后世影响也比较大。

《天盛律令》对佛教封赐师号有所记载：

皇帝国院、皇太子、诸王等之师名：皇帝之监承处上师、国师、德师，皇太子之师仁师，诸王之师忠师。

前述师名义当上次中司品次第：皇帝之监承处上师、国师及德师等与上等位当，皇太子之师仁师者，与次等位当，诸王之师忠师者，与中等位当。①

图5—1　西夏国师像　文殊山万佛洞

---

① 史金波、聂鸿音、白滨译注：《天盛改旧新定律令》卷10"司序行文门"，第365—366页。

由此文献可以看出，这些被授予上师、国师等名号的高僧都拥有较高的政治地位，其宗教领袖地位也径直载入了国家法典。出土文献中有不少冠有上述名号的高僧，但同时也发现了其他一些封号，如帝师、法师、大师、禅师等。学界诸多学者对西夏帝师做了详细考证，①虽然目前对西夏时期帝师的数量和名号意见不一，但可以肯定的是，西夏仁宗仁孝时期，已出现帝师称号。过去学术界一直认为帝师出现在元忽必烈时期，西夏帝师的发现改写了中国佛教史上关于帝师的记录。

赐衣制度在中原地区早已有之。赐紫、赐绯原来是唐代官制中的一种服饰制度，即以官服颜色来表示职位高低，一般是三品以上赐紫色袍，五品以上赐绯色袍。后来这一制度也被应用于宗教之中，政府给僧、道中职位较高者赐以红衣或紫衣，以示尊崇。西夏继承了中原赐衣之制，并有所创新，除了"赐绯""赐紫"之外，还增加了"赐黑"和"赐黄"。西夏获得封赐僧衣的僧人在触犯刑律时，会得到一定特权，予以减罪，可以用官品当之，《天盛律令》中规定：

> 诸有官人及其人之子、兄弟，另僧人、道士中赐穿黄、黑、绯、紫等人犯罪时，除十恶及杂罪中不论官者以外，犯各种杂罪时与官品当，并按应减数减罪。
> 僧人、道士中赐黄、黑、绯、紫等人犯罪时，比庶人罪减一等，除此以外，获徒一年罪时，赐绯、紫当革职，

---

① 罗炤：《藏汉合璧〈圣胜慧到彼岸功德宝集偈〉考略》，《世界宗教研究》1983 年第 4 期；熊文彬：《从版画看西夏佛教艺术对元代内地藏传佛教艺术的影响》，《中国藏学》2003 年第 1 期；崔红芬：《〈俄藏黑水城出土西夏文佛经文献叙录〉中的帝师与国师》，《西北第二民族学院学报》2004 年第 4 期；聂鸿音：《西夏帝师考辨》，《文史》2005 年第 3 辑；史金波：《西夏社会》（下），2007 年，第 580—585 页；崔红芬：《再论西夏帝师》，《中国藏学》2008 年第 1 期。

取消绯、紫，其中□依法按有位高低，律令、官品，革不革职以外，若为重罪已减轻，若革职位等后，赐黄、黑徒五年，赐绯、紫及与赐绯紫职位相等徒六年者，当除僧人、道士，所遣劳役有官与官品当，无官，则依法服劳役。日毕后，入原属庙中为行童。①

由此法典所载可知，西夏僧人中着黄、黑、绯、紫僧衣的官品和社会地位都是不一样的，四者之中，赐紫者地位最高，赐绯、赐黑、赐黄者依次降低，且由"所遣劳役有官与官品当，无官，则依法服劳役"一文，可推知并不是每位被赐衣的僧人都有官品和职位的。西夏僧衣之制中以赐紫、赐绯为尊，不仅与唐宋时期中原高僧赐衣制度类似，② 而且与西夏其他官服之制亦是一致的，西夏官制中：

> 文资则幞头、靴笏、紫衣、绯衣；武职则冠金帖起云镂冠、银帖间金缕冠、黑漆冠，衣紫旋襕，金涂银束带，垂蹀躞，佩解结锥、短刀、弓矢韣，马乘鲵皮鞍，垂红缨，打跨钹拂。便服则紫皂地绣盘球子花旋襕，束带。民庶青绿，以别贵贱。③

可见中原官制对西夏影响颇多，西夏佛教管理借鉴了不少中原地区经验，在其发展之初，佛教机构的设置与管理都融合了许多中原汉化因素。

---

① 史金波、聂鸿音、白滨译注：《天盛改旧新定律令》卷 2 "亲节门"，第 138—139 页；"罪情与官品当门"，第 145—146 页。

② 崔红芬：《西夏河西佛教研究》，第 134—138 页。

③ 《宋史》卷 485《夏国传上》，第 139903 页。

二　汉语言文字在西夏皇室中的行用

自李德明起西夏历届皇帝都十分钦慕中原汉文化，从译经伊始，汉语言文字不仅对西夏佛教的发展有着重要影响，而且对西夏皇室及统治者的官方行为亦有着潜移默化的规范作用。

西夏的主体民族是党项族，通用语言和文字也是党项语和西夏文字，但汉语在当时西夏也是通用语之一，政府行为中西夏文和汉文同时并用。西夏有类似中原翰林院的番、汉二学院，这两个大学院除了设博士之外，还有番学士和汉学士。汉语文在西夏使用范围广泛，《天盛律令》中明确提到：

> 合汉文者奏副中兴府正汉大学院博士杨时中，译汉文者西京尹汉学士讹名□□，译汉文纂定律令者汉学士大都督府通判芭里居地，译汉文者番大学院博士磨勘司承旨学士苏悟力。①

这篇《颁律表》向我们透露了很多信息，此法典在当时制定时，应该是番、汉两版通行，而且汉译者官员中除了两个汉人外，还有"讹名□□""芭里居地"，讹名和芭里都是党项族姓氏，由此可以说明，西夏某些党项族高级官员也是精通汉语文的。在西夏，掌握番、汉双语的人应该不在少数，该法典里政府职员中还有专门"译语"一职，汉文本《杂字》"论语部"中也有"译语"一词。② 除此之外，西夏应还有不少粗懂汉文的党项族或其他民族百姓，《天盛律令》里对一些词语还特意用小字标明其汉语读

---

① 史金波、聂鸿音、白滨译注：《天盛改旧新定律令》名略下卷，第108页。

② 史金波：《西夏汉文本〈杂字〉初探》，载白滨、史金波、高文德、卢勋编《中国民族史研究》第2辑，中央民族大学出版社1989年版，第183页。

音，如：

> 节亲主、诸大小官员、僧人、道士等一律敕禁男女穿
> 戴鸟足黄（下注汉语石黄）、鸟足赤（下注汉语石红）、
> 杏黄（下注汉语杏黄）、绣花、饰金、有日月及原已纺织
> 中有一色花身，有日月及杂色等上有一团身龙（下注汉语
> 团身龙）、官民女人冠子（下注汉语冠子）……①

汉语文在西夏境内番、汉文化交流中的作用，由上述文献即能窥见一斑。其实在《天盛律令》颁布之前，另一部番汉语言文字对照的词语集《番汉合时掌中珠》即已面世，其编著者党项人骨勒茂才期望通过这部番汉语对照集，改变党项人"不会汉语则岂入汉人之数"② 的现状，足见汉语文对西夏人的深刻影响力。

西夏统治者对汉语文的重视和应用，除了将汉文字作为通行用语纳入国家法典之外，还亲历推广，在皇家诸多佛事活动中积极普及汉语文的使用。西夏统治者在佛事活动中多提倡使用夏、汉两种文字，在各种大型法会、施经活动中，不仅散施数量巨大的汉文佛经，而且汉语亦是诵经语种之一。如乾祐二十年（1189）大法会上，仁宗曾下令"念佛诵咒，读西番、番、汉藏经"③，二十四年（1193）印施的西夏文《拔济苦难陀罗尼经》发愿文中提到"使诵读番、汉、羌三藏经各一遍"④，西夏汉文佛经《佛说父母恩重经》发愿文记述法事活动时亦有"开阐番、汉大藏经各一遍，西番大藏经五遍"的记载。⑤由此可见在佛事活动中，汉语也是基本"官方

---

① 史金波、聂鸿音、白滨译注：《天盛改旧新定律令》卷7"敕禁门"，第282页。
② （西夏）骨勒茂才：《番汉合时掌中珠》，第5页。
③ 《俄藏黑水城文献》第2册，第47—48页。
④ 史金波：《西夏社会》（下），第607页。
⑤ 《俄藏黑水城文献》第3册，第48—49页。

语"之一。《天盛律令》中规定番、汉、羌行童出家必须会诵读的佛经中有"番羌所诵经颂"和"汉之所诵经颂"各十一种经咒，这其中汉文经咒有：

> 《仁王护国》、《普贤行愿品》、《三十五佛》、《守护国吉祥颂》、《佛顶尊胜总持》、《圣佛母》、《大□□》、《观世音普门品》、《孔雀经》、《广大行愿颂》、《释迦赞》。①

会用汉语念读汉文佛经，且"诵之无障碍"，说明在西夏僧人度牒比较严格，汉语熟练诵读佛经也是僧人出家必须掌握的技能之一。

三　汉语文在西夏民众信徒中的行用

从历史记载看，汉语文在西夏佛教徒中的使用相当普遍，应是通用语言之一。中原地区自唐宋以来，佛教日益世俗化，儒释合流，"修身以儒，治心以释"已成为当时一种文化思想。西夏受其影响，崇尚儒学与佛教，除了汉族僧众之外，西夏其他佛教徒亦深受中原汉文化熏陶，汉语文修养较高。

（一）

西夏境内不少党项族人对汉语文十分熟悉，黑水城汉文文献《佛说金轮佛顶大威德炽盛光佛如来陀罗尼经》（TK129）是仁宗时期发愿刊刻的一篇经文，其后序发愿文载：

> 雕经善友众，尚座袁宗鉴、杜俊义、朱信忠、杜俊

---

① 史金波、聂鸿音、白滨译注：《天盛改旧新定律令》卷11"为僧道修寺庙门"，第405页。

德、安平、陈用、李俊才、杜信忠、袁德忠、杜产忠、杜用、牛智惠、张用、讹德胜、杜宗庆、薛忠义、张师道等，乾祐甲辰十五年八月初一日重开板印施。①

　　乾祐甲辰十五年即 1184 年，该文献中记述的开板印施之人有"讹德胜"，"讹"如同"罔、梁"一样，是西夏党项姓氏中较少见的单音节姓氏。② 由此可知，名为"讹德胜"的党项人也参与了此汉文佛经的印施，说明他对汉文佛经或汉语文是相当熟悉和了解的。1976 年甘肃景泰县芦阳镇附近发现了几页珍贵的西夏文水陆法会祭祀文手抄本，经孙寿岭先生翻译研究，发现是党项人傅姓一家因家中有难，延请圣僧、和尚诵经念佛写祭文而作的一篇祭祀发愿文。该发愿文记载不仅悬挂起四大天王，而且还请来元始天尊、三皇、坐地龙王、诸佛菩萨等，保佑全家平安幸福。此发愿文图文并茂，在禾苗图中，还书写了汉文"五谷丰登"之"登"字，③ 可以看出，当时汉文化在凉州地区西夏人之间是十分盛行的，党项人对中原地区汉人信奉的道教神祇和佛教诸佛甚至汉人的图腾"龙"都广泛接纳之，虔诚礼拜，深受汉文化影响。党项普通民众印施汉文佛经、尊崇中原神祇并不稀奇，还有党项人能熟练书写汉字，如敦煌研究院藏莫高窟北区出土的汉文写本《嵬名法宝达卖地契残页》（G11·031），有两方完整朱印，文中有载"……初一日立账目文字人嵬名法（宝达）……"以及"立账目人长男嵬名嵬……"④，此文契可能是该党项人嵬名宝达与汉人或其他族人交易的记录，用彼此都熟悉的汉文字立字据作为凭证，由此可见有的党项人是可以

---

① 《俄藏黑水城文献》第 3 册，第 79 页。

② 史金波：《西夏社会》（上），第 37 页。

③ 孙寿岭：《西夏文水陆法会祭祀文考析》，载杜建录主编《西夏学》第 1 辑，宁夏人民出版社 2006 年版，第 87—90 页。

④ 《中国藏西夏文献》卷 16，第 46 页。

用汉语文来处理生活中相关事宜的。

西夏一朝先后与北宋、南宋并立，与中原政权接壤边界并不固定，不少党项人生活在宋朝辖区，由于与汉人长期生活，发生的汉化现象比较多，有的党项人干脆直接改番姓为汉姓，时任鄜延路经略使的范仲淹之子范纯粹就曾上表中原朝廷：

> 契勘本路蕃官，自来有因归顺，或立战功，朝廷特赐姓名，以示旌宠。如威明善为赵怀顺，均凌凌为朱保忠是也。后来有蕃官无故自陈乞改姓名，经略司不为止遏，据状申陈，省部亦无问难，遂改作汉姓，如伊格为白守忠，鄂钦为罗信是也。亦有不曾陈乞，衷私擅改作汉姓，如罗凌之子为周俊明是也。……今乃使外蕃种类，无故自易姓氏，混杂华人，若年岁稍远，则本源汩乱，无有考究，汉蕃弗辨，非所以尊中国而别族类也。①

上文中"威明"即西夏皇室嵬名氏，该文献表明当时党项族改为汉姓并不是个别现象，可见中原汉文化对党项族百姓有一定的吸引力。

（二）汉语文对西夏党项僧人影响既深且巨

很多党项族僧人不仅能念诵汉文佛经，而且对汉文字也驾驭熟练，敦煌莫高窟西夏僧人汉文题记最能体现这一点。莫高窟第61窟保存了大量西夏文题记，不少西夏文题记旁边都有与之相对应的汉文题款，如该窟甬道南壁炽盛光佛像后比丘尼榜题内有夏汉合璧的墨书题记，西夏文存十一字，史金波先生译为"燃灯行愿者"②，

---

① （宋）李焘：《续资治通鉴长编》卷476，哲宗元祐七年（1092）八月壬子壬戌条。
② 史金波：《西夏佛教史略》，第289页。

汉文录文为"扫洒尼姑播盃氏愿月明像";甬道北壁上部西数第一身供养比丘榜题内,夏汉合璧墨书题款,西夏文与汉文意同,汉文录文为"助缘僧翟嵬名九像";甬道北壁下部西数第一身供养比丘榜题内,夏汉合璧墨书题款,西夏文与汉文意同,汉文录文为"助缘僧杂谋惠月像"①;甬道北壁上部西数第三身供养比丘榜题内,夏汉合璧墨书题款,西夏文模糊不清,汉文隐约可见,录为"助缘僧讹特惠□像"②。甬道北壁下部西数第三身供养比丘榜题内,夏汉合璧墨书题款,西夏文七字,汉文录文为"助缘僧嵬名智海像"③。莫高窟第61窟题记中出现的这几个名字"播盃愿月、翟嵬名九、杂谋惠月、讹特惠□、嵬名智海",其中播盃、杂谋、讹特和嵬名皆是西夏境内党项姓氏,④ 嵬名还是西夏尊贵皇家姓氏,愿月、惠月、智海则是意译名字。播盃氏是打扫清洁的比丘尼,其余是党项族僧人。翟嵬名九,翟是汉姓,嵬名是番族姓,九为其名,这种复姓现象应该是番汉通婚形成的姓氏反映。嵬名智海在莫高窟活动比较多,莫高窟第340窟甬道北侧有西夏文题词,为亥年嵬名智海修盖寺庙的题记。⑤ 这些党项僧尼熟知汉字,在莫高窟用西夏文和汉文记录下了足迹。西夏懂汉文的党项僧人应该不在少数,及至明代,依然有西夏遗僧如党项人平尚咤失在西夏文经幢上用汉文题词"大明弘治十五年十月日住持咤失领占建立"⑥,这些都是党项人应用汉语文的直接例证。

黑水城曾发现有西夏文、汉文合璧写本《历书残页》(M21·021),该文献番汉文字大小字相间,汉文有"十五日、九月小、十

---

① 以上三个汉文题记参见《中国藏西夏文献》卷18,第207页。
② 《中国藏西夏文献》卷18,第208页。
③ 同上书,第209页。
④ 史金波:《西夏社会》(上),第36页。
⑤ 《中国藏西夏文献》卷18,第216页。
⑥ 同上书,第187页。

月"等字句,①无独有偶,贺兰山腹地的山嘴沟废弃石窟内发现有同样夏汉文合璧的文献残页,文中间有字体较大的"神"字,几个西夏异体字与"九月十七日,十八日"八个表示日期的汉字相间书写,②由此可看出当时西夏境内曾一度流行番汉双语合写的文本。这种现象在佛事活动中更为常见,西夏故地出土有不少番、汉合璧的佛教文献,在西夏文佛经中用汉语标注某些经题序言,或用汉文对照注解,抑或直接番、汉双语混用。甘肃省博物馆藏西夏文木活字本《大方广佛华严经普贤行愿品》,经折装,首题"大方广佛华严经普贤行愿品疏序"③,旁边有汉字与之对照,经文中还有不少页面在西夏字旁边有汉文对译,应是雕版印施之人为了方便番、汉僧众阅读而作。西安市文物局藏梵夹装西夏文写本《瑜伽师地论》(S21·005),以字迹工整的西夏文行书写成,为《瑜伽师地论》卷第五十八的中后部分,该经背面有十面四十六行的汉文佛经,内容为请魂文。④这些番汉合璧书写或刻印的佛经无疑是当时党项和汉族僧人熟悉双方语境,共同交流佛教文化的产物。

　　还有一个值得关注的现象,西夏文虽然是仿制汉字而成,但笔画比汉字稠密得多,西夏文佛经中,遇到版序或标注页码的时候通常不会用烦琐的西夏文数字,而是采用笔画单一书写方便的汉文序数,这在刻本印施的西夏文佛经中表现得尤为明显。如内蒙古自治区博物馆藏额济纳旗绿城出土的西夏文刻本《胜相顶尊总持功能依经录》(M11·004),是西夏时期新译番文佛经,卷首题西夏文"西天大波密坦五明国师功德司正授善式沙门,拶也阿难捺传、显密法师功德司副授利益沙门周慧海译",经文中多次出现汉文版序

---

① 《中国藏西夏文献》卷17,第163页。

② 山嘴沟宁夏文物考古研究所编:《山嘴沟西夏石窟》(下),文物出版社2007年版,图版303。

③ 《中国藏西夏文献》卷16,第321—352页。

④ 《中国藏西夏文献》卷15,第346—360页。

数"上一""下三"等字句,①另外《金刚般若波罗蜜经》（M11·008、M31·001）文中还有清晰的汉字页码。②黑水城出土《大般若波罗蜜多经卷第二百二十三残页》（M21·026），页面右侧有一行汉字"大若二百二十三巳"③；西夏文木活字《佛经残页》（M21·095），下部有汉文页码"二十六"④；西夏文写本《佛经要语残页》（M21·147），首行末尾有一汉字"七"字；⑤写本《佛经残页》（M21·177），行中兼有西夏文小字，页面中有汉字"二、三、四"字样。⑥贺兰山山嘴沟石窟出土的写本《妙法莲华经集要义镜注第八》残页中有汉文页码"一、八、一"等。⑦用汉文数字标注版序和页码不仅常见于西夏时期印施的佛经中，而且蒙元时期西夏遗僧雕版的番文佛经也会看到这种情况，如中国国家图书馆藏元代刊印的西夏文佛经《金光明最胜王经》和《慈悲道场忏罪法》，经文中可见多处汉文题字，《金光明最胜王经》卷第一、第四、第五、第六、第八、第九、第十版的间接纸处有"金光明序，金光一，金光明一"、"金光经卷四"、"金光明五、金光五"、"金光六"、"金光八"、"金光九"、"金光十、金光卷十"等字样及版序数,⑧《慈悲道场忏罪法卷第一》（B11·038）不仅版间接纸处有表示卷次的汉字"乙""一""一卷""第一"及版序数，而且还有元代刊刻工人题字，如卷首梁皇宝忏图图右汉文"俞声刊"三个字，又有原慈悲道场忏罪法序七面，题下有汉文"何森秀刊"四字。⑨

---

① 《中国藏西夏文献》卷17，第15、21页。

② 《中国藏西夏文献》卷17，第55—61、293—306页。

③ 同上书，第166页。

④ 同上书，第205页。

⑤ 同上书，第248页。

⑥ 同上书，第263页。

⑦ 山嘴沟宁夏文物考古研究所编：《山嘴沟西夏石窟》（下），图版49。

⑧ 《中国藏西夏文献》卷3，第68、154、188、264、327、369页；卷4，第22、70页。

⑨ 《中国藏西夏文献》卷4，第88、94、104、319页。

这些标注汉文数字版序的佛经有的是批量雕刻印施，也有私人发愿抄写，在西夏文佛经中使用汉文数字，笔者认为不仅仅是因为汉字比西夏文序数词简练方便书写，更为重要的应该是包括党项族僧人在内的西夏民众对汉语文熟悉和了解，这点在党项族姓氏上也有所反映，黑水城出土的手抄本《三才杂字》中有两组西夏文姓氏，一组为"讹一、讹二、讹三、讹四、讹五、讹六、讹七、讹八"等八个姓氏，另一组"耶巳、耶午、耶未、耶酉、耶亥"等五个姓氏，[①]"讹"是与其他字组成双音节姓氏最多的一个字，此八个姓氏的第二个音节是汉语数字一至八的译音，可能是"讹"字姓氏的番族部落，后来发展演变成了八姓，然而这些姓氏不是以西夏语数字为序，依然是以汉语数字为序。"耶"之姓氏，则与中原地区汉族的地支联系，与地支中的巳、午、未、酉、亥等组成姓氏，且地支中的姓氏同样不用西夏语读音，而是用汉语读音。由此可知，西夏人对汉语文和汉文化是相当了解的，对汉语文的应用也十分普及，职是之故，党项人在佛事活动之中体现出较多的汉文化特征，当亦在情理之中。

第二节　汉语佛教术语对西夏的影响

西夏立国前期接受汉传佛教，12 世纪中叶大规模发展藏传佛教，汉语文和藏语文对西夏佛教的发展都产生了不小影响。佛教发展之初，大部分佛教典籍译自中原汉传佛教，汉语与党项语的接触也随之日渐广泛而深入，西夏所译佛教文献中对中原汉语佛教术语的借用，无疑是汉传佛教影响西夏佛教发展的鲜活例证。

---

① 史金波：《西夏社会》（上），第 36 页；聂鸿音、史金波：《西夏文〈三才杂字〉考》，《中央民族大学学报》1995 年第 6 期。

一　西夏语言文字方面的基本史料

随着黑水城及中国各地藏西夏文献的不断整理与刊布，许多珍贵的西夏原始文献资料陆续公之于世，这其中就有不少直接关于西夏语言文字方面的音韵学材料和蒙书类文献，为我们了解和研究西夏佛教中的汉语用语提供了重要参考资料。

音韵学方面文献主要有西夏文《同音》《文海》（全称《文海宝韵》或《大白高国文海宝韵》）、《五音切韵》等，这些都是了解西夏语言文字最为基本的材料。西夏著有多版本的《同音》，在俄藏黑水城文献中《同音》就有甲、乙、丙、丁四个版本，西夏早期、中期和晚期成书的都有。《同音》全书共收录西夏字五千八百余字，依照重唇音、轻唇音、舌头音、舌上音、牙音、齿头音、正齿音、喉音、来日舌齿音等九品分类，该书以声类为纲，系统反映了西夏字字义，对研究西夏字义有着非常重要的学术价值。西夏文《文海》目前已知的有刻本（详本）、抄本（简本）和辑佚本三种，分为平声、上声入声、杂类三个部分，平声九十七韵，上声入声八十六韵，依照韵序先后排列，每韵中始列韵目，后列韵类各所属字，同音字排列在一起，《文海》以韵为纲，系统反映了西夏语的语言体系。西夏文《五音切韵》为不分卷抄本，现存有六种抄本，前有序言，后为韵表，再为韵图。《五音切韵》成书较早，序中御制序言有"建立《五音切韵》摄《文海宝韵》之字"，可知该书与《文海宝韵》关系密切。《五音切韵》正文首列西夏语一百零五韵母，其次是"九音显门"，以西夏文分九品音列三十六字母，系套用汉语声纽类别，最后为西夏语韵表和韵图，九品音中每品列一韵表，每一韵类一图。

西夏教育蒙书类著作主要有《番汉合时掌中珠》《三才杂字》《新集碎金置掌文》及《纂要》等。《番汉合时掌中珠》是西夏蒙书中最为重要的西夏文、汉文双解词语集，带有词典性质，黑水城、银川、敦煌等地均有发现。该书系西夏乾祐二十一年（1190）西夏学者骨勒茂才所撰，以天、地、人分类，每类又分上、中、下三品，所收词语以夏汉互义、夏汉互音四行对译，内容丰富，有关于日月星辰、花果蔬菜、人体部位、人事生活等大多数常用社会用语，其中即包括不少佛事佛法等佛教词汇。《三才杂字》类似于汉文"杂字体"字书，目前保存下来的文献有西夏文和汉文两种，黑水城出土有多种版本的西夏文《杂字》。番文版《杂字》内容包括西夏语的常用词语，以天、地、人分为三品，通过书中所列大量字词可以了解西夏的自然现象、动植物和社会风俗等状况。汉文版的以事门分类，分为二十部，有汉姓名、衣物、官位、亲戚长幼等，为了解西夏社会提供了很多具体资料。西夏文《新集碎金置掌文》（简称《碎金》）约成书于12世纪初期，乃西夏息齐文智所编，全文一千字，每句五言，其编排方式和叙事列明的顺序与汉文《千字文》相仿，内容多为自然现象、人事及职官方面的社会习用词语。西夏文《纂要》以事门分类，为西夏语译汉语"杂字体"字书，即每一个西夏文词语都用汉语注释，但这种注释并不用汉字，而是用汉字注音的西夏字，现仅存第五类"器皿"，第六类"乐器"和第七类"花名"。这几种蒙书除了黑水城以外，在敦煌及其他西夏故地也有出土，版本亦较多，在西夏世俗著作的出版中占有重要份额。

二　西夏常见汉语佛教术语

中原地区自东汉至唐末时期，伴随着大量梵文佛教典籍被陆续译成汉文，众多佛教词语或音译或意译进入汉语词汇中，极大地丰富了中原汉文化词语库。时至今日，大量佛教外来词早已突破了原有宗教意义，转化成普通民众习以为常的日常生活用语，不仅有世界、如实、实际、平等、现行、刹那、相对、绝对、浮屠、随喜、执著、泡影、觉悟、实际、境界、三昧、般若、瑜伽、罗汉、菩萨等词汇，还有醍醐灌顶、现身说法、三生有幸、天花乱坠、六根清净、一尘不染、当一天和尚撞一天钟、无事不登三宝殿等众多音译成语或俚语，这些外来词语与佛教的中国化进程同步，逐渐融入中国传统文化当中，成为中国文化不可或缺的重要组成部分。

在西夏语言文字材料中，也保留着不少佛教专用术语，如在双解词典《番汉合时掌中珠》中，"人事"部分表述人生活动时，首先列入了佛教内容，记述了百姓兴修寺舍，烧香供养，修行诵经，一心信仰佛教和统治者不遗余力宣扬佛教盛况。在最后又罗列了很多佛教用语，诸如烦恼缠缚、起贪嗔痴、三界流转、远离三途、四向四果、十地菩萨、等觉妙觉、自受用佛、证圣果已、昔因行愿、演说法门、指示寂知、菩提涅槃、六趣轮回、苦报无量、争如自悔、修行观心、得达圣道等词汇，①在"人事"部分词语中，佛教用语几乎占了四分之一篇幅。

西夏佛教发展之初以汉文佛典为底版翻译番文大藏经，因此不少汉语佛教常用术语也被音译或意译，有的干脆直接拿来借用，在西夏文佛教典籍或从藏文翻译过来的汉文佛经中都能发现有不少这样的汉语借词存在。目前西夏学界从语言学角度出发探讨西夏汉语借词的成果较多，龚煌城、李范文、史金波、聂鸿音等诸位先贤对西夏文献所见汉语文词汇都做过或多或少的介绍，②总览西夏各类佛

---

① （西夏）骨勒茂才：《番汉合时掌中珠》，第 72—75 页。

② 龚煌城：《西夏语中的汉语借词》，载龚煌城《西夏语言文字研究论集》，民族出版社 2005 年版，第 357—446 页；李范文、杨占武：《西夏语中的汉语借词补遗》，《宁夏社会科学》1993 年第 2 期；李范文：《汉语对西夏语的影响》，《西北第二民族学院学报》2006 年第 4 期；史金波：《西夏语中的汉语借词》，《中央民族学院学报》1982 年第 4 期；聂鸿音：《西夏语中汉语借词的时间界限》，《民族语文》1994 年第 1 期；聂鸿音：《西夏佛教术语的来源》，《固原师专学报》2002 年第 2 期；聂鸿音：《西夏的佛教术语》，《宁夏社会科学》2005 年第 6 期。

经文献，发现佛教中亦存在大量汉语借词，是为汉传佛教术语对西夏佛教最直接的影响之一，以下举出几例：

1. 钵，西夏文作"𗹬"，梵文 pātra，原作"钵多罗"，后来省作"钵"，西夏"𗹬"字由汉语转借，是为汉语借词。

2. 佛陀，西夏文作"𘘞𗦲"，梵文 buddha，音译汉语作佛陀，《掌中珠》里所见"佛"字，均作"𗦲"，"𘘞"仅作为汉字"佛"的注音用，《文海》将两字视为同义词，《同音》中"𗦲"下方注"𘘞"，"𘘞𗦲"音译汉语"佛陀"，当由汉语转借。

3. 界，西夏文作"𗟨"，《同音》之中用""𗟨"（界）"注右"𗙫（世）"，汉语的"界"与西夏的"𗟨"语音接近，语意明确，明显是西夏借自汉语的佛教术语。

4. 僧，西夏文作"𗾟"，"𗾟"字从"𗌭𗥃"（和众），这两个字是西夏意译梵文 sangha（僧伽）所造名词，当为汉语"僧"字转借。

5. 寺，西夏文作"𗦲"，西夏语称"寺舍"为"𗆐𗱕"，《掌中珠》中以西夏"𗦲"字注汉字"寺"音，《文海》及《同音》将"𗦲"与"𗆐𗱕"或"𗱕"作为同义词，西田龙雄将"寺"在西夏佛教里之意"? mǐe－yǐen"和汉语"精舍"认为是一致的，判明"寺"这个单词实际上也是从汉语直译过来的。[①]

6. 禅，西夏文作"𗴛"，《同音》用""𗴛"（禅）"注左"𗼃（定）"，《文海》亦将此两字连用。

7. 尚，西夏文作"𗆄"，《同音》和《文海》都注音将之与"𗌭（和）"连用，《文海》注释显示此二字与"和众"及"僧"同义。[②]

8. 金刚，梵文原作 Vajra，佛教护法神之名，西夏有汉式和藏

---

① ［日］西田龙雄：《关于西夏文佛经》，潘守民译，《西北史地》1983 年第 1 期。

② 以上 7 个汉语借词"钵、佛陀、界、僧、寺、禅、尚"，参见龚煌城《西夏语言文字研究论集》，民族出版社 2005 年版，第 363、370、385、401、406、412、413 页。

式二译，汉式词为"䦂䮺"，音译汉语"金刚"，见《金刚般若波罗蜜多经》（鸠摩罗什汉译）。①

9. 比丘，梵文作 Bhiksu，"乞士"之意，西夏汉式词为"䴗䴗"，音译"比丘"，见《佛说瞻婆比丘经》（法炬汉译）。②

10. 般若波罗蜜多，梵文作 prajna‐paramita，即所谓的"智慧到彼岸"，西夏汉式词为"䮃䮺䮺䮺䮺䮺"，音译"般若波罗蜜多"，见《大般若波罗蜜多经》（玄奘汉译）。③

11. 帝释，梵文作 Bhagavān，即指佛祖释迦牟尼，西夏该词的汉式词"䮺䮺"，由两字组成，首字音译汉语"释"，次字意译汉语"帝"，见《佛说帝释般若波罗蜜多经》（施护汉译）。④

12. 观世音，梵文作 Avalokitesvara，西夏汉式词为"䮺䮺䮺"，字面意译"世音观"，见《妙法莲华经观世音菩萨普门品》（鸠摩罗什、阇那崛多汉译）。⑤

13. 耆阇崛，巴利文作 Gijiakūta，即释迦牟尼说法之处"灵鹫峰"，西夏汉式词为"䮺䮺䮺"，音译汉语"耆阇崛"，见《大般若波罗蜜多经》（玄奘汉译）。⑥

14. 乾闼婆，梵文作"Gandharva"，是帝释天属下职司雅乐的天神，西夏汉式词为"䮺䮺䮺"，音译汉语"乾闼婆"，见《观弥勒菩萨上生兜率天经》。⑦

---

① E. H. Кычанов, *Каталог Тангутских буддиских Памятнивв*, Киото：Университет Киото，1999，c. 278.

② E. H. Кычанов, *Каталог Тангутских буддиских Памятнивв*, Киото：Университет Киото，1999，c. 46.

③ Ibid.，c. 48.

④ Ibid.，c. 290.

⑤ Ibid.，c. 299.

⑥ 罗福成：《大般若波罗蜜多经卷第一释文》，载国立北平图书馆编《国立北平图书馆馆刊》第 4 卷第 3 号《西夏文专号》，1932 年版，第 2701 页。

⑦ 伊凤阁：《观弥勒菩萨上生兜率天经释文》，载国立北平图书馆编《国立北平图书馆馆刊》第 4 卷第 3 号《西夏文专号》，1932 年版，第 2730 页。

15. 菩提，西夏文作"𗝘𗼃"，读若*pho‑thi，音译汉语"菩提"；涅槃，西夏文作"𗓁𗣼"，读若*ne‑phan，音译汉语作"涅槃"。①

16. 塔，西夏文作"𗲉𗓊"，读若*bu‑do，意为塔，借自汉语"浮图"，武威发现的西夏文《凉州重修护国寺感通塔碑》上作"塔"讲。②

以上诸多西夏文佛教文献中常见的汉语借词，有的如"禅、僧、寺"等在西夏立国之前就已融入党项人的日常生活之中，早已分不出是外来借词了，在西夏文字创制之时即造有此类专业的佛教术语。西夏大多数汉语佛教借词则是在西夏佛教发展过程中，随着中原汉文大藏经的逐步翻译、汉语文影响西夏佛教文化日渐加深的历史环境下陆续借入的，也体现了西夏佛教对中国化佛教文明的积极接纳态度，是汉传佛教影响西夏佛教发展的鲜明表现。

三　西北汉语方言对西夏佛教的影响

西夏佛教发展道路除了受中原汉传佛教和吐蕃藏传佛教影响之外，还受到西北河西地区浓厚的佛教氛围影响。众所周知，西夏立国前后的河西地区佛教已经十分兴盛，高度发展的同时也逐渐世俗化，西夏占领敦煌一带后，悠久的河西佛教文化对西夏佛教的发展必然会有较大推动作用，河西佛教的语言载体——西北汉语方言如同中原地区汉语文一样，对西夏佛教用语方面也有一定影响，这一点在西夏新译佛经文献中表现尤为显著。

如同前文所述，西夏不仅翻译了中原汉文大藏经，而且还新译了不少藏文佛经和梵文经典，黑水城文献中就发现有同一佛经的

① （西夏）骨勒茂才：《番汉合时掌中珠》，第74页。
② 《中国藏西夏文献》卷18，第85页。

汉、藏、西夏文三个不同版本。西夏时期新译汉文本藏传佛教文献，其中很多密咒所用汉字的字音就是西夏境内流行的西北汉语方言，目前西夏学界内对此已有较多关注，孙伯君详细考证了译自梵文本的汉文《圣观自在大悲心总持功能依经录》《胜相顶尊总持功能依经录》和《佛说圣大乘三归依经》等几部新译佛经的对音情况，对这些新译佛经中陀罗尼的特殊标音汉字做了细致分析，此不复赘。①经过比对可发现，西夏僧人宝源的这些汉文译本明显带有西夏地区流行的西北汉语方音特征，这与《番汉合时掌中珠》中夏汉对音特殊标音汉字的使用有一致的地方，由此可知当时西夏境内除了中原地区的汉语文之外，西北地区汉语言也十分流行，西夏佛教用语受汉语文影响，其中亦借入不少当时西北汉语方言中的词汇因素。

第三节　西夏佛教艺术中的汉文化因素

西夏佛教艺术主要表现在绘画、雕塑、建筑等几个方面，集中体现在河西地区的众多寺庙和佛教石窟艺术上，今宁夏与内蒙古地区亦保留或出土了不少西夏佛教艺术珍品。河西地区的佛教艺术自唐代以来就已高度繁荣，西夏统治该地区以后，佛教深受中原汉文化与吐蕃文化影响，有了进一步发展，敦煌莫高窟、瓜州榆林窟的佛教艺术在恢复和继承前代艺术成就的基础上，又有所突破，逐渐形成了该时期西夏佛教的艺术风格和特点。

---

① 孙伯君：《西夏宝源译〈圣观自在大悲心总持功能依经录〉考》，《敦煌学辑刊》2006年第2期；作者《西夏宝源译〈胜相顶尊总持功能依经录〉考略》，载杜建录主编《西夏学》第1辑，宁夏人民出版社2006年版，第69—75页；作者《西夏新译佛经中的特殊标音汉字》，《宁夏社会科学》2007年第1期；作者《西夏译经的梵汉对音与汉语西北方音》，《语言研究》2007年第1期；作者《西夏佛经翻译的用字特点与译经时代的判定》，《中华文史论丛》2007年第2期。

一　西夏灿烂的佛教艺术

（一）绘画

西夏佛教绘画主要包括壁画、卷轴画、胶彩画（唐卡）等诸方面。石窟壁画保存下来的西夏绘画最多，而寺庙壁画因寺庙毁坏或翻修，基本上已不复存在。此外黑水城出土文物中也有大量卷轴画珍品，不少西夏佛经文献里还保存有一些绘画著作。

西夏石窟壁画主要分布于今甘肃河西走廊一带，以敦煌莫高窟和瓜州榆林窟最多，东千佛洞、酒泉文殊山石窟、水峡口下洞子石窟、肃北五个庙石窟、一个庙石窟、武威天梯山石窟、宁夏贺兰山山嘴沟石窟、内蒙古阿尔寨石窟（俗称百眼窑石窟）等亦保留有不少西夏壁画。现存西夏壁画艺术题材20多种，就其内容和性质而论，大多数属于佛教壁画艺术，流行的以尊像、本生故事、佛说法图、经变图菩萨像、供养人故事、高僧故事装饰图案等为主。[1]早期、中期流行绘制供养菩萨和药师佛像，占统治地位的仍是非密宗题材，壁画受唐宋壁画影响较多，构图上往往公式化，体裁较单调。中后期逐渐形成了自己民族的艺术特点，西夏的人物特征和服饰在壁画中都有了较多反映。晚期随着藏传佛教影响的深入，壁画中开始出现藏式佛画。因此，佛窟中多出现密宗题材壁画，如密宗的本尊大日如来和观音图像，所绘供养人物像已经完全是党项人装饰了。

卷轴画为彩墨绢画，是绘于绢帛麻等织物上，有的还加以衬布、挂带、轴，俗称卷轴画，便悬挂便移动，以绘画代塑像，更有利于膜拜。黑水城遗址出土的大批西夏佛教绘画中，就有不少卷轴画，如高96厘米、宽60厘米的《文殊图》，高103.5厘米、宽

---

① 刘玉权：《略论西夏壁画艺术》，《西夏文物》，文物出版社1988年版，第10页。

57.5 厘米的《普贤图》，高 124.5 厘米、宽 62 厘米的《弥勒佛图》，高 145 厘米、宽 99.5 厘米的《阿弥陀佛接引图》等等。这些精美的卷轴画特点十分鲜明，汉传佛教与藏传佛教、中原绘画传统与吐蕃绘画传统两种风格并存，反映出了西夏佛教已进入兼收并蓄、多来源、多层次的成熟时期。① 这些卷轴画再现了西夏佛教的多种艺术风格，说明西夏佛教在吸收外来佛教精髓的同时，亦形成了自己独特的民族艺术风格。

胶彩画——唐卡，是藏传佛教的一种胶彩宗教卷轴画，用胶彩绘于绢或布帛，题材有佛、菩萨、护法神、祖师等，多为浓彩重抹，色调深沉。如《十一面观音像》《上乐金刚图》《上师图》《胜三世明王曼荼罗图》《八大灵塔图》《大日如来佛图》等等。这些唐卡按照密宗造像仪轨绘制，其绘画风格传承于吐蕃王朝佛教前宏期绘画艺术的风格，即东印度波罗王朝的艺术风格。唐卡是藏传佛教绘画艺术，在西夏故地佛塔内大量出土，说明了藏传佛教在西夏境内流行的广泛性。②

（二）雕塑

西夏的雕塑从材料上分主要有泥塑、石雕、木雕、砖雕和竹雕等，从技法上则可分为圆雕和浮雕两种。雕塑艺术作品一般置于寺院和陵墓，与受佛教生命轮回观念影响而产生的修来世信念密切相关，具有很强的实用性。

西夏雕塑中很重要的一种形式即为彩塑，作品主要是雕塑的佛、菩萨等佛经人物和供养人，多存于石窟及寺庙中。西夏故地甘州城即今甘肃张掖大佛寺内的大卧佛为典型的涅槃像，是保存在寺庙中最大的西夏塑像。甘州曾经是西夏繁荣的佛教圣地，据《马可

---

① 韩小忙、孙昌盛、陈悦新：《西夏美术史》，文物出版社 2001 年版，第 44—55 页。

② 谢继胜：《西夏藏传绘画——黑水城出土西夏唐卡研究》，河北教育出版社 2002 年版，第 30—109 页。

波罗行记》载，当时甘州城佛像很多：

> 偶像教徒依俗有庙宇甚多，内奉偶像不少。最大者高有十步。余像较小，有木雕者，有泥塑者，有石刻者。制作皆佳。外傅以金，诸像周围有数像极大，其势似向诸像作礼。[①]

除了河西之地，其他地方也发现不少西夏塑像作品。内蒙古额济纳旗达兰库布镇东南 40 里的一个西夏寺庙 1963 年出土了一批西夏彩塑，有着很高的艺术价值，是西夏佛教彩塑艺术瑰宝。近年宁夏贺兰县宏佛塔天宫还发现了一批西夏彩绘泥塑像，有佛头像六尊，佛面像四尊，罗汉头像十八尊，罗汉身像十二躯，力士面像两尊以及佛手等。[②] 虽然遭到破坏多为残品，但依然能看出西夏彩绘泥塑的高超水平。宁夏拜寺口双塔西塔上二至十三层每层檐下有方形浅龛，内有影塑彩绘僧人、罗汉、金刚、童子、菩萨、七宝、八吉祥等藏传佛教装饰内容，具有浓厚宗教色彩。[③] 此外青铜峡一百零八塔在维修过程中于 001、009、017、041、085 和 101 等塔内都发现有泥塑彩绘造像、砖雕佛像等文物。[④]

西夏石雕主要出土于陵园雕塑。完整保存至现在的石刻品已不多，但仍能从存世残品中见到其作品的精美之处，很多都是汲取了中原石刻艺术精华又有所创新的。西夏石雕可分为三部分，一是地面雕像，只有数件人像石碑座和石像生残块。其中人像石碑座粗犷

---

① 冯承钧译：《马可波罗行记》，中华书局 1957 年版，第 208 页。

② 于存海、雷润泽、何继英：《宁夏贺兰县宏佛塔清理简报》，《文物》1991 年第 8 期。

③ 杜斗城：《西夏的转轮王塔——北宁夏拜寺口西塔之建造背景》，载古正美主编《唐代佛教与佛教艺术——"七‐九世纪唐代佛教及佛教艺术国际会议"论文集》，新竹觉风佛教艺术文化基金会，2006 年版，第 121—129 页。

④ 雷润泽、于存海：《宁夏青铜峡市一百零八塔清理维修简报》，《文物》1991 年第 8 期。

厚敦，是西夏雕刻艺术精品，亦是西夏陵标志性的艺术作品。武威凉州重修护国寺感通塔碑，碑铭周围有线刻卷草纹，碑额两侧各刻一身伎乐菩萨，作伴舞姿态，这些都很好地表现了西夏艺术特点。此外散布在甘肃祁连山一带的石窟中亦有西夏时代石雕，如民乐县马蹄山北寺、金塔寺中就有雕凿的佛与菩萨塑像。二是陪葬雕刻艺术品，多为动物形象。运用圆雕、浮雕、线刻相结合手法把各种动物描绘得活灵活现，有大石马、分鬃小石马、无鬃小石马、卷尾小狗、长吻小狗等，由此可以看出西夏人对马和狗的喜爱。三是建筑装饰构件，陵园出土的两段雕凿精细的雕龙栏柱，造型生动，栩栩如生。

西夏木雕亦十分精美。宁夏拜寺口双塔西塔出土有木雕"胜乐金刚像"和高 32.5 厘米、长 58.3 厘米、宽 40 厘米的木雕供桌。内蒙古额济纳旗古庙遗址出土有木雕菩萨像，武威西郊林场两座西夏墓中还出土了一批陪葬木器，计有木条桌、木衣架、小木塔、木笔架、木宝瓶和木缘塔等等。西夏陵墓中出土如此种类繁多造型独特的木雕品，反映了西夏党项民族的民风民俗及西夏艺术匠人精湛的雕刻水平。

（三）建筑

西夏佛教建筑有着自己的独特风格，体现出了当时较高的建筑水平。这些佛教建筑主要包括按佛教仪轨建造的佛塔，按照中国木架结构传统建筑琉璃砖瓦装饰的亭台楼阁、寺庙及陵园建筑群等等，有着很高的艺术价值。我们从莫高窟第 400 窟《药师经变》、榆林窟《宫阙图》等图还可以看出西夏建筑有正殿、左右配殿、回廊、角楼等宫殿式建筑群。目前留存遗迹中以佛教寺院居多，这些寺院建筑表现了当时佛事活动的兴盛，我们从现今发现的残损构件中即可领略西夏佛教建筑艺术的概貌。

佛塔是常见佛教建筑之一。位于西夏首都兴庆府的承天寺塔为西夏毅宗天祐垂圣三年（1050）创建，役民数万人，至福圣承道三年（1055）建成，用以贮藏宋朝所赐大藏经，西夏灭亡以后，此寺、塔犹存，清朝时期因地震破坏重修，基本上保持了原塔形貌。宁夏同心县韦州旧城东南隅的康济寺塔，亦是建于西夏时期，其建筑手法和风格与承天寺塔大致相近。此外，坐落在宁夏中宁县鸣沙镇黄河边崖上的安庆寺永寿塔、宁夏贺兰县境内的拜寺口双塔、甘肃永昌县北海子境内的圣容寺方塔、宁夏青铜峡的一百零八塔、甘肃张掖大佛寺内的弥陀千佛塔、贺兰县境内的宏佛塔等亦都是西夏时期佛塔。

　　石窟寺是佛教建筑的另一种形式，依山而凿，窟内或雕刻或泥塑佛像，顶部和四壁墁泥后绘画佛像。甘肃敦煌石窟是我国历代佛教圣地之一，亦是西夏创造石窟艺术的主要场所，西夏统治者十分重视莫高窟和榆林窟的修建，两个洞窟中有大量西夏洞窟，多为改建、妆銮前代洞窟，重新开凿的较少。莫高窟 500 多窟中即有 60余西夏窟，内有丰富的壁画与佛像，表现了西夏的民族风格和各民族文化交融的特点。甘肃省民乐县马蹄山石寺的石窟群中，亦有西夏石窟遗存，其中有一窟藏佛殿即为西夏时期所造。此外，河西走廊瓜州东千佛洞、武威天梯山、武威亥母洞、酒泉文殊山、肃北五个庙、景泰五福寺等地石窟以及宁夏银川山嘴沟石窟、内蒙古鄂托克旗百眼窑等地都相继发现了西夏洞窟和壁画。

　　西夏佛教建筑除了上述佛塔、石窟寺以外，还有数量相当多的寺庙。这些寺庙本身就是西夏传播佛教的基地，不少寺庙修建有风格独特的佛塔以供贮藏佛经或翻译经文等用。西夏时期著名寺庙主要有首府兴庆府地区的戒坛寺、高台寺、承天寺、海宝寺，贺兰山一带的贺兰山佛祖院、五台山寺、慈恩寺等寺庙，凉州地区的护国寺、圣容寺、崇圣寺等，甘州卧佛寺、崇庆寺、诱生寺、十字寺以及黑城附近的寺庙。这些佛教建筑一般分布于各地政治文化中心的城镇和名山胜地，由于统治阶级大力重视和提倡，佛教这些建筑在营造方式和规模及艺术风格上，都具有很高的技术水平，充分体现了西夏兴盛发展的佛教文化。

二　西夏佛教艺术中的汉文化因素

佛教自两汉之际（1—2 世纪）由中亚传入汉地，约两晋时期（3—5 世纪）在社会各阶层中流传开来，中国佛教艺术开始形成。至南北朝时期（5—6 世纪），佛教迅速发展，外来佛教在中国被融合、吸收，南北方都形成了一些佛学流派，佛教艺术趋于多样化，云冈、敦煌、龙门等石窟相继大规模地开凿，一些佛像绘画艺术颇具造诣。隋唐时期（6 世纪后半叶—9 世纪末），中国佛教艺术逐渐摆脱外来影响，更加趋向民族化，内容与表现形式都更接近现实生活，佛教艺术成为人们现实生活和愿望的真实写照。从宋朝伊始，佛教在中国本土进入融合、吸收时期，一方面融合诸宗，佛教内部各宗派互相影响互相吸收，另一方面是佛教与中国传统儒家思想及道教的相互融合、吸收。宋代程朱理学的形成，标志着儒、佛两家合流基本完成，此后，佛教义学日趋衰落，与此同时着重于宗教实践，提倡简便易行、很少烦琐哲学的禅宗、净土宗却在社会上广为流行，佛教艺术也随之简化形式，以服务于内容。深受中原佛教影响的西夏，其佛教内容与形式亦表现出了这种发展趋势。

（一）西夏绘画中的汉文化因素

中国佛教绘画经过长期发展，至唐代时，无论题材内容还是表现形式均已达到发展历程中的顶峰，对以后佛教绘画的发展有着深刻影响。西夏绘画艺术在表现形式上总体看来与唐宋一脉相承，构图饱满、严谨、对称、均衡，画面饱满却不复杂，动感流于其中，疏朗有致，留白手法较明显，形成对立统一的完美效果。绘画形式主要是运用中国画传统线描手法，以铁线与兰叶描为主，辅以折芦、莼菜条、钉头鼠尾描，线条流畅、圆润，表现出了场景的结构、远近层次和透视关系。色彩应用上清淡简约，表现出重墨轻彩、重线轻色的倾向，人物造型亦完全属于汉民族传统的形象和模式。

在宏佛塔出土的 14 幅绘画中，有 7 件属于中原风格，题材有阿弥陀来迎图（1 件）、观音（1 件）、千手观音（1 件）、大日如来（1 件）、炽盛光佛（2 件）、护法力士（1 件）。黑水城出土的 200 余幅绘画，已经公布于世的有 60 幅，①其中有 18 件属于中原风格，题材有阿弥陀来迎（1 件）、西方净土（1 件）、水月观音（2 件）、观音（1 件）、大势至菩萨（1 件）、文殊菩萨（1 件）、普贤菩萨（2 件）、炽盛光佛（1 件）、毗沙门天王（1 件）、饿鬼（1 件）。黑水城出土唐卡虽然是藏传佛教的绘画艺术，但汉地艺术对其形制影响颇大。由于佛教造像有其自身严格的造像尺度，画面佛像或神灵等主像丝毫不能变动，故唐卡背景描绘往往最能体现艺术家的创作个性。汉地艺术对其画面背景的描绘如山岩、溪水、云雾、花草树木、宫室、楼阁等诸多方面内容都保留着宋代汉地卷轴画痕迹，而唐卡形制与装潢样式亦多属于汉地风格，如《四美图》《犹勃》及拜寺口西塔天宫藏《上师图》等等。②

西夏木刻版画中属于中原风格的亦多见于俄藏黑水城文献中，如《佛说阿弥陀佛经》（TK244），刻本，经折装，目前仅存卷首版画，内容与唐卡中《阿弥陀佛来迎图》基本一致，但人物造型和相貌更趋于中原化。黑水城出土的汉文《注清凉心要》（TK186），刻本，经折装，内容为圭峰兰若沙门宗密注华严疏主清凉国师澄观答唐顺宗皇帝所问心要法门。汉文版《金刚般若波罗蜜多经》

①　Mikhail Piotrovesky, *Lost Empire of the Silk Road. Buddhist Art from Khara Khoto*（X—XIIIth Century）, Thyssen – Bornemiza Foundation, lugano, 1993.

②　谢继胜：《西夏藏传绘画——黑水城出土西夏唐卡研究》，第 297—311 页。

（TK179），刻本，经折装，卷首有版画四折画，第二折为主尊，佛陀端坐于莲台上，身后为立于云海中的八大金刚和十大弟子，神态各异，表情不一，金刚面相怪异，弟子则明显为中原汉僧面容。佛座下的菩萨旁边弟子，前方天人众、善男子、善女子等亦为明显的中原人形象。

图 5—2　俄 TK179《金刚般若波罗蜜多经》卷首版画

（二）糅合汉文化风格的佛教塑像与建筑

西夏雕塑艺术有着较为辉煌的成就，无论是西夏时期石窟造像，还是陵墓石刻、寺庙塑像以及其他雕塑艺术，无不彰显出浑厚朴实、饱满丰腴、雄健奔放、坚实粗犷的时代精神和民族风格。由于受中原汉传佛教影响，这些富有西夏特色的雕像亦表现出中原佛教的艺术风格，如黑水城附近寺庙出土的西夏彩塑不仅身材比例适度，服饰式样多变、设色明快，而且面部表情形象生动、神气自如。女像肌肤丰润，衣裳合体，形态温柔典雅，男像丰硕饱满，或儒善良虔诚，或武刚强有力。这批塑像完全可与时代大致相同的山西太原晋祠圣母殿的塑像相媲美，明显受到中原佛教塑像影响。宁夏贺兰县宏佛塔天宫发现的彩绘泥塑像，虽然是佛头、罗汉、力士面像及耳、手、臂、脚等残件，但从其丰满健壮的造像来看，仍具有明显的唐代遗风。

西夏佛寺建筑群以兴庆府—贺兰山一线和河西走廊地区为主要分布中心，兴庆府—贺兰山一线有高台寺、承天寺、大度民寺、贺兰山佛祖院、五台山寺、慈恩寺、安庆寺等。佛塔是佛寺的中心建筑和灵魂，西夏佛教建筑中亦保留有许多佛塔，这些佛塔也大多借鉴中原的建筑艺术风格。如贺兰县的宏佛塔即是覆钵和楼阁式的复合形制佛塔，集中原传统的楼阁式佛塔和藏传佛教佛塔建筑艺术于一体，形成了一种独特花塔。

西夏灿烂的佛教艺术是与西夏佛教的繁荣与发展紧密相连的，西夏绘画、雕塑、建筑等艺术形式上的成就，都与佛教结下了不解之缘，不少西夏艺术珍品，本身即是佛事活动用品。西夏佛教艺术具有浓郁的混合风格，在各个方面都体现了中原汉地佛教与吐蕃藏传佛教的影响，最终形成了具有西夏民族特色的佛教艺术风格。

通过分析研究出土佛教文献，可以看出，西夏佛教中包含着诸多汉语文因素，不仅佛教管理系统中各个机构部门的设置多参考中原之制定名，西夏僧众尤其是党项人应用和驾驭汉语文的能力也十分娴熟，而且在西夏文佛经的翻译过程中更是直接转借汉语佛教术语，汉译梵文、藏文佛经时则对西北地区流行的汉语方言亦有所吸收。西夏佛教绘画、雕塑及建筑等也深深地打上了中原汉文化艺术烙印，是汉传佛教影响西夏佛教艺术的直观表现。

结　　语

　　佛教是西夏立国时期敬奉的主要宗教，对西夏社会、历史、文化的发展影响甚巨，除了汉文史书记载外，宁夏、甘肃、内蒙古等地的佛教石窟艺术与其他多种佛教遗物又为西夏佛教史的研究提供了丰富的实物证据，尤其是黑水城遗址、敦煌莫高窟、贺兰县拜寺沟西夏方塔等地发现的众多西夏文献，更为西夏佛教研究提供了前所未知的第一手资料。通过对西夏佛教的考察，可以看出汉传佛教对西夏佛教的形成及发展，尤其是西夏佛教特色的形成，有着既深且巨的影响。

　　首先，西夏佛典主要来自于汉地。西夏从西域佛教的历史背景出发，将求取佛教典籍的目光投向了佛教兴盛的中原宋朝，自1031年至1073年，西夏统治者曾先后六次向中原王朝求取汉文大藏经，之后集中大量人力、物力和财力用西夏文字翻译经文。西夏亦多次刻印、辑录、散施汉文大藏经，随着藏传佛教的发展又将藏文佛经新译为西夏文和汉文，汉文佛经的流行为中原佛教在西夏的广泛传播与发展奠定了坚实基础。

　　其次，西夏文大藏经的翻译与校勘工程糅合了不少多民族特征，虽然领军人物大多是精通多语的回鹘、吐蕃、天竺等异国高僧，但译经或校勘主体力量则为汉族僧人。西夏汉僧不仅熟知汉文佛典，而且驾驭西夏文字的能力也十分娴熟，这从黑水城佛教文献发愿文和碑刻题记等即能看出。不过值得深思的是，汉族僧人为汉传佛教在西夏的传播贡献颇多，但整体社会和佛教地位却不如回鹘及吐蕃高僧，究其原因，应当与西夏佛教本身的发展特点和宋夏两国时战时和的政局密切相连。

再次，汉文大藏经除了作为翻译之底本以外，为了满足西夏国内民众对汉文经典的大量需求，许多佛典还被大量刊印流通。上至皇室成员的重要大法会，下至民间普通百姓的求佛发愿，汉文佛经印施数量都是相当多的，但与统治者推崇西夏文大藏经不同的是，完整汉文大藏经基本上仅作珍藏，国内流通的汉文佛经则是根据信仰有选择有目的地雕版刻印，如民众需求量较多的《妙法莲华经》《阿弥陀经》《大方广佛华严经》等实用典籍。

复次，西夏境内流行多种佛教宗派和民间信仰。禅宗、净土宗、华严宗、天台宗、律宗、法相宗等于西夏国内盛行，相关西夏文佛经数量巨大，不少还是精美刻本或活字本，说明上述信仰是广受西夏民众信奉的。中原地区常见的观音、弥勒、地藏等民间信仰也在西夏十分流行，与这些民间信仰息息相关的法会斋日等亦出现在西夏佛事活动中。这些宗派或民间信仰均形成于隋唐时期，是佛教完成中国化进程的重要标志，为印度佛教所无，是中国佛教重点特色。

最后，西夏佛教在其发展过程中，融合吸收了较多汉文化因素，这也是中原汉传佛教影响西夏佛教的鲜明表现之一。从文献记载来看，不管是皇家成员还是普通僧众，对汉语文都有一定的应用能力，尤其是党项族僧人，这一点从党项僧人的汉文题款和西夏文佛经中较多的汉语佛教术语中即能窥见一斑。除此之外，西夏石窟壁画、佛教建筑文物等也无不彰显出唐宋佛教艺术对其的深远影响。

以上事实说明，汉传佛教始终影响并决定着西夏佛教形成与发展的基本方向，西夏佛教呈现出明显的汉传佛教特色。从某种意义上说，西夏佛教实际上可被视作汉传佛教在西夏境内的一种翻版，为汉传佛教强烈影响我国周边民族的一个典型范例。

参考文献

一 基本史料与考古文献

《辽史》，中华书局点校本，1974年版。

《金史》，中华书局点校本，1975年版。

《宋史》，中华书局点校本，1977年版。

《册府元龟卷》（校订本），凤凰出版社2006年版。

（宋）《辽海丛书》，辽沈书社1985年版。

（宋）司马光：《涑水记闻》，邓广铭、张希清点校，中华书局1989年版。

（宋）李焘：《续资治通鉴长编》，中华书局1994年版。

（宋）赞宁：《宋高僧传》，范祥雍点校，中华书局1997年版。

（宋）欧阳修：《欧阳文忠全集》，四部丛刊本。

（西夏）骨勒茂才：《番汉合时掌中珠》，黄振华、聂鸿音、史金波整理，宁夏人民出版社1989年版。

（元）虞集：《道园学古录》，吉林出版社2005年版。

（明）胡汝砺编：《嘉靖宁夏新志》，管律重修，陈明猷校勘，宁夏人民出版社1982年版。

（清）徐松辑：《宋会要辑稿》，中华书局1957年版。

（清）吴广成：《西夏书事校证》，龚世俊等校证，甘肃文化出版社1995年版。

（清）钟庚起：《甘州府志》，张志纯等校点，甘肃文化出版社 1995年版。

（清）张鉴：《西夏纪事本末》，龚世俊、陈广恩、朱巧云校点，甘肃文化出版社 1998 年版。

陈述辑校：《全辽文》，中华书局点校本，1982 年版。

敦煌文物研究所编：《敦煌莫高窟内容总录》，文物出版社 1982年版。

敦煌研究院编：《敦煌莫高窟供养人题记》，文物出版社 1986 年版。

敦煌研究院编：《中国石窟》，文物出版社、东京平凡社 1997 年版。

敦煌研究院编：《敦煌石窟艺术》，江苏美术出版社 1998 年版。

林世田编：《国家图书馆藏西夏文献中汉文文献释录》，北京图书馆出版社 2005 年版。

李逸友编：《黑城出土文书（汉文文书卷)》，科学出版社 1991年版。

李范文主编：《中国国家图书馆藏西夏文文献》（1—14 册），上海古籍出版社 2005 年版。

［俄］孟列夫：《黑城出土汉文遗书叙录》，王克孝译，宁夏人民出版社 1994 年版。

宁夏文物考古研究所编：《拜寺沟西夏方塔》，文物出版社 2005年版。

宁夏文物考古研究所编：《山嘴沟西夏石窟（上下)》，文物出版社 2007 年版。

宁夏大学西夏学研究中心、中国国家图书馆、甘肃省古籍文献整理编译中心编：《中国藏西夏文献》（1—20 册），甘肃人民出版社、敦煌文艺出版社 2005—2007 年版。

内蒙古自治区考古研究所、宁夏大学西夏学研究中心、甘肃省古籍文献整理编译中心编：《中国藏黑水城汉文文献》（1—10 册），国家图书馆出版社 2008 年版。

彭金章、王建军编:《敦煌莫高窟北区石窟》(1—3 卷),文物出版社 2000 年版。

史金波、白滨、黄振华:《文海研究》,中国社会科学出版社 1983 年版。

史金波、聂鸿音、白滨:《天盛改旧新定律令》,法律出版社 2000 年版。

俄罗斯国立艾尔米塔什博物馆、上海古籍出版社编:《俄藏敦煌艺术品》,上海古籍出版社 1997 年版。

王其英主编:《武威金石录》,兰州大学出版社 2001 年版。

西北第二民族学院、英国国家图书馆、上海古籍出版社编:《英藏黑水城文献》(1—4 册) 上海古籍出版社 2005 年版。

西北第二民族学院、上海古籍出版社编:《法藏敦煌西夏文文献》(1 册),上海古籍出版社 2007 年版。

中国社会科学院民族研究所、俄罗斯科学院东方研究所圣彼得堡分所、上海古籍出版社编:《俄藏黑水城文献》(1—13 册),上海古籍出版社 1996—2007 年版。

张维辑:《陇右金石录》,甘肃省文献征集委员会校印,1943 年版。

中国社会科学院考古研究所编著:《北庭高昌回鹘佛寺壁画》,辽宁美术出版社 1990 年版。

二　专著与文集

白滨编:《西夏史论文集》,宁夏人民出版社 1984 年版。

陈炳应:《西夏文物研究》,宁夏人民出版社 1985 年版。

崔红芬:《西夏河西佛教研究》,民族出版社 2010 年版。

冯承钧译:《马可波罗行记》,中华书局 1957 年版。

国立北平图书馆编:《国立北平图书馆馆刊》第 4 卷第 3 号《西夏

文专号》，京华印书局 1932 年版。

龚煌城：《西夏语言文字研究论集》，民族出版社 2005 年版。

克恰诺夫、李范文、罗矛昆：《圣立义海研究》，宁夏人民出版社
　　1995 年版。

韩小忙、孙昌盛、陈悦新：《西夏美术史》，文物出版社 2001 年版。

季羡林主编：《敦煌学大辞典》，上海辞书出版社 1999 年版。

李范文主编：《西夏研究》 （1—8 辑），中国社会科学出版社
　　2005—2007 年版。

［日］镰田茂雄：《中国佛教通史》，高雄佛光出版社 1993 年版。

廓若·迅鲁伯：《青史》，郭和卿译，西藏人民出版社 1985 年版。

牛达生：《西夏遗迹》，文物出版社 2007 年版。

聂鸿音、孙伯君编：《中国多文字时代的历史文献研究》，社会科学
　　文献出版社 2010 年版。

潘重规编：《龙龛手鉴新编》，中华书局 1988 年版。

任继愈主编：《中国佛教史》，中国社会科学出版社 1997 年版。

史金波：《西夏佛教史略》，宁夏人民出版社 1988 年版。

史金波、白滨、吴峰云编：《西夏文物》，文物出版社 1988 年版。

史金波：《西夏出版研究》，宁夏人民出版社 2004 年版。

史金波：《史金波文集》，上海辞书出版社 2005 年版。

史金波：《西夏社会》，上海人民出版社 2007 年版。

孙伯君主编：《国外早期西夏学论集》（一、二），民族出版社 2005
　　年版。

沈卫荣、［日］中尾正义、史金波主编：《黑水城人文与环境研究
　　——黑水城人文与环境国际学术讨论会文集》，中国人民大学出
　　版社 2007 年版。

王静如：《西夏研究》（1—3 辑），上海书店影印本 1996 年版。

谢继胜：《西夏藏传绘画——黑水城出土西夏唐卡研究》，河北教育

出版社 2002 年版。

西夏博物馆编:《西夏艺术》,宁夏人民出版社 2003 年版。

[日] 西田龙雄:《西夏语之研究》,东京座右宝刊行会 1964 年版。

[日] 西田龙雄:《西夏文华严经》 (1—3),京都大学文学部 1975—1977 年版。

杨富学、牛汝极:《沙州回鹘及其文献》,甘肃文化出版社 1995 年版。

杨富学:《回鹘之佛教》,新疆人民出版社 1998 年版。

[日] 竺沙雅章:《宋元佛教文化史研究》,东京汲古书院 2000 年版。

张伯元:《安西榆林窟》,四川教育出版社 1995 年版。

А. И. Иванов, "Страница из истории Си – ся", *Известия Императорской Академия Наукъ*, VI серия, томъ V 1911.

Е. Н. Кычанов, *Каталог Тангутских буддиских Памятникв*, Киото: Университет Киото, 1999.

F. W. K. Müller, Zwei pfahlinschriften aus den Trufanfunden, APAW, 1915.

Mikhail Piotrovsky, Lost Empire of the Silk Road – Buddhist Art from Khara KhotoX – XIIIth century, *Thyssen – Bornemisza Fondation*, lugano, 1993.

三　学术论文

白滨、史金波:《莫高窟、榆林窟西夏资料概述》,《敦煌学辑刊》 1980 年第 1 辑。

白滨:《元代西夏一行慧觉法师就辑汉文〈华严忏仪〉补释》,载 杜建录主编《西夏学》第 1 辑,宁夏人民出版社 2006 年版。

白滨:《宁夏灵武出土西夏文文献探考》,《宁夏社会科学》2006 年第 1 期。

陈国灿：《唐朝吐蕃陷落沙州城的时间问题》，《敦煌学辑刊》1985 年第 1 期。

陈爱峰、杨富学：《西夏印度佛教关系考》，《宁夏社会科学》2009 年第 2 期。

陈炳应：《天梯山石窟西夏文佛经译释》，《考古与文物》1983 年第 3 期。

陈炳应：《图解本西夏文〈观音经〉译释》，《敦煌研究》1985 年第 3 期。

陈庆英：《西夏及元代藏传佛教经典的汉译本》，《西藏大学学报》2000 年第 2 期。

陈庆英：《西夏大乘玄密帝师的生平》，《西藏大学学报》2000 年第 3 期。

陈庆英：《〈大乘要道密集〉与西夏王朝的藏传佛教》，《中国西藏》2003 年第 3 期。

陈育宁、汤晓芳：《山嘴沟西夏壁画探析》，载杜建录主编《西夏学》第 1 辑，宁夏人民出版社 2006 年版。

崔红芬：《〈俄藏黑水城出土西夏文佛经文献叙录〉中的帝师与国师》，《西北第二民族学院学报》2004 年第 4 期。

崔红芬、文志勇：《西夏皇帝尊号考略》，《宁夏大学学报》2006 年第 5 期。

崔红芬：《再论西夏帝师》，《中国藏学》2008 年第 1 期。

崔红芬：《僧人"慧觉"考略——兼谈西夏的华严信仰》，《世界宗教研究》2010 年第 4 期。

崔红芬：《英藏黑水城西夏文本〈妙法莲华经〉研究》，《普陀学刊》第 2 辑，上海古籍出版社 2015 年版。

崔红芬：《从〈父母恩重经〉看儒释融合——兼及敦煌、黑水城残

本的比较》，载杜建录主编《西夏学》第 12 辑，上海古籍出版社
2016 年版。

崔红芬：《夏汉文本华严经典考略》，《宁夏社会科学》2016 年第
3 期。

党燕妮：《晚唐五代宋初敦煌民间信仰研究》，博士学位论文，兰州
大学，2009 年。

党燕妮：《〈俄藏敦煌文献〉中〈阎罗王授记经〉缀合研究》，《敦
煌研究》2007 年第 2 期。

［美］邓如萍：《党项王朝的佛教及其元代遗存——帝师制度起源
于西夏说》，聂鸿音、彭玉兰译，《宁夏社会科学》1992 年第
5 期。

［美］邓如萍：《西夏佛典中的翻译史料》，《中华文史论丛》2009
年第 3 期。

杜建录：《中国藏西夏文献碑刻题记卷综述》，载杜建录主编《西
夏学》第 1 辑，宁夏人民出版社 2006 年版。

杜建录：《论黑水城汉文文献的学术价值》，载聂鸿音、孙伯君编
《中国多文字时代的历史文献研究》，社会科学文献出版社 2010
年版。

杜斗城：《西夏的转轮王塔——北宁夏拜寺口西塔之建造背景》，载
古正美主编《唐代佛教与佛教艺术——“七—九世纪唐代佛教及
佛教艺术国际会议”论文集》，新竹觉风佛教艺术文化基金会
2006 年版。

段玉泉：《西夏文〈胜相顶尊总持功能依经录〉再研究》，《宁夏社
会科学》2008 年第 5 期。

段玉泉：《西夏文〈圣观自在大悲心总持功能依经录〉考论》，载
聂鸿音、孙伯君编《中国多文字时代的历史文献研究》，社会科
学文献出版社 2010 年版。

方广锠:《敦煌遗书〈沙州乞经状〉研究》,载方广锠《敦煌学佛
　　教学论丛》(下),台北中国佛教文化出版有限公司1998年版。

方广锠:《宁夏西夏方塔出土汉文佛典叙录》,载方广锠主编《藏
　　外佛教文献》第7辑,宗教文化出版社2000年版。

樊丽沙、杨富学:《西夏境内的汉僧及其地位》,《敦煌学辑刊》
　　2009年第1期。

杨富学、樊丽沙:《黑水城文献的多民族性征》,《敦煌研究》2012
　　年第2期。

高士荣、杨富学:《汉传佛教对回鹘的影响》,《民族研究》2000年
　　第5期。

公维章:《西夏时期敦煌的五台山文殊信仰》,《泰山学院学报》
　　2009年第2期。

慧达法师:《新校黑水城本〈劫外录〉》,《中华佛学研究》2002年
　　第6期。

何金兰:《甘肃省博藏西夏文〈观弥勒菩萨上生兜率天经〉释译》,
　　载杜建录主编《西夏学》第10辑,上海古籍出版社2014年版。

何金兰:《甘肃省博物馆藏西夏文〈妙法莲华经心〉考释》,载杜
　　建录主编《西夏学》第12辑,上海古籍出版社2016年版。

韩小忙:《俄藏佛教文献中夹杂的〈同音〉残片新考》,《宁夏社会
　　科学》2015年第2期。

季羡林:《弥勒信仰在新疆的传布》,《文史哲》2001年第1期。

贾应逸:《高昌回鹘壁画艺术特色》,《新疆艺术》1989年第1期。

李灿:《元代西夏人的华严忏法——以〈华严经海印道场忏仪〉为
　　中心》,硕士学位论文,北京大学,2010年。

李辉、冯国栋:《俄藏黑水城文献〈慈觉禅师劝化集〉考》,《敦煌
　　研究》2004年第2期。

李际宁:《关于"西夏刊汉文版大藏经"》,《文献》2000年第1期。

李范文:《西夏皇帝称号考》,载李范文著《西夏研究论集》,宁夏人民出版社 1983 年版。

李范文、杨占武:《西夏语中的汉语借词补遗》,《宁夏社会科学》1993 年第 2 期。

李范文:《汉语对西夏语的影响》,《西北第二民族学院学报》2006 年第 4 期。

李永宁、蔡伟堂:《敦煌壁画中的弥勒经变》,载敦煌研究院编《敦煌研究文集·敦煌石窟经变篇》,民族出版社 2000 年版。

李瑞哲:《龟兹弥勒说法图及其相关问题》,《敦煌研究》2006 年第 4 期。

李政阳:《俄藏黑水城文献 TK75〈文殊菩萨〉考释——兼论文殊信仰在西夏的流传》,《五台山研究》2016 年第 3 期。

罗福苌:《西夏赎经记》,载国立北平图书馆编《国立北平图书馆馆刊》第 4 卷第 3 号《西夏文专号》,1932 年版。

罗福苌:《妙法莲华契经序释文》,载国立北平图书馆编《国立北平图书馆馆刊》第 4 卷第 3 号《西夏文专号》,1932 年版。

罗福成:《〈佛说佛母出生三法藏般若波罗蜜多经〉卷第十七释文》,载国立北平图书馆编《国立北平图书馆馆刊》第 4 卷第 3 号《西夏文专号》,1932 年版。

罗福成:《〈佛说宝雨经〉卷第十释文》,载国立北平图书馆编《国立北平图书馆馆刊》第 4 卷第 3 号《西夏文专号》,1932 年版。

罗福成:《六祖大师法宝坛经残本释文》,载国立北平图书馆编《国立北平图书馆馆刊》第 4 卷第 3 号《西夏文专号》,1932 年版。

罗福成:《大般若波罗蜜多经卷第一释文》,载国立北平图书馆编《国立北平图书馆馆刊》第 4 卷第 3 号《西夏文专号》,1932 年版。

罗福颐：《偻翁一得续录——明刊西夏文高王观世音经试译》，载白
　　滨编《西夏研究》第4辑，中国社会科学出版社2007年版。

罗炤：《藏汉合璧〈圣胜慧到彼岸功德宝集偈〉考略》，《世界宗教
　　研究》1983年第4期。

［俄］玛利亚·鲁多娃：《哈拉浩特发现的中原风格的绘画作品》，
　　张元林译，《敦煌研究》1996年第3期。

马世长：《库木土拉的汉风洞窟》，载新疆维吾尔自治区文物管理委
　　员会等编《中国石窟·库木吐喇石窟》，文物出版社1992年版。

牛达生：《〈嘉靖宁夏新志〉中的两篇西夏佚文》，《宁夏大学学报》
　　1980年第1期。

牛达生：《方塔出土西夏佛印及佛印在我国发展的轨迹》，《中国印
　　刷》2002年第10期。

牛达生：《西夏石窟艺术浅述》，《宁夏社会科学》2007年第2期。

牛达生：《藏传佛教是夏仁宗时期传入西夏的——〈西夏佛教三
　　论〉之三》，载杜建录主编《西夏学》第13辑，上海古籍出版
　　社2016年版。

牛汝极：《敦煌吐鲁番回鹘佛教文献与回鹘语大藏经》，《西域研
　　究》2002年第2期。

聂鸿音：《西夏文〈新修太学歌〉考释》，《宁夏社会科学》1990
　　年第3期。

聂鸿音：《西夏语中汉语借词的时间界限》，《民族语文》1994年第
　　1期。

聂鸿音、史金波：《西夏文本〈碎金〉研究》，《宁夏大学学报》
　　1995年第2期。

聂鸿音、史金波：《西夏文〈三才杂字〉考》，《中央民族大学学
　　报》1995年第6期。

聂鸿音：《关于党项主体民族起源的语文学思考》，《宁夏社会科

学》1996 年第 5 期。

聂鸿音：《西夏刻字司与西夏官刻本》，《民族研究》1997 年第
　5 期。

聂鸿音：《俄藏 5130 号西夏文佛经题记研究》，《中国藏学》2002
　年第 1 期。

聂鸿音：《西夏佛教术语的来源》，《固原师专学报》2002 年第
　2 期。

聂鸿音：《明刻本西夏文〈高王观世音经〉补议》，《宁夏社会科
　学》2003 年第 2 期。

聂鸿音：《西夏的佛教术语》，《宁夏社会科学》2005 年第 6 期。

聂鸿音：《西夏帝师考辨》，《文史》2005 年第 3 辑。

聂鸿音：《西夏文〈阿弥陀经发愿文〉考释》，《宁夏社会科学》
　2009 年第 5 期。

聂鸿音：《乾祐二十年〈弥勒上生经御制发愿文〉的夏汉对勘研
　究》，载杜建录主编《西夏学》第 4 辑，宁夏人民出版社 2009
　年版。

聂鸿音：《论西夏本〈佛说父母恩重经〉》，高国祥主编：《文献研
　究》第 1 辑，学苑出版社 2010 年版。

聂鸿音：《〈禅源诸诠集都序〉的西夏译本》，载杜建录主编《西夏
　学》第 5 辑，上海古籍出版社 2010 年版。

聂鸿音：《西夏文〈禅源诸诠集都序〉译证》（上），《西夏研究》
　2011 年第 1 期。

聂鸿音：《西夏文〈禅源诸诠集都序〉译证》（下），《西夏研究》
　2011 年第 2 期。

宁夏回族自治区文物管理委员会办公室、贺兰县文化局：《宁夏贺
　兰县宏佛塔清理简报》，《文物》1991 年第 8 期。

宁夏回族自治区文物管理委员会办公室、青铜峡市文物管理所：

《宁夏青铜峡市一百零八塔清理维修简报》，《文物》1991 年第 8 期。

荣新江：《慧超所记唐代西域的汉化佛寺》，载冉云华先生八秩华诞寿庆论文集编辑委员会编《冉云华先生八秩华诞寿庆论文集》，台北法光出版社 2003 年版。

芮传明：《中原地区女相观音渊源浅探》，《史林》1993 年第 1 期。

沈卫荣：《黑水城出土西夏新译〈心经〉对勘、研究》，载朱玉麒主编《西域文史》第 2 辑，科学出版社 2007 年版。

沈卫荣：《序说有关西夏、元朝所传藏传密法之汉文文献——以黑水城汉译藏传佛教仪轨文书为中心》，载余太山、李锦绣主编《欧亚学刊》第 7 辑，中华书局 2007 年版。

沈卫荣：《汉藏译〈圣大乘圣意菩萨经〉研究》，载达力扎布主编《中国边疆民族研究》第 1 辑，中央民族大学出版社 2008 年版，收录沈卫荣《西藏历史和佛教的语文学研究》，上海古籍出版社 2010 年版。

沈卫荣：《汉藏译〈佛说圣大乘三归依经〉对勘》，载沈卫荣主编《西域历史语言研究集刊》第 2 辑，科学出版社 2009 年版，收录沈卫荣《西藏历史和佛教的语文学研究》，上海古籍出版社 2010 年版。

史金波、白滨：《明代西夏文经卷和石幢初探》，《考古学报》1977 年第 1 期。

史金波：《西夏文〈过去庄严劫千佛名经〉发愿文译证》，《世界宗教研究》1981 年第 1 期。

史金波、白滨：《西安市文管处藏西夏文物》，《文物》1982 年第 4 期。

史金波：《西夏语中的汉语借词》，《中央民族学院学报》1982 年第 4 期。

史金波：《西夏文〈金光明最胜王经〉序跋考》，《世界宗教研究》
　　1983 年第 3 期。

史金波：《〈西夏译经图〉解》，载白滨编《西夏史论文集》，宁夏
　　人民出版社 1984 年版。

史金波：《西夏汉文本〈杂字〉初探》，载白滨、史金波、高文德、
　　卢勋编《中国民族史研究》第 2 辑，中央民族大学出版社 1989
　　年版。

史金波：《西夏文〈六祖坛经〉残页译释》，《世界宗教研究》1993
　　年第 3 期。

史金波：《敦煌莫高窟北区出土西夏文文献初探》，《敦煌研究》
　　2000 年第 3 期。

史金波：《西夏佛教新探》，《宁夏社会科学》2001 年第 5 期。

史金波：《西夏的佛教》（上），载中国佛教协会编《法音》2005
　　年第 8 期。

史金波：《西夏的佛教》（下），载中国佛教协会编《法音》2005
　　年第 9 期。

史金波、白滨：《莫高窟、榆林窟西夏文题记研究》，载杜建录主编
　　《西夏学》第 1 辑，宁夏人民出版社 2007 年版。

史金波：《西夏文〈大白伞盖陀罗尼经〉及发愿文考释》，《世界宗
　　教研究》2015 年第 5 期。

史金波：《凉州会盟与西夏藏传佛教——兼释新见西夏文〈大白伞
　　盖陀罗尼经发愿文〉残页》，《中国藏学》2016 年第 2 期。

史金波：《泥金写西夏文〈妙法莲华经〉的流失和考察》，《文献》
　　2017 年第 3 期。

孙伯君：《西夏宝源译〈圣观自在大悲心总持功能依经录〉考略》，
　　《敦煌学辑刊》2006 年第 2 期。

孙伯君：《西夏宝源译〈胜相顶尊总持功能依经录〉考略》，载杜

建录主编《西夏学》第 1 辑，宁夏人民出版社 2006 年版。

孙伯君：《西夏译经的梵汉对音与汉语西北方音》，《语言研究》
　　2007 年第 1 期。

孙伯君：《西夏佛经翻译的用字特点与译经时代的判定》，《中华文
　　史论丛》2007 年第 2 期。

孙伯君：《西夏新译佛经中的特殊标音汉字》，《宁夏社会科学》
　　2007 年第 1 期。

孙伯君：《黑水城出土西夏文〈佛说圣大乘三归依经〉译释》，《兰
　　州学刊》2009 年第 7 期。

孙伯君：《黑水城出土西夏文〈金师子章云间类解〉考释》，《西夏
　　研究》2010 年第 1 期（创刊号）。

孙伯君：《〈佛说阿弥陀经〉的西夏译本》，《西夏研究》2011 年第
　　1 期。

孙伯君：《鲜演大师〈华严经玄谈抉择记〉的西夏文译本》，《西夏
　　研究》2013 年第 1 期。

孙伯君：《故宫藏西夏文〈高王观世音经〉考释》，载沈卫荣主编
　　《西域历史语言研究集刊》第 10 辑，科学出版社 2018 年版。

孙昌盛：《略论西夏的净土信仰》，《宁夏大学学报》1999 年第
　　2 期。

孙昌盛：《试论在西夏的藏传佛教僧人及其地位、作用》，《西藏研
　　究》2006 年第 1 期。

孙寿岭：《西夏文水陆法会祭祀文考析》，载杜建录主编《西夏学》
　　第 1 辑，宁夏人民出版社 2006 年版。

孙飞鹏：《〈华严经〉卷十一夏汉文本对勘研究》，载杜建录主编
　　《西夏学》第 10 辑，上海古籍出版社 2014 年版。

孙飞鹏、林玉萍：《英藏西夏文〈华严经〉（八十卷本）残片整理
　　及校勘研究》，载杜建录主编《西夏学》第 12 辑，上海古籍出版

社 2016 年版。

［日］松泽博（野村博）：《西夏·仁宗の译经にっいて——甘肃天
　　梯山石窟出土西夏经を中心として——》，《东洋史苑》第 26—
　　27 号合刊 1986 年版。

施爱民：《文殊山石窟万佛洞西夏壁画》，载张掖市文物保护研究所
　　编《张掖石窟研究文集》，甘肃人民出版社 2006 年版。

童玮：《北宋〈开宝大藏经〉雕印考释》，载中国社会科学院南亚
　　与东南亚研究所编《印度宗教与中国佛教》，中国社会科学出版
　　社 1988 年版。

王尧：《西夏黑水桥碑考补》，《中央民族学院学报》1978 年第
　　1 期。

王艳云：《西夏壁画中的药师经变与药师佛形象》，《宁夏大学学
　　报》2003 年第 1 期。

王艳云：《河西石窟西夏壁画中的弥勒经变》，《宁夏大学学报》
　　2003 年第 4 期。

王嵘：《论库木土拉石窟汉风壁画》，《新疆大学学报》1998 年第
　　4 期。

王惠民：《安西东千佛洞内容总录》，《敦煌研究》1994 年第 1 期。

王惠民：《肃北五个庙石窟内容总录》，《敦煌研究》1994 年第
　　1 期。

王惠民：《弥勒信仰与弥勒图像研究论著目录》，《敦煌学辑刊》
　　2006 年第 4 期。

王素：《吐鲁番出土〈功德疏〉所见西州庶民的净土信仰》，《唐研
　　究》第 1 卷，北京大学出版社 1995 年版。

［日］西田龙雄：《关于西夏文佛经》，潘守民译，黄润华校，《西
　　北史地》1983 年第 1 期。

熊文彬：《从版画看西夏佛教艺术对元代内地藏传佛教艺术的影

响》,《中国藏学》2003 年第 1 期。

许鹏:《中藏 S21·002 号西夏文〈华严忏仪〉残卷考释》,《五台山研究》2015 年第 1 期。

杨富学:《回鹘弥勒信仰考》《中华佛学学报》2000 年第 13 期（上）。

杨富学:《回鹘僧与〈西夏文大藏经〉的翻译》,载季羡林编《敦煌吐鲁番研究》第 7 卷,中华书局 2004 年版。

杨富学:《回鹘文化影响契丹的点点滴滴》,载朱瑞熙主编《宋史研究论文集》第 10 集,兰州大学出版社 2004 年版。

杨富学、陈爱峰:《西夏与辽金间的佛教关系》,载杜建录主编《西夏学》第 1 辑,宁夏人民出版社 2006 年版。

杨富学:《回鹘观音信仰考》,载释圣严等《观世音菩萨与现代社会——第五届中华国际佛学会议中文论文集》,台北法鼓文化 2007 年版。

杨富学、王书庆:《关于摩诃衍禅法的几个问题》,载杜文玉主编《唐史论丛》第 10 辑,三秦出版社 2008 年版。

杨富学:《西夏五台山信仰斟议》,《西夏研究》（创刊号）2010 年第 1 期。

杨曾文:《道原及其〈景德传灯录〉》,《南京大学学报》2001 年第 3 期。

于君方:《"伪经"与观音信仰》,《中华佛学学报》1995 年第 8 期。

于光建:《武威藏 6749 号西夏文佛经〈净土求生礼佛盛赞偈〉考释》,载杜建录主编《西夏学》第 11 辑,上海古籍出版社 2015 年版。

于业勋:《英藏西夏文〈华严普贤行愿品〉残页考》,载杜建录主编《西夏学》第 8 辑,上海古籍出版社 2011 年版。

阎成红:《俄藏 Инв. No. 6761 西夏文题记的归属——兼及西夏文

〈极乐净土求生念定〉的复原》,《西夏研究》2016 年第 2 期。

袁志伟:《西夏华严禅思想与党项民族的文化个性——〈行照心图〉及〈洪州宗师教仪〉解读》,《青海民族研究》2017 年第 1 期。

袁志伟:《西夏大手印法与禅宗关系考——以〈大乘要道密集〉为中心》,《陕西师范大学学报》2016 年第 6 期。

[俄] 伊凤阁:《观弥勒菩萨上生兜率天经释文》,载国立北平图书馆编《国立北平图书馆馆刊》第 4 卷第 3 号《西夏文专号》,1932 年。

[日] 佐藤贵保、赤木崇敏、坂尻彰宏、吴正科:《藏汉合璧西夏〈黑水桥碑〉再考》,《内陆アジア言语の研究》XXII,2007 年。

郑炳林:《晚唐五代敦煌地区的吐蕃居民初探》,《中国藏学》2005 年第 2 期。

郑炳林:《晚唐五代河西地区的居民结构研究》,《兰州大学学报》2006 年第 2 期。

周书迦:《馆藏西夏文经典目录》,载国立北平图书馆编《国立北平图书馆馆刊》第 4 卷第 3 号《西夏文专号》,1932 年版。

周伟洲:《早期党项拓跋氏世系考辨》,《西夏研究》2010 年第 1 期（创刊号）。

张宝玺:《五个庙石窟壁画内容》,《敦煌学辑刊》1986 年第 1 期。

张宝玺:《东千佛洞西夏石窟艺术》,《文物》1992 年第 2 期。

张元林:《从阿弥陀来迎图看西夏的往生信仰》,《敦煌研究》1996 年第 3 期。

张瑞敏:《西夏文〈添品妙法莲华经〉卷二译释》,硕士学位论文,陕西师范大学,2012 年。

张九玲:《〈佛顶心观世音菩萨大陀罗尼经〉的西夏译本》,《宁夏师范学院学报》2015 年第 1 期。

张九玲：《西夏本〈佛顶心观世音菩萨大陀罗尼经〉述略》，《宁夏社会科学》2015 年第 3 期。

宗舜：《〈俄藏黑水城文献〉汉文佛经拟题考辨》，《敦煌研究》2001 年第 1 期。

宗舜：《〈俄藏黑水城文献〉之汉文佛教文献续考》，《敦煌研究》2004 年第 5 期。

宗舜：《真歇清了及其黑水城本〈劫外录〉》，载吴言生主编《中国禅学》第 3 卷，中华书局 2004 年版。

宗舜：《新校黑水城本〈劫外录〉商榷》，载觉醒主编《觉群·学术论文集》，宗教文化出版社 2005 年版。

湛如：《论净众禅门与法照净土思想的关联——以大乘净土赞为中心》，郝春文主编：《敦煌文献论集——敦煌藏经洞发现一百周年国际学术研究讨论会文集》，辽宁人民出版社 2001 年版。

赵天英、张心东：《新见甘肃临洮县博物馆藏西夏文〈大方等大集经贤护分〉残卷考释》，《西夏研究》2015 年第 1 期。

赵阳：《西夏佛教灵验记探微——以黑水城出土〈高王观世音经〉为例》，《敦煌学辑刊》2016 年第 3 期。

K. J. Solonin, *Guifeng Zongmi and the Tangut Chan Buddhism*,《中华佛学学报》1998 年第 11 期，第 365—425 页。

K. J. Solonin, The Masters of Hongzhou in the Tangut State, *Manuscripta Orientalia* 4, No. 3, 1998, pp. 10 – 15.

K. J. Solonin, The Tang Heritage of the Tangut Buddhism, *Manuscripta Orientalia* 6, No. 3, 2000, pp. 39 – 48.

K. J. Solonin, Hongzhou Buddhism in Xixia and the Heritage of Zongmi (780 – 841)：A Tangut Source, *Asia Major 16*, No. 2, 2003, pp. 57 – 103.

K. J. Solonin：《南阳慧忠（？—775）及其禅思想——〈南阳慧忠

语录〉西夏文本与汉文本比较研究》，载聂鸿音、孙伯君编《中国多文字时代的历史文献研究》，社会科学文献出版社 2010 年版。

［俄］索罗宁：《辽与西夏之禅宗关系：以黑水城〈解行照心图〉为例》，《辽金元佛教研究》（上），大象出版社 2012 年版。

［俄］索罗宁：《西夏佛教之"系统性"初探》，《世界宗教研究》2013 年第 4 期。

［俄］索罗宁：《〈金刚般若经颂科次纂要义解略记〉序及西夏汉藏佛教的一面》，《中国藏学》2016 年第 2 期。

Yang Fu‐hsueh, On the Sha‐chou Uighur Kingdom, *Central Asiatic Journal* 38‐1, 1994, pp. 80‐107.

后　记

　　经过多年的拖沓，本书终于付梓了。进入"上有老下有小"的中年生活，每天规划着各种琐事，夜深人静之时把自己再交回学术，竟莫名有种悲壮之感。当年跨专业从硕士步入师门时开始接触西夏文献，博士时又进一步深入了解了黑水城和敦煌文献中的西夏文书，但憾于天资笨拙，佛法深奥，总有种门外汉的自卑感，愧对于师友的期望。本书的出版，算是对多年来学术生活的一个总结，希望能为西夏学术界深层次的研究提供更多资料帮助。

　　即将奔入不惑之年，一路走来，需要感谢的师友太多太多。

　　首先感谢我的导师杨富学研究员。求学路上能遇到这样学富五车又耐心教导提携学生的恩师，实乃三生有幸。我的学术启蒙就是从杨老师严格要求翻译外文开始的，求学几年学到的知识可能会遗忘，但恩师教导的学术规范、治学方法、豁达乐观的人生态度与严谨细腻的求学精神却深深刻在脑海里，至今仍然觉得受益匪浅，指引着自己做一个静心治学的学者。感谢我的另一位恩师郑炳林教授，郑老师身为兰州大学敦煌学研究所的所长，求学时为我们提供了非常便利的科研条件，学业上一次次地告诫我们学术研究要小题大做，才能做得深做得好。感谢敦煌所的每一位老师，毕业后虽然离开了温暖的研究所，但每次见到各位老师都能感受到鼓励的力量，督促自己前进。

感谢我的家人，感谢爸爸妈妈、公公婆婆和姐姐长期无条件地鼓励和支持，没有他们，我不可能有自己安静的空间看书写文章。感谢我的爱人，一路彼此扶持互相鼓劲，才有了今天美满的家庭和可爱的女儿，感谢我的三岁可爱妞，陪伴的时间有限，从来没有觉得我是个不称职的妈妈。

本书的出版得到郑州大学体育学院博士基金的资助，在此表示诚挚的谢意！

感谢中国社会科学出版社责任编辑宋燕鹏先生的无私帮助和辛苦付出！

囿于自身学识与能力，书中还有诸多不足，还望各位方家雅正。

樊丽沙

2020 年 1 月